U0807561

刘国新 · 主编

读点国史

辉煌年代国史丛书

奥运腾飞

2008年的中国

杨文利 著

四川人民出版社

图书在版编目（CIP）数据

奥运腾飞：2008年的中国/杨文利著. —成都：四川人民出版社，2017.12（2024.7重印）
（读点国史：辉煌年代国史丛书）
ISBN 978-7-220-10479-4

Ⅰ. ①奥… Ⅱ. ①杨… Ⅲ. ①中国历史-2008 Ⅳ. ①K275

中国版本图书馆CIP数据核字（2017）第278275号

AOYUN TENGFEI：2008NIAN DE ZHONGGUO
奥运腾飞：2008年的中国
杨文利 著

策划组稿	谢 雪
责任编辑	董 玲 谢 寒
封面设计	张迪茗
内文设计	戴雨虹
责任校对	韩 华
责任印制	祝 健
出版发行	四川人民出版社（成都市三色路238号）
网 址	http://www.scpph.com
E-mail	scrmcbs@sina.com
新浪微博	@四川人民出版社
微信公众号	四川人民出版社
发行部业务电话	（028）86361653 86361656
防盗版举报电话	（028）86361653
照 排	四川胜翔数码印务设计有限公司
印 刷	四川五洲彩印有限责任公司
成品尺寸	165mm×240mm
印 张	19.75
字 数	202千
版 次	2018年6月第1版
印 次	2024年7月第3次印刷
书 号	ISBN 978-7-220-10479-4-01
定 价	59.80元

■版权所有·侵权必究
本书若出现印装质量问题，请与我社发行部联系调换
电话：（028）86361656

总　序

◎李　捷

肩负起以史为鉴、资政育人的神圣使命

《读点国史：辉煌年代国史丛书》主编刘国新同志要我为丛书写篇序。要说的很多，想来想去，还是从国史的地位和国史研究的意义说起。

2013年6月25日，习近平总书记在中共中央政治局第七次集体学习时提出："学习党史、国史，是坚持和发展中国特色社会主义、把党和国家各项事业继续推向前进的必修课。"这就把党史、国史的学习、宣传和研究提到很高的地位。

学习、宣传和研究国史，有助于我们认清党和国家发展的历史方位，认清肩负的历史责任和神圣使命，更加坚定自觉地坚持和发展中国特色社会主义。中华人民共和国如今已经走过近七十年的光辉历程。这个光辉历程，是中华民族伟大复兴史的辉煌篇章。新中国的成立，标志着中华民族伟大复兴第一个历史任务的实现，中华民族的历史从此进入一个新纪元。但是，这只是万里长征走完第一步，中国共产党继续承担起为实现国家繁荣富强、

人民共同富裕的中华民族伟大复兴第二大历史任务。为此，我们完成了社会主义革命，进行了社会主义建设，进行了改革开放新的伟大革命，终于找到了中国特色社会主义这一实现中华民族伟大复兴的必由之路。重温这段历史就会发现，中国共产党领导、马克思主义指导、改革开放和中国特色社会主义道路，都是历史和人民的选择。中国革命、建设和改革为什么只能由中国共产党来领导，而不能由其他政党来领导？为什么中华民族伟大复兴只能以马克思主义为指导，而马克思主义又必须同中国实际相结合？为什么中国只能走社会主义道路，其他的道路为什么走不通？这些本需要从理论上用许多笔墨来阐释的道理，只要站在人民的立场上，紧密结合中国革命、建设和改革的历程，就不难得到解答。这本身就说明，科学理论的逻辑根植于历史发展的总趋势和总脉络之中。只要是站在人民大众的立场，而不是站在少数人的立场，秉承实事求是的原则，而不是抱有某些先入为主的偏见，就不难得出历史的结论。因此，国史同党史一样，都是认清历史方位、历史走向、历史结论最为生动的教科书。

学习、宣传和研究国史，有助于我们深入理解马克思主义中国化的探索史和发展史。新中国所取得的巨大成就，就在于执政的中国共产党是一个在理论上富于探索和创新精神的马克思主义政党。这种理论创新，根源于马克思主义指导，根源于马克思主义基本原理与实际的结合和运用，更根源于自身的历史和实践，根源于历史经验和实践经验的科学总结。马克思主义中国化，都是科学总结党和国家历史正反两方面经验的结果，都是在此基础上对中国革命基本规律、基本理论、基本路线、基本纲领、基本经验的认识产生新飞跃的结晶。改革开放以来逐步形成的党在社会主义初级阶段的基本理论、基本路线、基本纲领、基本经验、基本要求，也是在一代又一代党和国家领导人的带领下，经过不断艰辛探索，不断概括总结，不断推动理论创新和实践创新的基础上，接力发展得来的。尽管改革开放以前的探索经历过严重的曲折，直到党的十一届三中全会成功实现伟大的历史性转折之后，这一探索才真正走上了中国特色社会主义的康庄大道。但历史是不能割断的。改革开放以前成功的探索所提供的宝贵经验、理论准备、物质基础是宝贵财富，改革开放以前严重失误的探索所提供的历史借鉴同样是使我们党坚定不移地走上中国特色社会主义道路的宝贵财富。为什么说无论搞革命、搞建设、搞改革，道路问题都是最根本的问题？为什么说新中国的一切成就，归结到一点，就是开辟形成确立了中国特色社会主义道路、中国特色社会主义理论体系、中国特色社会主义制度？要正确回答这些问题，必须系统地而不是零散地学习研究共和国的历史，深入地了解党的治国理论是如何从自身的历史和实践中总结出来的，又是如何随着时代和实践的发展变化而不断丰富、完善、创新、发展的。因此，国史是深刻理解马克思主义基本原理和科学社会主义原理在中国的成功运用和创造性发展最为生动的教科书。

学习、宣传和研究国史，有助于我们深入把握历史发展的主题和主线、主流与本质，更加自觉地划清历史唯物主义同历史虚无主义的原则界限，增强辨别真伪、明辨是非的能力。新中国成立后我们也有过“大跃进”和“文化大革命”这种全局性的严重失误。然而，这些曾经给建设事业造成严重损失的失误，都依靠党和国家自身得到了彻底纠正。不仅如此，从这些失误中得到的教训，还转化为实现伟大历史转折、推动党在理论上更加成熟、成功开辟新路的宝贵财富。正所谓“吃一堑长一智”。只要我们把这些作为完整的历史过程联系起来看，既看到党和国家在艰辛探索中犯错误的历史，也看到党和国家自觉纠正错误探寻新路的历史，更看到党和国家在探索中走向成熟、走向辉煌的历史，就不难认清新中国历史的主题和主线、主流和本质。为什么说必须坚持改革开放前后两个历史时期的辩证统一，既不能用改革开放后否定改革开放前的历史，也不能用改革开放前否定改革开放后的历史，其深刻的道理就在这里。自中国共产党成立之日起，党团结带领全国各族人民为实现民族独立、人民解放和国家繁荣富强、人民共同富裕这两大历史任务而不懈奋斗，这就是国史的主题和主线。一部共和国史，就是党领导人民完成新民主主义革命和社会主义革命、进行社会主义建设和改革开放新的伟大革命的历史，就是不断推进马克思主义中国化，最终形成中国特色社会主义道路、理论和制度的历史，就是党在中国革命、建设和改革各个历史时期坚持全心全意为人民服务的宗旨、永葆先进性和纯洁性的历史。这就是国史的主流和本质。在这方面，通过拨乱反正实现伟大历史转折形成的第二个历史决议，为我们用历史唯物主义正确对待历史树立了榜样。历史反复证明，把握国史的主题和主线、主流和本质，不但不会妨碍对自身所犯错误的反思与纠正，而且正是彻底纠正错误、总结经验、吸取教训的科学前提。这正是历史唯物主义同历史虚无主义的根本区别。因此，国史是启迪人们从成功中吸取经验、从失误中吸取教训，不断开辟走向胜利的道路、提高领导水平和执政能力最为生动的教科书。

学习、宣传和研究国史，还有助于我们弘扬中国精神、凝聚中国力量，团结一切可以团结的力量，调动一切可以调动的积极因素，为实现民族复兴“中国梦”而奋斗。新中国在不同历史时期形成了雷锋精神、“铁人”精神、“两弹一星”精神、改革开放时代精神等，形成了理论联系实际、密切联系群众、批评和自我批评的优良传统作风。毛泽东、刘少奇、周恩来、朱德、任弼时、邓小平、陈云等老一辈革命家不仅亲手培育了这些精神和优良传统作风，而且身体力行、率先垂范，为我们党树立了坚持理想信念和党性修养的精神与道德的楷模。无论在发展顺利之时，还是身处逆境之时，中国共产党人始终秉持理想信念的力量，秉持崇高精神的力量，所向披靡，无坚不摧。中国共产党用牺牲了上千万英雄儿女的事实，用自身的先锋模范作用，用革命、建设和改革的辉煌业绩，用全心全意为人民服务的赤诚，感召了全中国各族人民聚集在中国特色社会主义旗帜之下，为实现民族复兴“中国梦”而共同奋斗。因此，国史是继承中华文明5000多年优良传统，坚持近代170多年以来形成的革命传统，在当代弘扬中国精神、凝聚中国力量最为生动的教科书。

研究国史是神圣的事业，一定要投入真感情。也就是说，不仅仅要把研究国史看成是一项工作，有科学严谨的研究方法和研究态度，更要把研究国史看成是一份神圣的事业，一份值得投入精力、倾注感情的事业。有了这份深厚的感情，才能有研究的动力和出发点，也才能取得经得住时间检验的科研成果。《读点国史：辉煌年代国史丛书》由一批国史研究领域的专家担纲撰写，他们有专业背景，曾承担过国家级重大课题，也都有个人的研究著述，形成学风严谨、功力扎实的品格。我相信这套丛书是他们用心写就的。

如今社会上存在着一种质疑国史和党史的倾向，这种质疑恰恰是对历史缺乏深入了解的结果。一方面，极少数人为了某种目的，想要刻意否定这段历史，因此就把历史上共产党人的缺点和错误无限夸大，这是一种歪曲历史的行为；另一方面，有些人以“历史解密”“历史内幕曝光”为噱头，在网上抛出许多没有依据的、鲜为人知的历史来吸引人们的好奇心和注意力，这也是对历史的一种误导。这套丛书以正史的姿态普及国史知识。它所选取的12个年份，是有影响和充实着重大事件的12年，构成了共和国历史的基本框架。该丛书采用纪事本末体，分别立传，既不歪曲历史也不误导读者。创作理念上以平实为要，不求新奇，不发空论。古代史学家刘知幾认为“良史以实录直书为贵”，顾炎武也说“古人作史有不待论断而于序事中即见其指者”，都讲的是论从史出的道理。该丛书秉承了中国史学的这一传统。在行文上力求鲜活、生动、明快。内容铺陈上又能做到严谨而不失于呆板，摆脱了偏重政治史的范式，特别注意对社会风尚、时代精神、民间习俗以及大众意识的描述，每一本书相对来说都有一个知识增量。

站在今天去理解历史、感知历史，可以更好地把握未来。我们在感知共和国脉搏律动的同时，也在书写共和国不同凡响的篇章。一位老同志曾经说过，共和国千秋万代，国史研究也千秋万代。让我们在千秋万代的事业中贡献自己的一点一滴。

总前言

◎刘国新

在中华人民共和国成立近七十周年之际，将自己多年的研究成果和心得付梓，是从事国史研究的专业人士理应做到的分内之事。

2013年6月25日，习近平总书记在中共中央政治局第七次集体学习时提出："学习党史、国史，是坚持和发展中国特色社会主义、把党和国家各项事业继续推向前进的必修课。"把党史、国史的学习提到各项事业前进的必修课的高度，这还是第一次。《读点国史：辉煌年代国史丛书》正是落实习近平这个号召的具体行动。它以正史的姿态普及国史知识，用它的品位在"读点国史"中尽一份社会责任。

这套《读点国史：辉煌年代国史丛书》选择在共和国历史上产生过重大影响或者引起社会加速发展并充实着重大事件的12个年份为时间节点，一年一本，各自成卷，构成了共和国历史的基本框架。

如果从完整的纪年看，1950年无疑是新中国的第一年。中国20世纪最伟大的女性、被人们称为"国之瑰宝"的宋庆龄，当年是中央人民政府副主席，她将1950年称作"第一年的新中国"。

这一年，我们的共和国到处洋溢着欣欣向荣的新气象。新社会、新政府、新生活、新天地……大到国家关系，小到百姓的日常起居，人们都实实在在地感受到新旧社会两重天，感受到中国的历史巨变。当然，这仅仅是开始，更为波澜壮阔的变迁还在后面。在共和国历史中，1950 年之所以具有里程碑意义，就在于它是“一元初始，万象更新”。

1954 年之所以是“大业宏图”，皆因这一年召开了第一届全国人民代表大会，毛泽东主持制定了共和国第一部宪法。中国第一次以大国身份出席重要的国际会议，提出划时代的和平共处五项原则，为建立国际关系新秩序奠定了坚实的理论基础和令人信服的实践基础。这一年又是过渡时期总路线公布后的第一年，公私合营和农业合作化运动，迈出了决定性的一步。

1956 年，社会主义改造全面完成。接下来召开的中共八大清醒地认识到我国无产阶级和资产阶级之间的矛盾已经基本解决，国内主要矛盾是人民对于建立先进的工业国的要求同落后的农业国的现实之间的矛盾，是人民对于经济文化迅速发展的需要同当前经济文化不能满足人民需要的状况之间的矛盾。为此，党和国家的工作重点就是把我国尽快地从落后的农业国建设成为先进的工业国。这一年，“双百”方针的提出，“向科学进军”的号召，使整个科学文化事业呈现出勃勃生机。1956 年的的确确是“意气风发”的一年。

从 1956 年至 1966 年的十年是共和国开始全面建设社会主义的十年。这其中既充满艰辛的探索，也不可避免地在探索中曲折发展。这十年间，有代表性的是 1962 年。年初召开的七千人大会，初步总结了“大跃进”以来的经验教训，对推动国民经济全面调整起到了积极作用。9月召开的党的八届十中全会未使“左”倾错误在经济工作的指导思想上得到彻底纠正，而在政治和思想文化方面还有发展。国内形势困难曲折，国际局势错综复杂。印度不断在中印边界制造事端，中国军队被迫自卫反击。中苏两党分歧加剧，国际共运的争论和分歧达到新阶段。用“关山飞渡”来概括这一年，较为贴切。

1976年可谓大悲大喜。“文化大革命”这一全局性的错误至此已进入第十个年头，三位伟人相继离世，“四人帮”倒行逆施，唐山大地震损失惨重，国民经济濒临崩溃边缘。中国人民在关乎国家与民族命运的大搏斗中终于再次赢得胜利。噩梦醒来，艳阳高照。所谓“激荡岁月”，暗含这一年各种矛盾胶着、较量，经历着动荡和激变，代表着正义的力量终于取得了胜利的那样一种状态。

1978年是共和国历史上经历伟大转折的一年。粉碎“四人帮”后，我党为肃清“左”的影响，为发展国民经济进行了大量的卓有成效的工作，但也遇到阻力。关于真理标准问题的大讨论，在全党再次确立了实事求是的思想路线。党的十一届三中全会的召开，在政治、思想、组织等领域全面开始了拨乱反正，揭开了改革开放的序幕，标志着一个新时代的开始，“伟大转折”成为新的起点。

1984年，农村改革使粮食产量第一次突破4亿吨，基层政权建设完成了政社分离，建立了乡政府和村民委员会，人民公社体制不复存在。党的十二届三中全会的决定突破了把计划经济同商品经济对立起来的传统观念，为经济体制改革提供了新的理论指导，改革的重点从农村转向城市。对外开放迈出新的步伐，开放14个沿海港口城市。根据“一国两制”的构想，中英两国政府签订了联合声明，香港问题圆满解决。这一年，可谓“春潮涌动”。

1992年，邓小平视察南方并发表重要谈话，从理论上深刻回答了长期困扰和束缚人们思想的许多重大问题。同年召开的党的十四大作出三项具有深远意义的决策：确立邓小平中国特色社会主义理论在全党的领导地位；明确我国经济体制改革的目标是建立社会主义市场经济体制；强调抓住机遇，加快我国经济社会的发展，推进改革开放跃上新台阶，中国改革开放的大船“迎风破浪”，驶上新的航程。

1997年，江泽民在党的十五大报告中，进一步阐述邓小平理论的历史地位和指导意义，进一步阐述党在社会主义初级阶段的基本路线和基本纲领，并就建设中国特色社会主义的政治、经济、文化作出全面部署，确定了跨世纪发展的宏伟蓝图，明确回答了国际国内普遍关注的邓小平逝世后中国怎样“继往开来”的重大问题。

2003年，是中国发展进程中重要而非同寻常的一年，也是改革开放和社会主义现代化建设取得显著成就的一年。以胡锦涛为总书记的新一届中央领导集体从改革开放25年的实践中、从抗击“非典”疫情的斗争中获得重要启示：坚持以人为本，树立全面、协调、可持续的科学发展观，促进经济社会和人的全面发展。从单纯追求经济增长，到促进经济、社会和人的全面发展，这是中国发展观的重大进步，适应了全面建设小康社会的迫切要求。

2008年，是深入贯彻落实党的十七大精神、推进“十一五”规划顺利实施的关键一年，也是我们应对国际经济形势复杂变化、保持经济平稳较快发展的重要一年。中国人民同心同德、顽强拼搏，成功抗击南方部分地区严重低温雨雪冰冻灾害和四川汶川特大地震灾害，成功举办北京奥运会，完成“神舟”七号载人航天飞行任务，举办第七届亚欧首脑会议，中国的经济实力和综合国力进一步增强，人民生活水平继续提高。中国人民同世界各国人民加强友好交流和务实合作，共同应对国际金融危机等严峻挑战，为维护世界和平、促进共同发展做出了新的贡献。这一年恰逢改革开放30周年，中国人民隆重纪念这一重要历史时刻，在总结经验的基础上对继续推进改革开放作出了部署。

2013年在新中国历史上值得书写，不仅因为这一年是新一届政府产生之年，而且因为执政的中国共产党的作风和纪律切实需要加以整顿，党内腐败蔓延正在侵蚀党的肌体，引起人民的强烈不满；改革开放到了深水区和攻坚期，如何让多年的改革开放成果惠及全体人民，而不仅仅是一句漂亮的口号；粗放的经济发展模式，付出了太多的资源和环境成本的代价，必须下大决心转变。这一年，以习近平为首的中共中央在治党治国治军、改革发展稳定的征程上都迈出了坚定的步伐。中华民族伟大复兴的“中国梦”是人民永续辉煌的不竭动力。

尽管有人把国史看作是中国历史“自然的延伸”，但我觉得国史与历代中国断代史还是有所区别的。中国是历史积淀异常深厚的国度，不仅历史悠久，而且史官文化高度发达，史籍经典延绵不绝，史志资料浩如烟海。按照中国史学的一般传统，是后人记前人事，盖因后人看前人更客观，档案文献的查找也更便利。但也不尽然。被鲁迅称为“史家之绝唱，无韵之离骚”的《史记》，其作者司马迁就生活在汉武帝时代，书中就曾记录了不少当时的人和事，无怪乎有人干脆称《史记》为“实录”(《汉书·司马迁》)。今天人讲今天事，当代人修当代史继承的就是中国史学的这一特殊传统，尽管在秉笔直书、正视历史真相方面多多少少还是有距离和难度的。但本套丛书还是做到了“存史”的目的。把过去发生的事情娓娓道来，写清楚它们的来龙去脉，应了孔子所说的“物有本末，事有始终，知所先后，则近道矣”和刘知幾强调的“良史以实录直书为贵”的要求。

这套国史丛书由一批国史研究领域的专家担纲撰写，他们有严谨的治学态度和深厚的学术功力，不会轻易受干扰和动摇。笔者相信这些著作会给读者以不同的感受。

目　录

第二章　共同抵御突发灾难

第三章　北京成功举办第29届奥运会

第四章　两岸“三通”和平发展

第五章　教育与科技的改革和发展

第六章　沉着应对世界金融危机

第七章　中国特色的军事变革

引　言

2008年，对于中国人民来说是很不寻常、很不平凡的一年，是一个具有历史意义的年份，是贯彻落实党的十七大精神的第一年。在这一年，中华民族放飞了自己的奥运梦想，迎来了改革开放30周年。

2008年，中国人民同心同德、顽强拼搏，成功抗击南方部分地区严重低温雨雪冰冻灾害和四川汶川特大地震灾害，成功举办北京奥运会、残奥会，成功完成神舟七号载人航天飞行任务，成功举办第七届亚欧首脑会议，中国的经济实力和综合国力进一步增强，人民生活水平继续提高。中国人民同世界各国人民加强友好交流和务实合作，共同应对国际金融危机等严峻挑战，为维护世界和平、促进共同发展做出了新的贡献。

2008年，中国人民隆重纪念改革开放30周年，在总结经验的基础上对继续推进改革开放做出了部署。经过改革开放30年的持续发展，我国积累了雄厚物质基础，经济实力、综合国力、抵御风险能力显著增强；工业化、城镇化步伐加快，在基础设施建设、产业发展、居民消费、生态环境保护等方面有巨大发展空间，扩大内需潜力巨大；社会主义市场经济体制不断完善，现代企业制度建设不断推进，形成了较好的体制环境；金融体系总体稳健，财政赤字规模较小，外汇储备率较高，宏观经济政策调整有较大余地，这为我们实行保增长、扩内需、调结构、促改革、惠民生，继续保持国民经济平稳较快发展提供了坚实基础。

2008年，中国人民坚定不移地高举中国特色社会主义伟大旗帜，以邓小平理论和“三个代表”重要思想为指导，深入贯彻落实科学发展观，加快发展方式转变和结构调整，提高可持续发展能力，加强社会建设，加快解决涉及群众利益的难点热点问题，促进经济社会又好又快发展。

2008年，中国人民坚持“一国两制”“港人治港”“澳人治澳”、高度自治的方针，同广大香港同胞、澳门同胞一道促进香港、澳门长期繁荣稳定。我们将在“九二共识”的基础上，牢牢把握两岸关系和平发展的主题，加强两岸交流合作，切实为两岸同胞谋福祉，为台海地区谋和平，维护中华民族根本利益。

2008年，中国各族人民在世界大变革大调整中，加强国际合作，共同应对挑战，维护国际形势稳定、促进各国共同发展，向世界表明中国将始终不渝走和平发展道路，始终不渝奉行互利共赢的开放战略，积极发展同世界各国的交流合作，积极参与国际社会应对国际金融危机的努力，致力于促进世界经济增长、促进人类文明进步，继续同世界各国一道推动建设持久和平、共同繁荣的和谐世界。

2008年，是我们深入贯彻落实党的十七大精神、推进

“十一五”规划顺利实施的关键一年，也是我们应对国际经济形势复杂变化、保持经济平稳较快发展的重要一年。我们面临前所未有的机遇，也面对前所未有的挑战。前进的道路，总是越过一岭又一峰，闯过一关又一坎。在中国共产党领导下，中国人民以极大的爱国热忱、聪明才智和社会责任感，解放思想，追求真理，甘于奉献，开拓创新，在改革开放和社会主义现代化建设中发挥了重要作用，为实现国家的繁荣富强、民族的伟大复兴、人民的幸福安康进行了非凡努力，谱写了壮美篇章。我们所取得的成就来之不易，这是以胡锦涛同志为总书记的党中央审时度势、坚强领导的结果，是各地区各部门密切配合、齐心协力的结果，是全党全军全国各族人民同心同德、共克时艰的结果。

2008年这些不平凡的历程，充分展现了改革开放30年我国取得的丰硕成果，充分证明了中国特色社会主义道路的正确性，充分表明了社会主义制度能够集中力量办大事的优越性，充分体现了中华民族不畏艰险、自强不息的英雄气概。我们要充分看到加快我国经济社会发展的有利条件。特别是经过30年的改革开放，我们开辟了中国特色社会主义道路，形成了中国特色社会主义理论体系，这是我们战胜一切艰难险阻，不断创造社会主义现代化建设新业绩的根本保证。当今时代风云变幻，当代中国日新月异。中国人民的命运与中国特色社会主义伟大事业紧密相连。中国人民躬逢盛世，当奋发有为，勇于担负光荣的历史使命，豪情满怀地推进全面建设小康社会的进程，为创造更加美好的生活而继续奋斗。

第一章

改革开放向纵深发展

奥运腾飞——2008 年的中国

中共十七大提出："改革开放是决定当代中国命运的关键抉择，是发展中国特色社会主义、实现中华民族伟大复兴的必由之路；只有社会主义才能救中国，只有改革开放才能发展中国、发展社会主义、发展马克思主义。"[①] 按照中共十七大的部署，2008年，中国的改革开放向纵深发展。

一、深化行政管理体制改革与实行大部制

◎坚持以人为本、执政为民，提高政府公信力和执行力

◎实现政府组织机构及人员编制向科学化、规范化、法制化

◎《国务院机构改革方案》颁布实施

◎加强和改善宏观调控，促进科学发展

◎着眼于保障和改善民生，加强社会管理和公共服务

积极稳妥地推进政治体制改革是中共中央一贯强调和坚持的原则。改革开放30年来，政治体制改革也是渐进而行，不曾中断。作为政治体制改革的重要内容，行政管理体制改革是发展社会主义市场经济和发展社会主义民主政治的必然要求，是我国全面改革的重要组成部分，必须随着改革开放和社会主

① 《十七大以来重要文献选编》（上），中央文献出版社2009年版，第8页。

义现代化建设的发展不断推进。

党的十一届三中全会以来，我们党不断推进行政管理体制改革，在转变政府职能、优化政府组织结构、推进决策科学化民主化、加强依法行政、健全行政管理体制机制、推动反腐倡廉建设等方面取得了明显成效，积累了宝贵经验，政府职能得到很大转变，行政机构和人员得到优化精简。

从总体上看，我国的行政管理体制基本适应经济社会发展的要求，有力地保障了改革开放和社会主义现代化建设事业的发展。站在全面建设小康社会新的历史起点，面对新形势新任务，现行行政管理体制依然存在一些不相适应的地方，深化改革势在必行。

只有不断深化行政管理体制改革，才能构建充满活力、富有效率、更加开放、有利于科学发展的体制机制，更好地贯彻落实科学发展观，促进经济社会全面协调可持续发展；才能建设服务政府、责任政府、法治政府、廉洁政府，更好地落实以人为本的执政理念，切实解决人民群众最关心、最直接、最现实的利益问题，促进社会和谐；才能形成权责一致、分工合理、决策科学、执行顺畅、监督有力的行政管理体制，更好地应对新时期新阶段面临的各种挑战，为深化改革、扩大开放创造良好的环境。

中共十七大明确提出：要“加快行政管理体制改革……抓紧制定行政管理体制改革总体方案”，并强调指出，“行政管理体制改革是深化改革的重要环节”[①]。之所以把行政管理体制改革提到这样的高度，是因为行政管理体制改革是深化经济体制改革的关键，对于深入贯彻落实科学发展观、促进经济又好又快发展具有重要意义；对于构建社会主义和谐社会、促进社会公平正义具有重要意义；对于发展社会主义民主政治、保障人民政治经济文化社会等方面的权利和利益具有重要意义。因此，行政管理体制改革在深化改革中具有影响全局、带动各方的关键性作用。

中共十七大在部署未来的行政管理体制改革时特别指出，要“加大机构整合力度，探索实行职能有机统一的大部门体制”[②]。所谓大部门体制，就是在政府的部门设置中，将那些职能相近、业务范围趋同的事项相对集中，由一个部门统一管理，最大限度地避免政府职能交叉、政出多门、多头管理，从而提高行政效率，降低行政成本。中共十七大提出“大部制”改革的思路，是对中国行政管理体制改革在新的历史条件下适应市场经济发展的一个新举措，亦是一种有别于以往行政管理体制改革的新思路，为深化改革指明了方向。

2008 年 2 月 25～27 日，中共十七届二中全会在北京召开。根据中共十七大的部署，会议经过审慎研究，审议通过了在广泛征求意见的基础上提出的《国务院机构改革方案（草案）》。

全会建议国务院将这个方案提交十一届全国人大一次会议审议。全会强调，行政体制改革是推动上层建筑适应经济基础

① 《十七大以来重要文献选编》（上），中央文献出版社 2009 年版，第 25 页。
② 《十七大以来重要文献选编》（上），中央文献出版社 2009 年版，第 25 页。

的必然要求，要深入推进政企分开、政资分开、政事分开、政社分开，健全部门职责体系，建设职能科学、结构优化、廉洁高效、人民满意的服务型政府。

全会通过的《国务院机构改革方案（草案）》，以职能转变为核心，继续简政放权、推进机构改革、完善制度机制、提高行政效能，稳步推进大部门制改革，对减少和下放投资审批事项、减少和下放生产经营活动审批事项、减少资质资格许可和认定、减少专项转移支付和收费、减少部门职责交叉和分散、改革工商登记制度、改革社会组织管理制度、改善和加强宏观管理、加强基础性制度建设、加强依法行政等工作做出重大部署。

要深刻认识深化行政体制和政府机构改革的重要性和紧迫性，处理好政府和市场、政府和社会、中央和地方的关系，深化行政审批制度改革，减少微观事务管理，以充分发挥市场在资源配置中的基础性作用，更好发挥社会力量在管理社会事务中的作用，充分发挥中央和地方两个积极性，加快形成权界清晰、分工合理、权责一致、运转高效、法治保障的国务院机构职能体系，切实提高政府管理科学化水平。

要坚持以人为本、执政为民，在服务中实施管理，在管理中实现服务。要加强公务员队伍建设和政风建设，改进工作方式，转变工作作风，提高工作效率和服务水平，提高政府公信力和执行力。

国务院机构改革和职能转变任务艰巨，事关改革发展稳定大局，事关社会主义市场经济体制完善，要精心组织实施，确保改革顺利进行。

中共十七届二中全会通过的《关于深化行政管理体制改革的意见》（以下简称《意见》）明确了深化行政管理体制改革的指导思想、基本原则和总体目标，把行政管理体制改革放在改革开放和经济社会发展的全局中通盘考虑、总体谋划，在广泛征求意见中集思广益、科学论证，具有长远的指导意义和现实意义。

在我国改革开放的关键时期，以转变政府职能为核心的行政管理体制改革，是我们党带领人民群众进一步深化改革的重要战略步骤，体现了我国政治体制改革的根本要求。《意见》立足改革开放和社会主义现代化建设的新形势和新任务，认真分析了我国行政管理体制存在的问题，明确了在新的起点上深化改革的方向和要求，突出重点，统筹兼顾，既有较强的现实针对性，也有较强的可操作性；既体现了改革的前瞻性、创造性，也注重改革的连续性、系统性，表明了我们党加快行政管理体制改革的坚定意志，展现了积极稳妥、循序渐进的科学精神。

《意见》对深化行政管理体制改革的指导思想、基本原则和总体目标作了具体规定。

深化行政管理体制改革的指导思想是深化行政管理体制改革，要高举中国特色社会主义伟大旗帜，以邓小平理论和“三个代表”重要思想为指导，深入贯彻落实科学发展观，按照建设服务政府、责任政府、法治政府和廉洁政府的要求，着力转变职能、理顺关系、优化结构、提高效能，做到权责一致、分工合理、决策科学、执行顺畅、监督有力，为全面建设小康社会提供体制保障。

深化行政管理体制改革的基本原则是深化行政管理体制改革，必须坚持以人为本、执政为民，把维护人民群众的根本利益作为改革的出发点和落脚点；必须坚持与完善社会主义市场经济体制相适应，与建设社会主义民主政治和法治国家相协调；必须坚持解放思想、实事求是、与时俱进，正确处理继承与创新、立足国情与借鉴国外经验的关系；必须坚持发挥中央和地方两个积极性，在中央的统一领导下，鼓励地方结合实际改革创新；必须坚持积极稳妥、循序渐进，做到长远目标与阶段性目标相结合、全面推进与重点突破相结合，处理好改革发展稳定的关系。

深化行政管理体制改革的总体目标是到 2020 年建立起比较完善的中国特色社会主义行政管理体制。通过改革，实现政府职能向创造良好发展环境、提供优质公共服务、维护社会公平正义的根本转变，实现政府组织机构及人员编制向科学化、规范化、法制化的根本转变，实现行政运行机制和政府管理方式向规范有序、公开透明、便民高效的根本转变，建设人民满意的政府。今后 5 年，要加快政府职能转变，深化政府机构改革，加强依法行政和制度建设，为实现深化行政管理体制改革的总体目标打下坚实基础。①

2008 年 3 月 11 日，十一届全国人大一次会议听取了国务

① 《关于深化行政管理体制改革的意见》，《人民日报》2008 年 3 月 5 日，第 1 版。

委员兼国务院秘书长华建敏的《关于〈国务院机构改革方案〉的说明》；3 月 15 日，会议通过了《关于〈国务院机构改革方案〉的决定》。

国务院机构改革是深化行政管理体制改革的重要组成部分。机构改革方案按照精简统一效能的原则和决策权、执行权、监督权既相互制约又相互协调的要求，着力优化组织结构，规范机构设置，完善运行机制，为全面建设小康社会提供组织保障。深化行政管理体制改革的总体目标是，到 2020 年建立起比较完善的中国特色社会主义行政管理体制。

根据中共十七大和十七届二中全会精神，这次国务院机构改革的主要任务是，围绕转变政府职能和理顺部门职责关系，探索实行职能有机统一的大部门体制，合理配置宏观调控部门职能，加强能源环境管理机构，整合完善工业和信息化、交通运输行业管理体制，以改善民生为重点，加强与整合社会管理和公共服务部门。

《国务院机构改革方案》的主要内容包括：

第一，合理配置宏观调控部门职能。国家发展和改革委员会要进一步转变职能，减少微观管理事务和具体审批事项，集中精力抓好宏观调控。财政部要改革完善预算和税政管理，健全中央和地方财力与事权相匹配的体制，完善公共财政体系。中国人民银行要进一步健全货币政策体系，加强与金融监管部门的统筹协调，维护国家金融安全。国家发展和改革委员会、财政部、中国人民银行等部门要建立健全协调机制，形成更加完善的宏观调控体系。

第二，加强能源管理机构。设立高层次议事协调机构国家能源委员会。组建国家能源局，由国家发展和改革委员会管理。将国家发展和改革委员会的能源行业管理有关职责及机构，与国家能源领导小组办公室的职责、国防科学技术工业委员会的核电管理职责进行整合，划入该局。国家能源委员会办公室的工作由国家能源局承担。不再保留国家能源领导小组及其办事机构。

第三，组建工业和信息化部。将国家发展和改革委员会的工业行业管理有关职责，国防科学技术工业委员会核电管理以外的职责，信息产业部和国务院信息化工作办公室的职责，整合划入工业和信息化部。组建国家国防科技工业局，由工业和信息化部管理。国家烟草专卖局改由工业和信息化部管理。不再保留国防科学技术工业委员会、信息产业部、国务院信息化工作办公室。

第四，组建交通运输部。将交通部、中国民用航空总局的职责及建设部的指导城市客运职责，整合划入交通运输部。组建国家民用航空局，由交通运输部管理。国家邮政局改由交通运输部管理。保留铁道部，继续推进改革。不再保留交通部、中国民用航空总局。

第五，组建人力资源和社会保障部。将人事部、劳动和社会保障部的职责整合划入人力资源和社会保障部。组建国家公务员局，由人力资源和社会保障部管理。不再保留人事部、劳动和社会保障部。

第六，组建环境保护部。不再保留国家环境保护总局。

第七，组建住房和城乡建设部。不再保留建设部。

第八，国家食品药品监督管理局改由卫生部管理。明确卫生部承担食品安全综合协调、组织查处食品安全重大事故的责任。

这次国务院改革涉及调整变动的机构共15个，正部级机构减少4个。改革后，除国务院办公厅外，国务院组成部门设置27个，具体如下：外交部、国防部、国家发展和改革委员会、教育部、科学技术部、工业和信息化部、国家民族事务委员会、公安部、国家安全部、监察部、民政部、司法部、财政部、人力资源和社会保障部、国土资源部、环境保护部、住房和城乡建设部、交通运输部、铁道部、水利部、农业部、商务部、文化部、卫生部、国家人口和计划生育委员会、中国人民银行、审计署。

这次改革突出了三个重点：一是加强和改善宏观调控，促进科学发展；二是着眼于保障和改善民生，加强社会管理和公共服务；三是按照探索职能有机统一的大部门体制要求，对一些职能相近的部门进行整合，实行综合设置，理顺部门职责关系。

综合起来看，这次试行大部制，从促进经济社会又快又好发展的需要出发，着力解决一些长期存在的突出矛盾和问题，既迈出了行政管理体制改革的重要步伐，又保持了国务院机构相对稳定和改革的连续性，为今后的政治体制改革奠定了坚实的基础。

二、出台农村改革纲领，加快农村综合改革步伐

◎统筹城乡，科学发展，加快形成城乡一体化新格局

◎大力推进改革创新，加强农村制度建设

◎积极发展现代农业，提高农业综合生产能力

◎加快发展农村公共事业，促进农村社会全面进步

中国波澜壮阔的改革历程，是率先在农村起步并取得突破的。从十一届三中全会至今，中国农村改革翻过一座座梁，跨过一道道坎，风雨兼程走过了30个年头。30年来，中国农村社会生产力得到极大解放和发展，农村经济社会实现了历史性巨变。30年来，我们确立了以家庭联产承包经营为基础、统分结合的农村基本经营制度，极大地调动了农民的生产积极性，极大地解放和发展了农村社会生产力，农业发展越过了长期短缺阶段，呈现出总量大体平衡、丰年有余的新格局；通过改革农产品流通体制，推动了市场在资源配置中发挥基础性作用，促进了农产品和农村其他生产要素的流通；明确了统筹城乡经济社会发展的战略思路，启动了建设社会主义新农村的重大部署。

改革开放的历史性抉择和30年中国特色社会主义伟大实践，使中国农村成功地实现了农民生活从温饱不足到总体小康的历史性跨越，迈出了全面建设小康社会的历史性步伐。30

年来，我国农民年均纯收入从134元增加到4140多元，贫困人口从2.5亿减少到1479万。[①] 农村饮水工程和水利、公路、电网等方面的建设突飞猛进，新型农村合作医疗、免费义务教育、最低生活保障制度等接连实施，广大农民享受到越来越多的公共服务。村民自治制度的建立和完善，使广大农民实现了民主选举、民主决策、民主管理、民主监督，开创了农村基层民主政治新局面。

统筹城乡，科学发展，加快形成城乡一体化新格局，已成为中国改革开放的时代主题。站在“以工促农、以城带乡”的新起点上，两个基本问题摆在我们面前：农村改革30年有哪些核心经验应该坚守？城乡一体化改革的突破点和着力点又在哪里？

梳理农村改革30年的核心经验，有“五条金线”贯穿其中：

其一，尊重农民的首创精神，是农村改革发展不断取得新突破的内在动力。

其二，经济上保障农民物质利益，政治上保障农民民主权利，是农村改革始终遵循的一条基本原则。

其三，坚持市场化改革取向，是农业和农村发展的活力源泉。

其四，根据“三农”的阶段性要求，不断解放思想，渐进式推动改革，是农村发展的基本要求。

① 新华社特约评论员：《谱写农村改革发展新篇章——写在党的十七届三中全会闭幕之际》，《人民日报》2008年10月13日，第4版。

其五，把解决“三农”问题作为全党工作的重中之重，统筹城乡经济社会发展，是实现城乡一体化发展目标的关键。

在这一过程中，农民政治上走向民主自治，经济上正在实现由温饱不足到总体小康的历史性跨越；人均收入由1978年的134元增至2007年的4140元，增长近30倍。

在这一过程中，中国以不到世界7%的耕地养活了约占世界1/5的人口。主要农产品供给呈现总量平衡、丰年有余的格局，用事实回击了“谁来养活中国”的质疑。

在这一过程中，中国农村绝对贫困人口从2.5亿减少到1500万，贫困发生率从30%降至不足3%，成为全球减贫的“样板国”。

在这一过程中，乡镇企业和小城镇崛起，亿万农民变成市民，开创了中国特色农村工业化和城镇化发展道路。2007年我国城镇化率达到44.9%，比改革之初提高约30个百分点。

在这一过程中，中国农民首获种粮补贴，新农村建设起步，实施了“以工补农、以城带乡”的战略转变。

党的十七大首次提出形成城乡一体化发展新格局的战略思想。给农民平等权利，给农村优先地位，给农业更多反哺——为了找到这一统筹城乡的科学发展之路，中国改革历尽艰险。

随着中国改革发展进入关键阶段，农业农村改革发展也面临许多新情况、新问题。在看到30年农村改革发展成就的同时，我们也应当清醒地认识到：统筹城乡经济社会发展尚面临诸多问题，城乡居民收入差距仍在扩大，城乡二元结构没有得到根本改变；农业面临市场和资源环境等约束的形势严峻，保障国家粮食安全和主要农产品供求平衡压力增大；农村基本公共服务水平仍然偏低，等等。

国务院提请全国人大常委会审议的专项报告显示：2007年全国农民人均纯收入实际增长9.5%，为1985年以来增幅最高的一年；同期，城乡居民收入比扩大至3.33∶1，绝对差距达9646元，为改革开放以来差距最大的一年。①

增幅最高、差距最大——两组指向相反的数据同时出现，折射中国经济社会发展的一个深层次矛盾：城乡二元结构仍然没有得到根本改变。纵观世界经济发展规律，一个国家或地区的发展壮大，离不开劳动力、土地、资金等发展要素的“净流入”。而受二元社会结构和传统国民收入分配格局的影响，我国农村的发展要素长期处于“净流出”状态。

劳动力净流出——以青壮年劳动力为主体的2亿多农民进城务工，其积极作用是增加了农民收入、促进了城市化进程，但也使农村出现“三化”现象，即农民兼业化、农村空心化、农业弱质化，导致农业粗放经营。

土地价值的流出——据中国城郊经济研究会调查，由于土地长期计划征用，土地用途转变增值的收益分配中，政府得60%～70%，村级集体组织得5%～30%，农民只得到5%～10%。据国土资源部的有关调查，近年来非法批地案件中，地方政府和涉及政府为违法主体的案件占80%。

---

① 宋振远、陈芳、刘健、张军：《一切为了广大农民的根本利益——写在中国农村改革30年之际》，新华网，http://news.xinhuanet.com/newscenter/2008－10/11/content_10177862.htm。

农村资金的流出——随着县域银行营业网点和信贷功能的收缩，在农村吸收的金融资金通过上存，源源不断地流向城市、企业和大项目。农村邮政储蓄机构一度只存不贷，形成巨额资金“漏斗”。近年来实施农村金融体制改革后，邮政储蓄开始办理农贷业务，局面才有所改观。

上述“三要素”的流出，加剧了城乡社会矛盾。

正是基于对国情的清醒认识，十六大以来，中央将解决“三农”问题作为全党工作的重中之重。胡锦涛总书记明确指出，“我国农村改革发展正站在新的历史起点上。农村改革仍然是我国改革的关键环节，农业农村发展仍然是我国发展的战略基础。我们必须适应农村经济社会发展的新形势，顺应亿万农民过上美好生活的新期待，坚定不移推进社会主义新农村建设，坚定不移走中国特色农业现代化道路，坚定不移加快形成城乡经济社会发展一体化新格局，毫不松懈地继续推进农村改革发展，努力开创农村改革发展的新局面”①。

正是带着发展的紧迫感，新世纪5个中央一号文件多次强调，粮食安全的警钟要始终长鸣，巩固农业基础的弦要始终紧绷，解决好“三农”问题作为全党工作重中之重的要求要始终坚持。农业丰则基础强，农民富则国家盛，农村稳则社会安。在新的起点上进一步推进农村改革发展，是中国改革的关键环节，是中国发展的战略基础。

正是在如此关键的时刻，中共十七届三中全会出台了农村

① 孙承斌：《金秋时节察农情——胡锦涛总书记在河南考察农村改革发展情况纪实》，《人民日报》2008年9月11日，第1版。

改革纲领，加快了农村改革的步伐。

2008年10月9～12日，中国共产党第十七届中央委员会第三次全体会议在北京召开。中共十七大代表中从事农业农村工作的部分基层同志和研究农业、农村、农民问题的部分专家学者也列席了会议。

全会审议通过了《中共中央关于推进农村改革发展若干重大问题的决定》。决定指出，农业、农村、农民问题关系党和国家事业发展的全局。

当前，国际形势继续发生深刻变化，我国改革发展进入关键阶段。我们要抓住和用好重要战略机遇期，胜利实现全面建设小康社会的宏伟目标，加快推进社会主义现代化，就要更加自觉地把继续解放思想落实到坚持改革开放、推动科学发展、促进社会和谐上来，毫不动摇地推进农村改革发展。

我国总体上已进入以工促农、以城带乡的发展阶段，进入加快改造传统农业、走中国特色农业现代化道路的关键时刻，进入着力破除城乡二元结构、形成城乡经济社会发展一体化新格局的重要时期。我们要牢牢把握社会主义初级阶段的基本国情和当前发展的阶段性特征，适应农村改革发展新形势，顺应亿万农民过上美好生活新期待，抓住时机、乘势而上，努力开辟中国特色农业现代化的广阔道路，奋力开创社会主义新农村建设的崭新局面。

《中共中央关于推进农村改革发展若干重大问题的决定》明确了新形势下农村改革发展的指导思想、目标任务、重大原则。

新形势下推进农村改革发展，要全面贯彻党的十七大精神，高举中国特色社会主义伟大旗帜，以邓小平理论和“三个代表”重要思想为指导，深入贯彻落实科学发展观，把建设社会主义新农村作为战略任务，把走中国特色农业现代化道路作为基本方向，把加快形成城乡经济社会发展一体化新格局作为根本要求，坚持工业反哺农业、城市支持农村和多予少取放活方针，创新体制机制，加强农业基础，增加农民收入，保障农民权益，促进农村和谐，充分调动广大农民的积极性、主动性、创造性，推动农村经济社会又好又快发展。

到 2020 年，农村改革发展基本目标任务是：农村经济体制更加健全，城乡经济社会发展一体化体制机制基本建立；现代农业建设取得显著进展，农业综合生产能力明显提高，国家粮食安全和主要农产品供给得到有效保障；农民人均纯收入比 2008 年翻一番，消费水平大幅提升，绝对贫困现象基本消除；农村基层组织建设进一步加强，村民自治制度更加完善，农民民主权利得到切实保障；城乡基本公共服务均等化明显推进，农村文化进一步繁荣，农民基本文化权益得到更好落实，农村人人享有接受良好教育的机会，农村基本生活保障、基本医疗卫生制度更加健全，农村社会管理体系进一步完善；资源节约型、环境友好型农业生产体系基本形成，农村人居和生态环境明显改善，可持续发展能力不断增强。

实现上述目标任务，要遵循以下重大原则：必须巩固和加强农业基础地位，始终把解决好十几亿人口吃饭问题作为治国安邦的头等大事；必须切实保障农民权益，始终把实现好、维护好、发展好广大农民根本利益作为农村一切工作的出发点和落脚点；必须不断解放和发展农村社会生产力，始终把改革创新作为农村发展的根本动力；必须统筹城乡经济社会发展，始终把着力构建新型工农、城乡关系作为加快推进现代化的重大战略；必须坚持党管农村工作，始终把加强和改善党对农村工作的领导作为推进农村改革发展的政治保证。

十七届三中全会采取的推进农村改革发展的战略举措有：

——大力推进改革创新，加强农村制度建设。实现农村发展战略目标，推进中国特色农业现代化，必须按照统筹城乡发展要求，抓紧在农村体制改革关键环节上取得突破，进一步放开搞活农村经济，优化农村发展外部环境，强化农村发展制度保障。要稳定和完善农村基本经营制度，健全严格规范的农村土地管理制度，完善农业支持保护制度，建立现代农村金融制度，建立促进城乡经济社会发展一体化制度，健全农村民主管理制度。

——积极发展现代农业，提高农业综合生产能力。发展现代农业，必须按照高产、优质、高效、生态、安全的要求，加快转变农业发展方式，推进农业科技进步和创新，加强农业物质技术装备，健全农业产业体系，提高土地产出率、资源利用率、劳动生产率，增强农业抗风险能力、国际竞争能力、可持续发展能力。要明确目标、制定规划、加大投入，集中力量办好关系全局、影响长远的大事。要确保国家粮食安全，推进农业结构战略性调整，加快农业科技创新，加强农业基础设施建设，建立新型农业社会化服务体系，促进农业可持续发展，扩大农业对外开放。要加强农业标准化和农产品质量安全工作，严格全程监控，切实落实质量安全监管责任，杜绝不合格产品进入市场。

——加快发展农村公共事业，促进农村社会全面进步。建设社会主义新农村，形成城乡经济社会发展一体化新格局，必须扩大公共财政覆盖农村范围，发展农村公共事业，使广大农民学有所教、劳有所得、病有所医、老有所养、住有所居。要繁荣发展农村文化，大力办好农村教育事业，促进农村医疗卫生事业发展，健全农村社会保障体系，加强农村基础设施和环境建设，推进农村扶贫开发，加强农村防灾减灾能力建设，强化农村社会管理。

——加强和改善党的领导，为推进农村改革发展提供坚强政治保障。推进农村改革发展，关键在党。要把党的执政能力建设和先进性建设作为主线，以改革创新精神全面推进农村党的建设，认真开展深入学习实践科学发展观活动，增强各级党组织的创造力、凝聚力、战斗力，不断提高党领导农村工作水平。[①]

《中共中央关于推进农村改革发展若干重大问题的决定》出台后，海外媒体予以积极评价，认为这是旨在增加农民收入、加快农村经济发展的历史性决定。美国《纽约时报》2008年10月13日发表文章说，这一决定的通过启动了中国近年来最重要的一项经济改革。文章说，自1978年以来的经济改革

① 参见《十七大以来重要文献选编》（上），中央文献出版社2009年版，第671～690页。

使中国城市受益匪浅，但农村地区发展相对滞后。新政策将在农村刺激由市场推动的经济增长，从而缩小城乡差距。新加坡《联合早报》10月14日发表题为《新时期的中国农村改革》的社论说，土地自由流转的政策势必推动新一轮农村改革，它是缩小城乡及贫富差距、寻求社会均衡发展的途径之一。澳大利亚《悉尼先驱晨报》说，中国领导人就农村经济增长推出的政策“应该是近几年来全国最大的经济改革”。《澳大利亚人报》发表社论评论文章说，改革将会增加农业产出，农业收入的增加也会刺激国内商品需求，并可使中国经济更好规避当前国际经济环境的影响。《澳大利亚金融评论报》在一篇长篇报道中说，这一决定是“中国农村经济改革的转折点”。委内瑞拉《宇宙报》10月13日发表文章说，中国通过了历史性的农村改革方案，旨在改善7亿多农村人口的经济收入和提高生产力，并且在世界金融危机的背景下开拓国内市场；《国民报》题为《中国推出重要农村改革》的特约记者文章称，中国准备进行的“重要改革”将对国家发展产生“深刻影响”。蒙古国《人权报》网站10月14日发表文章说，中国领导层十分重视农业的发展，中国在农业方面的新举措将为中国农民提供发展机会，并使中国农村步入小康。[1]

为贯彻落实好党的十七届三中全会精神、做好农业农村工作，2008年12月27～28日，中央农村工作会议在北京举行。会议总结了2008年的农业农村工作，分析了当前的农业农村

① 《外媒积极评价十七届三中全会农村改革发展决定》，中央政府门户网站，http://www.gov.cn/jrzg/2008－10/14/content_1121072.htm。

形势，研究促进农业稳定发展、农民持续增收的政策措施，讨论了《中共中央、国务院关于2009年促进农业稳定发展农民持续增收的若干意见（讨论稿）》。会议强调，扩大国内需求，最大潜力在农村；实现经济平稳较快发展，基础支撑在农业；保障和改善民生，重点难点在农民。做好“三农”工作，保持农业农村发展的良好势头，对稳定经济社会发展大局具有特殊重要的意义。

会议对深入学习和准确把握党的十七届三中全会精神，全面贯彻推进农村改革发展的战略部署，不断开辟“三农”认识新境界，奋力开创“三农”工作新局面，提出了一系列针对性强、含金量高的政策措施：一是强化农业基础，稳定农业生产；二是采取综合措施，促进农民增收；三是发展公共事业，改善农村民生；四是深化农村改革，增添发展活力。这些举措对于应对国际金融危机的冲击，保持农业农村发展良好势头具有重要意义。①

《中共中央关于推进农村改革发展若干重大问题的决定》是中共十七届三中全会的重要成果，成为推进中国农村改革发展的指导性文件，将推动农村改革发展从新的历史起点出发，谱写新的篇章。

---

① 参见车玉明、董峻：《中央农村工作会议在京召开 全面部署2009年农业和农村工作》，《人民日报》2008年12月29日，第1版。

三、全面推进集体林权制度改革

◎18亿亩耕地解决了13亿人的吃饭问题，43亿亩林地却没有解决13亿人的用材问题，更没有满足社会对生态的需求

◎“山定权、树定根、人定心”

◎集体林权制度改革是我国农村改革又一个新的里程碑

新中国成立后，特别是改革开放以来，集体林业建设取得了较大成就，对经济社会发展和生态建设做出了重要贡献。集体林权制度虽经数次变革，但产权不明晰、经营主体不落实、经营机制不灵活、利益分配不合理等问题仍普遍存在，制约了林业的发展。

当前，中国林业产出率不高，林区发展落后，林农收入低，“三林”问题突出。中国是一个多山的国家，山区面积约占国土面积的69%，其中林业用地面积为43亿公顷，约占国土面积的27%。有集体林地25.48亿亩，占全国林地面积的60%。但长期以来，我国林业发展难以满足经济社会不断发展和人民群众生活水平日益提高的需要，林业仍然是国民经济链条上的弱势产业。18亿亩耕地解决了13亿人的吃饭问题，43亿亩林地却没有解决13亿人的用材问题，更没有满足社会对生态的需求。近年来，我国木材和林产品进口量持续增长，已经引起国际社会关注。增加木材产量、提高木材自给率迫在眉睫。随着农业税免征和各项农业补贴制度的建立，国家对粮

区、粮农和粮食产业的“多予”机制不断健全，我国农业迎来“反哺时代”。与此同时，“林业弱、林区困、林农穷”的问题逐渐浮出水面，成为我国“三农”问题的新瓶颈。

山区林区是我国农村的重要组成部分。在全国2300多个县级行政区域中，1500多个在山区。农村包含了山区，山区多数是林区。山区是我国的资源宝库和大江大河的源头，全国90%的林地、84%的森林蓄积量、77%的草场、76%的湖泊、98%的水能都集中在山区。但长期以来，广大山区的经济社会发展严重滞后。

目前，全国592个国家扶贫开发重点县，有490多个分布在山区。贫困问题一定程度上就是山区问题。可以说，山区是社会主义新农村建设的薄弱环节。山区人口占全国总人口的56%，他们的收入水平相对较低。即使在相同的农业省份，山区和平原、林农和粮农间的收入也有明显的差异。

农村实行税费改革及农业税减免政策后，粮农负担得到缓解，愈发显出林农负担较重。比如江西实行集体林权制度改革试点以前，农民出售木材仅运销环节的税费就占到木材销售额的56%。林农们形象地说，他们“砍一根竹子，得一双筷子；砍一根杉木，得一条凳子”。有关测算表明，我国18亿亩耕地的亩均产出水平约为686元，而43亿亩林地资源的亩均产出水平只有22元。

新中国成立以来，国家围绕集体林权制度进行了多次改革探索，取得了一定成效，但产权不明晰、经营机制不灵活等深层问题一直束缚集体林业发展，7亿多山区人口如何脱贫增收仍是个问题。

从2003年起，国家在福建、江西等地率先开展集体林权制度改革试点。同年6月，《中共中央国务院关于加快林业发展的决定》出台，提出加快林业体制改革，完善林业产权制度，增强林业发展活力。

福建、江西两省先后于2003年和2004年开始探索集体林权制度改革，明晰林地使用权和林木所有权，放活经营权，落实处置权，保障收益权。通过折股量化、股权到户或以人口、农户为单位均分、均包等形式，把集体林木所有权和林地使用权明晰到户或其他经营主体。

通过明晰产权，减轻税费，放活经营，规范流转，江西省1.537亿亩林地已有1.51亿亩木竹税费负担由56%下降到11%。可见，将促进农民增收的突破点转向林农，逐步加大对林业、林区、林农的扶持力度，是全面贯彻落实科学发展观，构建社会主义和谐社会，建设社会主义新农村的必然要求。

2007年4月，中央领导在江西考察时，对江西集体林权制度改革给予了高度评价，并要求很好地总结江西集体林权制度改革的经验，下决心在全国推进这项改革。

林权制度改革试点5年来，累计已将8.78亿亩林地分到农民手中，占全国集体林地的34.5%。这项以明晰产权、减轻税费、放活经营、规范流转为主要内容的改革，基本实现了促进林业发展、山区人口增收和生态文明建设的目标。在先行改革的福建、江西等地，集体林权制度改革已经使山区林区乃至整个农村发生了深刻变化，焕发了新的生机和活力。

林改后，农民成了山林的主人，开始敢于向山上投资，舍得向林业投入，造林、育林、护林的积极性显著提高。在福建，2005年这一年间，全省造林面积突破200万亩，比上年翻了一番。在江西，2005年冬至2006年春，全省人工造林333.5万亩，是近10年来人工造林面积最多的一年，其中个体、企业投资造林达273.3万亩，占造林总面积82%。农民“把山当田耕、把树当菜种”，“看好自家山、管好自家林”，森林案件和森林火灾大幅度下降。

林改后，江西全省共有78个县开展了林权抵押贷款业务，通过抵押3378宗共74万亩林地，获得贷款23亿元。

林改后，农民收入水平上升。福建南平、三明等主要林区农民的林业收入已经占其总收入的50%。2005年，江西省因林改带动全省农民的林业现金收入同比增长41%。

林改后，农民负担减轻。2003年以来，福建通过减免税费等措施，每年为农民减轻负担18亿元。2004年江西实施“两取消、两调整、一规范”政策以来，累计为农民让利33亿元。另一方面，木材价格上涨、林地价值上升，也让农民的“钱袋子”鼓了起来。

可见，集体林权改革已成为涉农改革的结合点、突破点和推进点，成为破解7亿山区人口脱贫增收问题的重要抓手。

2007年，集体林权制度改革在全国取得重大进展，全国有16个省（区、市）的党委、政府相继出台了关于开展集体林权制度改革的文件，27个省（区、市）成立了集体林权制度改革领导小组及其办公室。福建、江西、辽宁、浙江4省已基本完成主体改革任务，正在推进配套改革；河北、云南、安徽、湖北等省主体改革全面推开；四川、湖南、陕西、吉林、海南等省在总结试点经验基础上，即将全面推开主体改革；其他省（区）也在积极开展试点或正在进行深入调研，为林改做好前期准备。

2008年，中央一号文件，即《中共中央、国务院关于切实加强农业基础建设，进一步促进农业发展农民增收的若干意见》，提出2008年农村改革的重点任务之一，就是“全面推进集体林权制度改革”。中央一号文件提出，“在坚持集体林地所有权不变的前提下，将林地使用权和林木所有权落实到户。在不改变林地用途前提下，承包人有权依法处置林地使用权和林木所有权，可依法自主经营商品林。积极推进林木采伐管理、公益林补偿、林权抵押、政策性森林保险等配套改革。切实加强对集体林权制度改革的组织领导，加大财政支持力度，确保集体林权制度改革顺利进行。稳步推进国有林场和重点国有林区林权制度改革试点。”自2003年集体林权制度改革试点开始至2008年初，全国承包到户的林地已超过7亿亩，占集体林业用地的30％以上。

2008年1月15日，14省（市）集体林权制度改革座谈会在北京召开。会议提出，集体林权制度改革是农村家庭承包经营制度的丰富、拓展、完善和延伸，是农村生产力的又一次大解放；对于促进农民兴林致富、就业增收，扩大林业发展空间，解决“三农”问题，推进新农村建设，实现农民安居乐业、农村和谐稳定，意义十分重大。要使用好、管理好中央财政先期向14省（市）安排的林改工作经费，全面推进今年的集体林权制度改革，把综合配套改革试点与完善林业宏观政策、制度创新和理论创新紧密结合起来，重点试验，重点突破，加快制定完善配套改革政策法规，辐射推动全国林权制度改革，开拓出中国特色的现代林业发展道路。

2008年4月28日，中共中央总书记胡锦涛主持召开中共中央政治局会议，研究部署推进集体林权制度改革。会议认为，集体林地是国家重要的土地资源，是林业重要的生产要素，是农民重要的生活保障。实行集体林权制度改革，是在坚持集体林地所有权不变的前提下，依法将林地承包经营权、林木所有权承包、落实到集体经济组织的农户，确立农民作为林地承包经营权人的主体地位。会议指出，集体林权制度改革，是农村生产关系的一次变革，事关全局，影响深远。必须坚持农村基本经营制度，确保农民平等享有集体林地承包经营权；坚持统筹兼顾各方利益，确保农民得实惠、生态受保护；坚持尊重农民意愿，确保农民的知情权、参与权、决策权；坚持依法办事，确保改革规范有序；坚持分类指导，确保改革符合实际。各地区、各部门要切实加强组织领导，在认真总结试点经验的基础上，依法明晰产权、放活经营、规范流转、减轻税费，全面推进集体林权制度改革，逐步形成集体林业的良性发展机制，实现资源增长、农民增收、生态良好、林区和谐的目标。

2008年7月14日，《中共中央、国务院关于全面推进集体林权制度改革的意见》（以下简称《意见》）公布。这是我国深化农村改革的又一重大战略决策，是坚定不移地推进改革开放的又一重大战略部署。该《意见》认真总结了改革试点的成功经验，明确提出了改革的指导思想、基本原则、总体目标和主要任务，并对完善政策措施、加强组织领导提出了明确要求。这次改革最重要的内容是，在保持集体林地所有权不变的前提下，将林地经营权和林木所有权通过家庭承包方式落实到户，确立农民的经营主体地位，承包期为 70 年，期满可以继续承包，做到“山有其主、主有其权、权有其责、责有其利”，实现“山定权、树定根、人定心”。同时，该《意见》还明确提出了要建立支持集体林业发展的公共财政制度、公益林补偿制度、林权抵押贷款制度、政策性森林保险制度、林地林木流转制度及森林资产评估师制度和评估制度等一系列重大政策。这将从根本上理顺集体林业发展的体制机制，为发展现代林业、建设生态文明，实现农民增收、资源增长、生态良好、林区和谐提供制度保障。该意见是指导全国集体林权制度改革的纲领性文件，是我国农村改革又一个新的里程碑。

30 年前，我国改革开放事业从农村发端，实行家庭联产承包责任制，把耕地承包到户，实现了田有其主，极大地解放和发展了农村生产力，有效解决了 13 亿人的吃饭问题，开启了中国特色社会主义事业的伟大征程，取得了举世瞩目的伟大成就。30 年后，党中央、国务院做出全面推进集体林权制度改革的重大战略决策，把林地承包到户，实现山有其主，进一步调动了亿万农民耕山致富的积极性，实现林业生产力的又一次大解放。

实行集体林权制度改革，把过去沉睡的山林变成农民的重要生产资料，把森林资产变成农民的重要财产，把林业经营变成农民的创业平台，把亿万农民的巨大潜能和25亿多亩林地的巨大潜力有机结合起来，拓展了农民就业增收的新空间，开辟了农村发展的新天地。这对于促进农民特别是山区农民脱贫致富、破解“三农”难题、建设社会主义新农村、构建社会主义和谐社会具有十分重大的意义。全面激发了广大农民造林育林护林的内在动力，极大地解放和发展了林业生产力，有力推动了生态建设和保护，大幅度增加了农民的财产和收入，有效化解了农村长期存在的诸多矛盾，呈现出“民富林兴、生态好转、农村和谐”的可喜局面，获得了巨大的综合效益，得到了广大农民的热烈拥护和社会各界的广泛赞誉。实践证明，集体林权制度改革顺民心、合民意，是党和政府坚持科学发展观，坚持以人为本、执政为民、改善民生的又一生动体现。

党中央、国务院颁发了《关于全面推进集体林权制度改革的意见》，集体林权制度改革进入全面推进新阶段。各地各部门认真落实中央部署，积极稳妥推进改革，取得新成效。福建、江西、辽宁、浙江、云南5省基本完成主体改革，河北、安徽、河南、湖北、湖南、重庆、四川、贵州8省市全面推开主体改革，其他省（区、市）都在积极开展改革试点。全国已确权到户的林地达2.7亿亩，占集体林地的50%。亿万农民真正成为山林主人，获得重要的生产资料和发家致富的创业平台，不少山区农民的家庭财产增加几万元甚至几十万元，部分农民林业收入已占到总收入的60%，极大地调动了农民的积极性，各种生产要素大量向林业流动。2008 年，河南省投入林业资金 1.3 亿元，造林 601 万亩，比 2007 年增加 337 万亩；云南省投入林业资金 35 亿元，有效带动了林业和林下经济发展，南华县通过发展以野生菌为主的林下经济，实现产值 1.6 亿元，比 2007 年增长 37.1%，其中五街镇农民户均收入 2 万元，高的达 8 万多元；福建省林业贷款余额 66.1 亿元，有 55 万农民工返乡务林；江西省林权抵押贷款余额 30 亿元，0.9 万农民工返乡务林，全省农民人均林业现金收入 680 元，同比增长 15%；辽宁省有 1200 万农民经营林业，收入明显增长；河北省发展林下经济 60 多万亩，产值 10 多亿元，实现了农民“不离乡、能就业，不砍树、能致富”。同时，国有林场改革试点和重点国有林区改革试点也取得新进展。[①]

① 参见《贾治邦局长在全国林业厅局长会议上的讲话》，国家林业局网站，http://www.forestry.gov.cn//portal/main/S/90/content-3269.html。

第二章

共同抵御突发灾难

奥运腾飞——2008 年的中国

2008年对于中国人民来说是很不寻常、很不平凡的一年。年初南方部分地区即遭遇了严重低温雨雪冰冻灾害，5月又发生了四川汶川特大地震灾害。在巨大的灾害面前，中国各族人民在党中央的统一领导部署下，同心同德、顽强拼搏，全国上下迅速投入抢险救灾的工作中。灾区人民临危不乱、守望相助、苦干实干、不等不靠，用自己的双手和劳动积极开展自救，书写了自强不息、重建美好家园的动人篇章。无论是抗震救灾还是灾后恢复重建，举国上下同心协力，海内外同胞和衷共济，充分展现了中华民族团结奋斗的民族品格和风雨同舟的强大力量。

一、团结一心战胜雨雪冰冻灾害

◎千方百计保交通、保供电、保民生

◎子弟兵在冰雪中续写忠诚，时刻把人民利益高高举过头顶

◎新闻媒体及时报道各地区、各部门抢险抗灾先进人物和模范事迹

（一）百年一遇的冰冻雨雪灾害

2008年1月10日到2月2日，我国南方地区先后出现四次大范围低温雨雪冰冻过程。这次灾害性天气正值春运高峰，

持续时间长、影响范围广、危害程度深，多数地区为50年一遇，部分地区为百年一遇。全国有19个省（区、市）不同程度受到影响，其中湖南、贵州、江西、广西、湖北、安徽、浙江7省（区）最为严重。持续低温雨雪冰冻天气造成多种灾害并发，给人民群众生命财产和工农业生产造成重大损失，正常生产生活秩序受到极大影响。

电力设施严重损毁。全国有13个省（区、市）电力系统运行受到影响，170个县（市）停电。截至2月11日，110千伏及以上线路倒塔8709基，断线2.7万余条，变电站停运1497座。贵州、江西500千伏电网一度基本瘫痪，电网解列运行，西电东送通道中断。湖南电网500千伏和220千伏变电站有1/3停运。

交通运输一度严重受阻。由于倒塔断电，北京至广州、上海至昆明两大主要铁路干线部分区段运输受阻。全国累计有23万公里的公路因结冰多次封闭，出现严重拥堵，110万条公路客运班线停开，影响3400余万人次正常出行。直接损毁公路8.2万公里。长江中下游14个机场一度关闭，大批航班取消或延误，大量旅客滞留机场。

电煤供应告急。由于电力中断和交通受阻，加上一些煤矿提前放假和检修等因素，煤炭供应受到严重影响。部分电厂电煤库存急剧下降，19个省（区、市）拉闸限电。

农业生产遭受重大损失。截至2月12日，农作物受灾面积1.78亿亩，成灾8764万亩，绝收2536万亩。其中油菜受灾4891万亩，占全国秋冬种油菜面积的48.4%；蔬菜受灾

4208万亩，占全国秋冬种蔬菜面积的35.2%。死亡牲畜606万头、家禽6275万只；良种繁育体系遭受严重破坏；塑料大棚、畜禽圈舍等设施损毁严重。国有林场有46个严重受灾，道路、送水管线和防火观测塔台等受到严重破坏。

灾区工业企业大面积停产。停电及交通运输受阻等因素导致灾区的工业生产受到很大影响，其中湖南省83%的规模以上工业企业、江西省90%的工业企业一度停产。

灾区群众生活受到严重影响。长期低温冰冻灾害和大面积停电，造成部分地方自来水管道损坏、供水中断，垃圾和污水得不到及时处理，通信及金融、证券交易网点正常营业受到影响，商业流通、加油加气设施受到损坏。截至2月12日，低温雨雪冰冻灾害已造成倒塌房屋35.4万间，损坏房屋140.8万间，紧急转移安置151.2万人。因灾造成直接经济损失约1111亿元（未含工矿企业和文教卫生事业单位损失）。

（二）中共中央政治局常务委员会召开会议部署抗灾救灾工作

2月3日上午，胡锦涛主持召开中共中央政治局常务委员会会议，研究部署雨雪冰冻灾害抗灾救灾工作，强调要千方百计保交通、保供电、保民生。

会议认真听取了中共中央政治局常委同志近期前往南方一些受灾地区考察灾情和抗灾救灾工作的情况报告。会议认为，灾害发生后，全党全国同心同德、共同努力，抗灾救灾工作已全面展开，一些地方交通运输、电力供应等方面的严重困难得到了缓解，抗灾救灾斗争取得了初步成效。但同时必须清醒地看到，南方一些地区还将发生低温、雨雪冰冻天气，受灾地区灾情严重，抗灾救灾的形势依然严峻、任务十分艰巨。各有关地区和部门要按照中央的要求和部署，坚定必胜信念，继续把抗灾救灾作为当前最紧迫的任务，万众一心，众志成城，扎扎实实做好各方面工作，坚决打好这场抗灾救灾的硬仗。

会议强调，在全面做好抗灾救灾各项工作的同时，当务之急是要保交通、保供电、保民生；各地区各部门要牢固树立全国一盘棋的思想，大力发扬一方有难、八方支援的精神，全力支援和帮助受灾地区；各有关地区和部门在切实做好当前抗灾救灾工作的同时，要及时做好灾后重建的充分准备，早做谋划，早做安排，全面掌握受灾情况，统筹人力、物力、财力，特别是要精心安排好受灾地区群众生活、恢复农业生产、修复重要基础设施等工作，努力把这场灾害造成的损失减少到最低程度，确保经济平稳正常运行，确保社会和谐稳定，奋力夺取抗灾救灾斗争的全面胜利。

（三）国务院召开常务会议研究部署抢险抗灾和煤电油运保障及灾后重建工作

2月1日，国务院总理温家宝主持召开国务院常务会议，研究部署抢险抗灾和煤电油运保障工作。

会议指出，我国南方大部分地区发生大范围低温、雨雪和冰冻灾害后，党中央、国务院高度重视，立即作出部署，各地区和各部门认真贯彻落实，紧急行动，人民解放军、武警官兵迅速出动，广大干部群众齐心奋战，社会各界同舟共济、众志成城，全力开展抢险抗灾。各地努力增加电煤供应，奋力抢修损坏电网，维护输电干线，疏通受堵公路和铁路，加强重要生活必需品运输，全力恢复经济社会正常秩序，全力安置被困旅客和受灾群众生活，涌现了许多先进人物和可歌可泣的事迹。河南、湖北、江西等地主电网已恢复正常运行，受损的通信设施大部分恢复正常，公路、铁路拥堵和旅客滞留状况有所缓解，交通秩序正在恢复，抢险抗灾工作紧张有序进行。

会议指出，受冷空气和西南暖湿气流的共同影响，未来几天，中国南方大部分地区仍将维持阴雨雪和冻雨天气，灾情还在继续发展，最困难的时候还没有过去，形势还很严峻。各地、各部门要把困难估计得更加充分，把工作做得更加扎实，把通路、保电、安民作为当前的首要目标，确保经济社会平稳运行，确保人民群众过一个祥和安宁的春节。

国务院决定，成立煤电油运和抢险抗灾应急指挥中心，统筹协调全国的煤电油运和抢险抗灾工作。国务院领导即率工作组，分赴各地指导工作。

2月13日，温家宝主持召开国务院常务会议，研究部署灾后重建工作。会议指出，在党中央、国务院的领导下，各地区、各部门积极行动，全国广大干部群众、解放军和武警官兵、公安民警团结一致、艰苦奋战，抗击历史罕见的低温、雨雪和冰冻灾害工作取得重大的阶段性胜利。全国交通运输恢复正常，大部分受损电力线路和变电站得到修复，居民生活用电基本恢复正常，电厂煤炭库存稳步回升，受灾群众生活得到及时安置，灾区市场基本稳定，社会秩序井然。

会议强调，这次灾害天气持续时间长、影响范围广、危害程度深，给电力、交通运输带来很大破坏，给人民群众生命财产和工农业生产造成重大损失。一些电力主网架线路尚未修复，电煤紧张的问题还未根本解决，灾区农作物大面积绝收，不少受灾群众生活还很困难，春运旅客返程高峰已经开始，灾后重建的任务十分繁重。下一阶段，抗击冰雪灾害将由应急抢险抗灾转入全面恢复重建，各地区、各部门思想丝毫不能麻痹，工作丝毫不能放松，要科学调配人力、物力和财力，早谋划、早安排、早启动，尽快恢复重要基础设施，尽快恢复工农业生产，尽快安排好受灾群众的生活，尽快恢复正常的生产生活秩序，努力把这场灾害造成的损失减少到最低程度。

（四）中央军委部署解放军和武警部队全力抗灾救灾及支援灾区恢复重建工作

1 月 30 日，中共中央总书记、国家主席、中央军委主席胡锦涛做出重要指示，要求各有关部队要全力支持灾区抗灾救灾，帮助受灾群众排忧解难，共同为夺取抗灾救灾斗争胜利而努力。

中央军委和解放军四总部迅速做出部署，要求全军和武警部队切实以胡锦涛主席的重要指示统一思想，指导行动，进一步增强做好抗灾救灾工作的责任感和紧迫感，用实际行动履行好我军全心全意为人民服务的宗旨。要加强救灾行动的组织指挥，充分发挥我军政治工作特殊作用，提高工作效率，锻炼机关部队。驻灾区各部队要主动联系地方政府，争取承担更多的救灾任务，对地方交给的任务，不论困难多大，都要全力以赴，坚决完成。

驻灾区的解放军和武警部队闻讯出动，全力以赴投入抗灾救灾。截至2月2日，驻灾区部队已出动兵力25万余人次、民兵预备役人员77.2万余人次、机械车辆3.4万余台次，主要在长沙、南京、杭州、武汉、广州、贵阳等90多个灾情重的地区，以及京珠、京广等23条铁路、公路和城市主干线，担负除冰疏道、抢修损毁电路、转移安置受灾群众、抢运救灾物资、诊治冻伤和染病人员、保障受困群众生活、维护机场车站和社会秩序、加固维修毁损民房等。全军紧急调运的各类物资1.4万吨、5300套防滑链、41.9万件棉被和21.9万件棉衣，也陆续运往灾区。空军还派出了伊尔—76飞机5架，担负空运棉被和电网抢修人员任务。另有100余架运输机和直升机待命，随时执行救灾任务。

2月10日，胡锦涛做出重要指示，要求部队在前一段积极投身抢险救灾斗争的基础上，继续支持受灾地区搞好恢复重建，为夺取抗灾救灾全面胜利做出更大贡献。

中央军委对部队支援灾区恢复重建工作迅速作出部署，要求全军和武警部队发扬不怕疲劳、连续作战的作风，切实抓好各项具体工作的落实。解放军总参谋部、总政治部2月11日联合发出通知，强调有关部队要认真履行我军全心全意为人民服务的宗旨，积极参加灾区的重建工作，帮助灾区人民尽快恢复正常的生产、生活秩序；要协助地方政府大力解决灾区群众吃、穿、住、行等方面的实际困难；驻灾区部队各级党委和机关要坚持以人为本的理念，指导帮助受灾部队搞好自身建设。

为贯彻落实胡锦涛主席重要指示，南京军区组织1万名官兵赶赴江西，执行电网抢修任务。成都军区组织的5000名官兵和100辆运输车、3架直升机，分赴贵州参加电网抢修、运输物资器材等抗灾救灾战斗。第二炮兵某工程总队近300名电力工程专业官兵在湖南郴州协助地方抢修高压输电线路。截至2月11日18时，全军和武警部队已累计出动官兵64.3万人次、民兵预备役人员186.7万人次，投入抗灾救灾。

广大官兵在参加抢险救灾的同时，还积极开展医疗救助、扶贫帮困和爱心捐助活动。据不完全统计，全军和武警部队捐款1.23亿多元，捐献棉衣被等近150万件（套）。驻灾区各部队在京广铁路、京珠高速公路沿线40多个交通枢纽，派出了上百支医疗小分队，为过往司乘人员解决医疗急需问题。他们还组织近200批次的医疗服务小分队，深入受灾村镇为群众义诊。

（五）抗灾救灾取得阶段性胜利

面对突如其来的罕见灾害，在党中央、国务院正确、坚强、具体的领导和指挥下，各地区、各部门广大干部群众紧紧围绕“保交通、保供电、保民生”的总体要求，顽强拼搏，奋起抗灾；各级领导干部深入一线，靠前指挥；共产党员不畏艰险，冲锋在前；人民解放军、武警官兵迅速出动，全力以赴；社会各界同舟共济、众志成城，全力投入抗灾救灾攻坚战。抗灾救灾取得了重大的阶段性胜利。

在“保交通”方面，抢通道路攻坚战取得决定性胜利，全国交通运输恢复正常。针对冰冻、断电造成铁路、公路交通中断堵塞的严峻形势，受灾地区人民政府和铁路、交通、民航、公安、通信等部门立即启动应急预案，组织广大职工群众以及人民解放军、武警官兵、公安民警上路破冰除雪，采取多种措施畅通交通干线，疏导滞留车辆，救助滞留旅客。在各方面共同努力下，铁路、公路、民航等交通运输已全面正常运行，县级以上受灾地区通信已基本恢复。

在“保供电”方面，抢修电网和抢运电煤攻坚战取得重大进展，春节前灾区居民用电基本恢复的目标如期实现。截至 2 月 12 日，受损电力线路已恢复 70%，受损变电站已修复 74%。电力供应中断的 170 个县（市）有 164 个恢复或部分恢复供电，87%的乡镇基本恢复用电。电煤产量、运量大幅增加，电厂存煤稳步回升。安全监管总局指导国有重点煤矿调整停产检修安排，要求企业确保安全生产。山西、陕西、内蒙古、河南等主要产煤省（区）加强煤炭企业生产组织，保证煤炭调出。神华集团公司、中煤能源集团公司以及地方国有大型骨干煤炭企业节日期间坚持生产，日均煤炭产量同比增长 29.8%。春节期间没有发生较大以上安全事故。铁路、交通部门突击抢运电煤，截至 2 月 11 日，直供电厂煤炭库存平均可用天数恢复到 12 天。中国石油天然气集团公司、中国石油化工集团公司克服困难，千方百计保证成品油供应。

在“保民生”方面，受灾群众生活得到及时安置，灾区市场基本稳定。灾区各级人民政府和国务院有关部门及时启动应急预案，全力开展救助工作。民政部、商务部及灾区各级人民政府迅速调拨发放食品、粮油、饮水、取暖燃料、棉衣被、蜡烛、应急灯等救灾物资，妥善救助受灾群众和铁路、公路滞留人员 655.5 万人。中央和地方财政部门及时安排和预拨各项救灾资金，及时预拨增拨城乡低保资金，对重灾省（区、市）城乡低保对象给予生活补助。各级卫生部门及时派出医疗、防疫、卫生监督队伍救治伤病人员和受灾群众，受灾地区未出现重大传染病疫情。建设部门加强对城镇受损基础设施修复工作的指导，灾区大部分城市的供水、供气和公共交通等基本恢复正常。商务部门与主供省（区、市）加强协调，保障港澳生猪等畜禽产品供应。

在“保交通、保供电、保民生”的工作中，人民解放军、武警部队和广大公安民警做出了重大贡献。截至 2 月 12 日，累计出动人民解放军 31.9 万人次，武警 34.8 万人次，组织民兵预备役 188.2 万人次。公安民警累计 593 万人次在第一线维持秩序、疏导交通、铲冰除雪、救助群众。

在抢险抗灾应急保障方面，有关部门和单位发挥了重要作用。发展改革系统和应急办系统承担了国家和各地方应急指挥中心（部）的任务，当好参谋，加强协调，统一调度，及时解决抗灾救灾中的重大问题。各级气象部门迅速启动各类应急预案，全力以赴做好气象监测和预报服务，准确预测天气变化趋势，为抢险抗灾提供全方位的气象服务。金融系统克服停电等各种困难坚持营业。保险系统迅速核灾、定损、理赔，支持抗灾抢险和灾后重建工作。

在抢险抗灾宣传报道方面，把握了正确的舆论导向。在中央宣传部、新闻办的统一组织下，中央各主要媒体、重点新闻网站、各地方的新闻单位坚持正面引导，派出大批新闻记者深入抗灾救灾第一线，宣传党中央、国务院抢险抗灾的重大部署，及时报道各地区、各部门抢险抗灾进展情况和在第一线涌现出的先进人物和模范事迹，进一步增强了全国人民夺取抢险抗灾全面胜利的信心。国务院煤电油运和抢险抗灾应急指挥中心（以下简称应急指挥中心）每天发布抢险抗灾工作进展情况的新闻，发布指导抢险抗灾工作的公告，做到了信息发布的权威性、及时性、准确性、综合性，对正确引导舆论发挥了重要作用。外交部及驻外外交机构及时向国际社会通报灾情，积极引导国际舆论。

这场雨雪冰冻灾害，砥砺了中华民族意志，凝聚了民族精神。面对南方这场突如其来的低温雨雪冰冻灾害，不仅对国家的基础设施是一种考验、对国人团结互助的精神是一种考验，而且对各级党组织、对党员、对各级干部更是一种考验。在考验面前，我们欣喜地看到，全国上下众志成城。中央政治局、国务院多次召开会议，研究部署抗灾救灾；从总书记、总理、政治局常委到省市委书记和省市长，都来到灾区一线指挥救灾，慰问群众；灾区广大军民按照上级部署，迎难而上，团结奋战，谱写了一曲曲壮丽的抗灾救灾凯歌，为中华民族争了光、添了彩。

二、全力应对四川汶川特大地震

◎灾情就是命令，时间就是生命

◎把挽救人的生命作为当务之急、作为重中之重

◎“任何困难都难不倒英雄的中国人民！”

◎“受灾后要靠政府，更要依靠自己，才能度过艰难时刻”

◎“只要有双手，生活就会变好”

2008 年 5 月 12 日 14 时 28 分，四川省汶川县（北纬 31 度，东经 103.4 度）发生了里氏 8.0 级特大强烈地震，许多乡镇瞬间被夷为平地，数以万计的居民被埋入瓦砾之下。北京、江苏、贵州、宁夏、青海、甘肃、河南、山西、陕西、山东、云南、湖南、湖北、上海、重庆、西藏等十几个省市自治区都有震感。至当日 17 时 28 分，发生余震 313 次。四川汶川特大地震是新中国成立以来破坏性最强、波及范围最广、救灾难度最大的地震之一，这次地震造成的直接经济损失为 8451 亿元人民币，其中，四川省占总损失的 91.3%。① 遇难人数达到 69226 人，失踪 17923 人，受伤 360358 人；② 450 万户、1000 余万人无家可归；重灾区面积达 13 万多平方公里。③

① 《汶川地震造成直接经济损失 8451 亿元人民币》，人民网，http://www.512gov.cn/GB/126525/7789005.html。

② 《四川汶川地震及灾害损失评估公布》，新华网，http://news.xinhuanet.com/video/2008—09/04/content_9772489.htm。

③ 《汶川地震划定 51 个灾区县　受灾总面积 13 万多平方公里》，人民网，http://www.512gov.cn/GB/126525/7788091.html。

地震发生后，在党中央的坚强领导下，全国各族人民万众一心、众志成城，迅速展开了气壮山河的抗震救灾工作。中国人民以无所畏惧的英雄气概、团结一致的强大力量、可歌可泣的伟大壮举夺取了抗震救灾斗争的重大胜利，香港同胞、澳门同胞、台湾同胞及海外华侨华人踊跃为灾区提供援助，许多国家和国际组织也以各种方式给予了宝贵支持。

（一）中共中央火速部署救灾

汶川大地震发生后，胡锦涛立即做出重要指示，要求尽快调集部队火速赶往四川重灾区抢救伤员，最大限度地保证灾区人民群众的生命安全。下午 4 点 40 分，国务院总理温家宝赶赴四川灾区现场指挥抗震救灾工作。

由于地震造成去往震中汶川的道路已经中断，温家宝率领指挥部在都江堰就地搭建的帐篷里开展工作。初步了解情况后，温家宝当即提出五点要求：

一是部队要克服一切困难，立即从南北两个方向向震中地区前进，尽快进入受灾最严重的地区，早一秒到达受灾地区就能抢救更多的生命；

二是要争分夺秒抢修公路，哪怕修一条临时道路，也要把道路打通；

三是要进一步摸清受灾情况；

四是各部门要想尽一切办法将包括药品和食品在内的救灾物资运进灾区；

五是请地震部门抓紧对地震趋势做出科学研究和判断。[①]

晚上10点多，温家宝一行又冒雨前往都江堰市灾情严重的中医院和聚源镇中学察看灾情，慰问受灾群众，并再次对救灾工作作出部署。

5月12日晚，胡锦涛主持召开中共中央政治局常务委员会会议，全面部署抗震救灾工作。会议强调，灾情就是命令，时间就是生命。灾区各级党委、政府和中央有关部门要紧急行动起来，把抗震救灾作为当前的首要任务，全力抢救伤员，切实保障灾区人民群众的生命安全，尽最大努力把地震灾害造成的损失减少到最低程度。为了加强对抗震救灾工作的领导，中央决定成立抗震救灾总指挥部，由温家宝任总指挥，李克强、回良玉任副总指挥，全面负责抗震救灾工作，并设立了救援组、预报监测组、医疗卫生组、生活安置组、基础设施组、生产恢复组、治安组、宣传组8个抗震救灾工作组。

5月14日，中共中央政治局常务委员会再次召开会议，进一步研究部署抗震救灾工作。会议强调：要把抢救被困群众放在第一位，只要有一线希望，就要尽一切努力施救。增派人民解放军、武警部队、公安消防特警，并配备必要的器械和工具，迅即赶赴灾区一线；要继续从各地和部队调集医护人员，组成医疗队和专家组，到灾区对受伤群众实施救治，并加强卫生防疫工作，防止灾区疫病流行；要千方百计安排好灾区群众生活，继续筹措和调运灾区急需的食品、饮用水、衣被、帐篷

① 《温家宝抵达四川指挥抗震救灾工作》，新华网，http://news.xinhuanet.com/newscenter/2008—05/12/content_8154459.htm。

等物资，切实解决好受灾群众的吃饭、饮水、穿衣、住宿等问题。同时，要深入细致地做好灾区群众思想工作，确保灾区社会稳定；要抓紧抢修道路、电力、通信等基础设施，首先要想方设法尽快恢复通往灾区的公路交通，以保证整个抗震救灾工作顺利进行。还要切实防止次生灾害发生，避免造成新的损失；要进一步加强对抗震救灾工作的领导，统一指挥，科学调度，加强协调，分工负责，严明纪律，确保中央抗震救灾决策部署落到实处。[①]

5 月 16 日，胡锦涛赶往四川省地震灾区，在飞机上他对抗震救灾工作做出了重要指示。他指出，抗震救灾工作正在有力有序有效地进行，但面临的挑战仍然十分严峻，而且时间非常紧迫。虽然已经过了震后 72 小时的“黄金救援”时间，但仍然要把挽救人的生命作为当务之急、作为重中之重，同时要抓好伤员的救治，抓好交通、通信、电力等基础设施的恢复，解决好群众基本生活保障问题。

到达绵阳南郊机场后，胡锦涛立即在机场主持召开会议，与先期抵达灾区的温家宝共同研究部署抗震救灾工作，并强调抗震救灾工作要坚持以人为本，把抢救人民群众的生命作为重中之重；增派的 3 万名部队官兵要尽快投入抗震救灾一线；要采取措施保证救援队伍进入所有乡镇和村庄；救援队伍要与基层干部结合起来，深入到群众中去，广泛开展救援工作；要为救援人员配备必要的设备、进行必要的培训，真正实行科学救

① 《中共中央政治局常务委员会再次召开会议　进一步研究部署抗震救灾工作　中共中央总书记胡锦涛主持会议》，《中国社会报》2008 年 5 月 15 日。

援；对已经救出的群众要及时转移，对其中的孤儿、孤老要妥善安置；要密切关注震情，加强余震防范，防止发生新的伤亡；要认真开展卫生防疫工作，防止灾后疾病流行。[1] 17日，胡锦涛冒着余震的危险来到受灾最严重的绵阳市北川羌族自治县、擂鼓县等地看望并慰问受灾群众。

在当天晚上连夜召开的会议上，胡锦涛听取了抗震救灾工作汇报。他强调，要继续争分夺秒地搜救被困群众、全力救治受伤人员、想方设法安排好受灾群众基本生活、抓紧抢修因灾毁坏的基础设施、做好恢复重建准备工作、切实加强对抗震救灾工作的领导。[2]

在汶川特大地震后还有多位中央领导亲赴灾区视察。18日，国务院副总理李克强来到四川省受灾最严重的绵阳市，指导协调抢险救援和防疫防灾工作。他指出，救人是第一位的，同时要把救人救治同防疫有机结合起来，将防疫工作放在突出位置；要严防次生灾害，做好灾区群众安置和恢复重建等工作。19日，中央纪委书记贺国强赶赴重庆察看地震灾情，并和重庆市委、市政府一起研究和部署抗震救灾工作。

5月22日上午，中共中央政治局常务委员会又一次召开会议，继续研究部署全力做好抗震救灾工作。会议听取了国务院抗震救灾总指挥部关于抗震救灾工作的汇报。会议强调，要继

① 《胡锦涛总书记赶赴四川省地震灾区指导抗震救灾工作》，人民网2008年5月16日，http://politics.people.com.cn/GB/1024/7250123.html。

② 《胡锦涛在绵阳一线主持召开会议》，人民网2008年5月16日，http://politics.people.com.cn/GB/1024/7252425.html。

续搜救被困群众，切实把搜救工作落实到每一个乡村，努力做到无一疏漏；继续抓紧救治伤病群众，保证灾区医疗急救物资供应，尽最大努力保障受伤群众生命安全；继续做好卫生防疫工作，尽快充实专业防疫力量，确保大灾之后无大疫；要下大气力做好受灾群众安置工作，切实保障受灾群众的基本生活；继续抢修因灾毁损的基础设施；做好心理安抚和思想疏导，加强社会管理；组织灾区干部群众尽快恢复生产，积极创造条件帮助灾区学生恢复上课，努力把地震灾害造成的损失减少到最低程度。

在全力做好抗震救灾工作的同时，各地区各部门要按照中央的决策部署，一手抓抗震救灾工作，一手抓经济社会发展，全力以赴支援灾区，努力保持经济平稳较快发展，努力保持社会和谐稳定。中央有关部门要指导受灾地区在深入调查、综合评估、科学规划的基础上，及早规划和适时开展灾后重建工作。①

中共中央密切关注着抗震救灾工作，把安置受灾群众和灾后恢复重建工作摆到突出位置。中央财政安排了数百亿元用于救灾，并且为恢复重建建立了750亿元的地震恢复重建基金。

地震发生后的短短几天内，各路救援物资纷纷运抵灾区，人民解放军和武警共出动了11万名官兵搜寻抢救了6万余人。5月22日下午，温家宝再赴四川地震灾区，24日重返地震中心汶川县映秀镇，指挥抗震救灾工作。5月26日，中共中央政

① 《中共中央政治局常务委员会召开会议要求继续全力做好抗震救灾工作》，《中国社会报》2008年5月23日。

治局常委、全国人大常委会委员长吴邦国专程赴四川地震灾区慰问干部群众，看望救援人员并指导救灾工作。中共中央的坚强领导和果断决策给了灾区人民极大的安慰和鼓舞，他们的行动使“以人为本、执政为民”的理念深深扎根在人民心中。

（二）灾区自救

灾情发生后，四川省政府立即启动应急一级响应，及时召开新闻发布会，向社会通报灾情，并在临近汶川县的都江堰市成立抗震救灾应急指挥部。省委、省政府主要领导分赴都江堰、绵阳、德阳等重灾区，现场指挥抗震救灾工作。四川省地震灾害紧急救援队、省卫生厅派出的28支卫生救援分队紧急赶赴灾区，全力救治伤员，同时组建了一、二、三级医疗卫生救援梯队，随时待命。四川省民政厅紧急调拨1500顶帐篷发往灾区。

面对突如其来的特大地震灾害，四川全省各级领导干部坚定地站在第一线，身先士卒、靠前指挥，在关键时刻成为带领群众抗震救灾的“主心骨”。

雅安市在地震发生后立即号召全市广大共产党员挺身而出、冲锋在前，以坚强的党性、崇高的品质、无私无畏的精神，成为群众抗震救灾工作的先锋和旗帜。当地政府的主要领导则连夜赶往最远的灾区指导抗震救灾。名山县电信公司党支部书记、总经理张华峰，强震发生时正在县城电信营业厅，他迅速组织工作人员有序疏散，等所有人都安全撤离后，他才最后一个离开大楼。强震结束后，为恢复全县几近瘫痪的通信，他冒着余震不断的危险，立即带着技术人员赶到设备室检修设备，修复通信信号。

绵阳市迅速成立抗震救灾应急指挥部，市级机关、各县市区机关干部全部投入抗震救灾工作，各级领导干部坚持在抗灾第一线组织指挥。绵阳市县5万多名党员按照指挥部分工，奔赴抗震救灾第一线，担负起了道路抢修、物资供应、医疗救助、维护稳定等工作，为抢救受灾群众的生命安全赢得了宝贵的时间。涪城区28名县级领导包片昼夜巡查灾情，2万多名党员和1.1万多名团员迅速分赴抗震一线。他们还组织了两个由机关干部和民兵应急分队组成的救援小组分赴灾情严重的北川县、平武县帮助抗震救灾，并派出2支疾病防控队伍深入灾区防控疫情发生。阿坝、德阳、自贡、遂宁等市州紧急动员广大基层党组织奋起抗震救灾，提出要在抗灾救灾工作中考察了解党员干部。达州市迅速成立综合协调组、信息联络组、维稳处突组、舆论引导组、应急抢险组展开抗灾工作；市有关部门对全市学校、水库、桥梁、隧道等进行了紧急检测，严防发生次生灾情；市和区、县医院迅速将1000多名患者安全转移，卫生部门派出医疗队伍分布在城区各个人群聚集区，随时为患者提供医疗救治。眉山市委市政府在地震发生后15分钟内即成立抗震救灾指挥部，市领导通宵工作，现场研究解决具体问题。全市迅即组建了400多个共产党员服务队，安全转移群众3万余人，及时救助伤员1200多人。成都市金堂县委组织部发挥自身职能，主动采取措施号召广大党员奋不顾身投入救灾工作，发挥好先锋模范作用。他们还把机关干部分成三个工作小组，奔赴各乡镇了解情况，指导群众抗灾自救，慰问基层党员干部。同时加强办公室值守，保持政令和信息畅通。

绵阳市还组织救灾突击队奔赴北川、江油一线抗震救灾，命令发出后仅仅两个小时，就有600多名年富力强的党员干部报名参加。成都市武侯区100多个党员志愿服务队在震后立即赴社区逐家逐户救助群众，并为群众搭建临时帐篷，还组织民兵奔赴汶川、都江堰两地支持救灾工作。

四川省教育系统紧急行动，迅速投入抗震救灾工作，全力保障师生生命安全。省教育厅连夜派出工作组赶赴灾区学校，实地指导学校启动应急机制，做好抢险救灾及自救互救工作。同时，协调成都中医药大学和成都医学院抽调精干力量组成巡回医疗小组展开伤员救治工作。

针对都江堰市的四川工商职业技术学院、东软信息技术职业学院、四川水利职业技术学院3所普通高校遭受严重人员和财产损失，面临食品和饮用水短缺问题，省教育厅迅速指示西南财经大学、西南交通大学、四川师范大学对口支援3所受灾学校，连夜送达食品和饮用水。

四川大学迅速启动应急预案，各级党政领导奋战在一线，灾害发生后及时将学生和教职工撤离到空旷安全地带，组织附属医院妥善安置和救治伤病员。化学学院、实验大楼教职工迅速妥善处理各类化学试剂等，努力确保化学物品安全。同时，利用校广播站、校园网等媒体及时播报震情及抗震措施，加强舆论引导，消除师生恐慌情绪。开放所有公用平房、教学楼会议室等，供学生避雨休息，并为外国留学生、外籍教师搭建帐篷，提供食物。学校还紧急调集了8万人的食品，用专车接回正在实习的学生，慰问了全校孤寡老人等。加强学校安全保卫工作，派出两部“110警车”不间断地巡逻。

华西医院第一时间派出由医务人员和6辆救护车组成的救护队，开赴汶川灾区；同时派出30人组成抢险队开赴灾区。电子科技大学、康定民族师范高等专科学校第一时间启动应急预案，成立专门领导小组，学校各级党政领导坚守在工作第一线，带领师生积极应对灾害，保证各项工作正常运转。

四川电大、成都电大迅速采取防控措施，安全疏散人员，指定专人值班，加强巡查，做好人群集中区域的秩序维持工作。同时组织专门人员检查鉴定建筑物和基础设施受损情况，积极制定维修方案。

在北川羌族自治县桂溪乡各村都组建了村民义务服务队，由党员带队，负责集中安置点的政策宣传、食品供应和安全卫生等工作。各村还组建夜间巡逻队，做好防震、防盗、防火工作，有效保证了安置点的安全稳定和群众的正常生活生产秩序。桂溪乡政府对返乡的受灾群众逐一登记，建立了生活品发放登记制度。每一顶帐篷都确定一名负责人，食物发放到人。同时，集中安置点加强了卫生防疫工作，每天两次消毒，确保环境卫生和避免传染病的发生。

“受灾后要靠政府，更要依靠自己，才能度过艰难时刻。”返乡生产自救的树坪村4队的苏奎说：“一个人绊倒了要爬起来，在有人扶你的时候，你也要用力支撑。我们返乡重新生活，要自救。啥事都靠政府是不行的，要变被动为主动，要自己去克服困难、去努力。”① 在道路被破坏的情况下，灾区广大干部群众立足自救，谱写了感天动地的抗灾新篇章，体现了灾区人民不屈不挠、不等不靠、立志重建家园的精神。

三、一方有难八方支援，同心重建美好家园

◎十五颗卫星投入抗震救灾

◎香港各界共筹得12亿港元，是历年来最多的善款

◎澳门特区政府及社会各界向四川地震灾区捐助了3.5亿元人民币

◎22人组成的台湾救援队到达成都，参与地震灾区的救援工作

◎北京等城市各大采血点都挤满了自愿献血的市民，血液中心采血人员每天工作至凌晨

（一）政府部门及社会各界支援灾区

根据《国家自然灾害救助应急预案》，国家减灾委紧急启动国家二级救灾应急响应。5月12日16时，民政部已从西安中央救灾物资储备库紧急调拨5000顶救灾帐篷支援四川灾区。22时15分，国家减灾委针对汶川地震灾情，紧急启动一级救灾应急响应。中国地震局启动了应急预案一级响应，第一批由33人组成的国家地震现场应急工作队，与180余人组成的国家地震灾

① 《北川灾区农民不等不靠建家园》，《人民日报》2008年5月25日，第10版。

害紧急救援队于地震当晚奔赴灾区实施现场应急和紧急救援。

12日下午，中国红十字会总会紧急启动自然灾害救助一级响应预案，并迅速调拨帐篷557顶、棉被2500床等价值78万余元的救灾物资发往灾区。香港特别行政区红十字会通过中国红十字会总会向灾区捐赠50万元人民币。中华全国总工会十分关心震区受灾职工生产生活问题和困难，全总书记处决定向四川省总工会紧急拨付100万元救灾慰问金。

5月14日，中央财政先后两次紧急下拨抗震救灾资金共2.5亿元，中宣部向四川灾区捐赠了价值约1000万元的出版物，包括图书、宣传画和光盘，帮助灾区群众了解震后防病治病、食品安全、心理卫生等方面的知识。

国家发展改革委员会从上海调运医药储备物资阿米卡星洗剂24万瓶、甘露醇200件、喷雾器2万台、碘酊98164瓶分批发往成都；20日，又紧急拨款1.6亿元，用于支持重灾区的乡村应急供水设施建设和设备购置，并通知要求四川等省市抓紧开展乡村饮水安全排查摸底，保证受灾群众喝上放心水，防止疫病的发生。

财政部、教育部下达四川省教育抗震救灾专项资金5000万元，用于灾区学校特别是中小学校抗灾自救、师生应急临时安置、重置必需的教学用具等方面的支出。

科技部会同国家测绘局专家组奔赴四川灾区，进行航空遥感飞机实施拍摄，并及时分析处理遥感影像信息，为抗震救灾提供技术服务。中国科学院的2架遥感飞机、3架无人飞机飞抵地震灾区，开展遥感监测和灾情评估工作。

汶川8.0级特大地震发生后，国防科技工业发挥高技术优势，为抗震救灾做出独特贡献。截至5月20日，中国共有9种型号15颗卫星为抗震救灾提供支援。

参与抗震救灾的卫星包括“风云”系列气象卫星、“资源”系列对地观测卫星、“北斗”导航卫星、“遥感”系列卫星、“北京一号”小卫星等，这些卫星正源源不断地将地震灾区的重要信息汇集到抗震救灾指挥部。

与此同时，在陆路交通受阻情况下，中国科研人员自行研制的运输机、直升机、通用飞机、无人机等，也为本次震灾的空中救援发挥出巨大作用。地震发生后，中国航空工业第二集团昌飞公司直升机支前维修分队随部队12架“直8”直升机参与抗震救灾工作；哈尔滨飞机工业（集团）公司也派出7架直升机参加抗震救灾；陕西飞机工业（集团）公司等积极为参与抗震救灾的“运8”飞机做好外场服务保障工作；中国兵器工业集团华北光学仪器公司研制的“华鹰”无人机应用于地震灾情监测；洪都集团研制的“农5Λ”飞机整装待命，可随时投入灾区疫情防预的喷洒作业任务。

另据初步统计，截至5月20日，中国11大军工集团累计向四川地震受灾地区捐赠款物3.3亿元人民币，其中包括中国航空工业第二集团向四川省政府捐赠1架“直11”警用直升机。国家国防科技工业局还将进一步协调组织军工集团抗震救灾工作，继续组织征集更多物资、设备等运往灾区。①

① 《中国15颗卫星投入抗灾　军工企业已捐款物3.3亿》，新华网，http://news.xinhuanet.com/mil/2008—05/21/content_8222428.htm。

针对四川地震灾区供水设施受到严重损坏的问题，水利部积极组织社会捐赠和调运饮水设备发往灾区。住房和城乡建设部要求以最快的速度建设一批过渡安置房，尽快解决灾区群众无家可归、露宿街头的问题，并组织了7支供水应急抢修和管网检漏专业队伍赶赴灾区。

灾情发生后，全国各族人民和港澳台同胞纷纷伸出援手，捐款捐物，支援灾区抢险救灾。

香港各界迅速行动，纷纷发起募捐赈灾行动。至5月20日，香港特区政府援助四川地震灾区的累计拨款额达到3.16亿港元，香港各界共筹得12亿港元，是历年来最多的善款。香港特区搜救队于15日抵达四川地震灾区，香港政府医院管理局和卫生署还派出医疗队和防疫大队参加灾后救援行动。

澳门特区行政长官何厚铧表示将全力支持内地救援四川地震灾区工作，至5月20日，澳门特区政府及社会各界向四川地震灾区捐助了3.5亿元人民币。澳门妇女联合总会还通过全国妇联向灾区姐妹送上了澳门妇女的慰问。

中国国民党中央委员会也于地震发生当日致函中国共产党中央委员会，对四川汶川地震灾区表示慰问。函电说："顷悉四川省汶川县发生严重地震灾害，造成人民生命财产损失，谨对灾区表达关切及慰问。若有必要，本党将促请台湾救灾人员前往协助。尚祈灾区居民坚强克服难关。"① 当晚，马英九发布新闻稿对灾情表示关心，并呼吁台湾当局与民间社团发扬人道

① 《中国国民党致函对四川地震灾害表达关切及慰问》，新华网，http://news.xinhuanet.com/tw/2008—05/13/content_8155725.htm。

精神，提供物资及专业救援的协助。中国国民党荣誉主席连战也于13日致电胡锦涛，他在来电中说：“顷闻四川汶川县等地区发生强烈地震，造成我同胞生命财物及地方建设之重大损失，至感震惊、悲恸。两岸同胞血浓于水，强震肆虐，人民流离失所，我等感同身受。”他表示，将“全力协同台湾民间力量，配合救灾，以尽绵薄”。16日，由22人组成的台湾救援队到达成都，参与地震灾区的救援工作。20日，台湾红十字医疗队到达德阳市参加医疗救治工作。

为保证灾区急救血液供应，卫生部从北京、河北、山西、山东等地连夜调拨了大量血液和血浆代容物，随同医疗队紧急调往灾区，但是仍不能满足灾区的需要。从5月13日开始，北京等城市各大采血点都挤满了自愿献血的市民，血液中心采血人员每天工作至凌晨。汶川地震46个小时后，北京市血液库存量已达到饱和，没有献成血的市民纷纷留下联系方式，表示一旦有需要，随叫随到。长城内外、大江南北到处都是支援灾区的感人行动，13亿同胞紧密团结起来，积极投入抗震救灾的行动中，体现了社会主义“一方有难、八方支援”的巨大优越性和众志成城、顽强拼搏的民族精神。

（二）人民子弟兵汶川救援

5月12日晚，中共中央作出部署，要求立即组织人民解放军、武警部队、民兵预备役和医疗卫生人员，尽快赶赴灾区，全力抢救受伤人员。

全军和武警部队迅速启动应急预案。总参谋部下达开展抗震救灾工作的紧急指示，在全军范围内紧急调集兵力支援灾区。总政治部及时发出做好部队抗震救灾政治工作指示，并派出工作组到一线指导。总后勤部火速调集大批救灾物资，组织全军医疗队随救灾部队陆续开赴灾区。总装备部为救灾部队调配的各种专业救灾器材，源源不断运往灾区。

地震发生仅2小时后，成都军区2架直升机冒雨起飞查看灾情，驻灾区的9100名官兵紧急出征开赴一线；13日凌晨4时41分，济南军区1.8万名官兵，通过铁路输送和摩托化行军方式，千里驰援灾区；有“铁军”称号的某红军师“秋收起义”团300名官兵，摩托化开进1300公里抵达震区彭州；14日凌晨，2750名海军陆战队官兵，分乘200多辆特种车辆，从广东湛江出发，43小时穿越四省一市，长途奔袭2000余公里抵达灾区；空军部队星夜起航，至14日凌晨，出动各型运输机34架，在恶劣气候条件下飞行79架次，在武汉、开封、洛阳集结的10891名官兵及装备，空运到成都附近4个机场；第二炮兵两支工程部队从国防施工一线携重型设备通过铁路输送到达，武警部队从国家经济建设前沿快速转战灾区；在陇南和陕南，兰州军区、空军及当地武警部队4000多名官兵也在第一时间迅速抵达灾区展开救援；解放军总医院高级专家医疗队、沈阳军区医疗队、“华益慰医疗救援队”等103支部队医疗队和2个野战方舱医院也紧急赶到灾区。5月12日，地震当天就有2万官兵抵达救灾现场。

5月14日，经中央军委批准，总参谋部决定再向地震灾区增派3.2万人。15日，中央军委再次调集61架军用直升机火速转场执行救灾任务，16 小时内从全国各地全部飞抵灾区。随后，中央军委决定动用军队战略储备，再次向灾区紧急空运 12700 顶班用帐篷、10 万份单兵作战食品、20 万件御寒衣被、18 辆医疗救护车、200 台野外发电机、200 台切割机、100 万双手套、100 万副口罩，共计 1450 吨急需物资器材。

人民解放军和武警官兵心系灾区人民安危，肩负党和人民期望，从高级将领到普通士兵，发扬英勇顽强、不怕牺牲、连续作战的战斗作风，承担起抗震救灾最紧急、最艰难、最危险的任务。英雄的人民子弟兵勇于突进震中地带，敢于跨越生死界线，克服千难万险，进入千村万户，为灾区人民带去生命的希望和生活的勇气。

此次汶川抗震救灾，人民解放军和武警部队共出动兵力 14.6 万人，动员民兵预备役人员 7.5 万人，动用各型飞机和直升机 4700 余架次，车辆 53.3 万台次，救出生还者 3338 人，转移受困群众 140 万人，运送和空运空投救灾物资 157.4 万吨。派出 210 支医疗队、心理救援队和卫生防疫队，巡诊医治受伤群众 136.7 万人。

救灾部队严格执行群众纪律，将从废墟中清理出来的数亿元现金和大量贵重物品详细登记造册，如数移交物主或当地政府有关部门。

人民解放军和武警部队官兵还向地震灾区捐款 4.27 亿元、捐赠衣被 2.1 万件（套），部队各级党组织和广大党员还交纳 9.64 亿元“特殊党费”支援抗震救灾。

抗震救灾中，成都军区某陆航团邱光华、李月、王怀远、陈林、张鹏5位机组人员光荣牺牲，济南军区某红军师炮兵指挥连实习士官武文斌因长时间救灾过度劳累光荣牺牲。

7月20日，中央军委主席胡锦涛签发《组织抗震救灾部队分期分批回撤》命令。明确在安排足够兵力确保圆满完成抗震救灾任务的前提下，按照“统筹安排、保障需要、区分缓急、分期分批”的要求，于21日开始，有计划组织部队分期分批回撤。10月8日，中共中央、国务院、中央军委在北京人民大会堂隆重举行全国抗震救灾总结表彰大会。受到党中央、国务院、中央军委表彰奖励的共有138个救灾英雄集体和236个救灾模范。

（三）国际社会的援助

汶川发生特大地震后，一些外国政府和领导人、国际组织负责人、外国政党、社会团体负责人纷纷致函、致电、发表声明或通过其他方式对地震遇难者表示哀悼，向遇难者家属和受伤人员表示慰问。一些国家、国际组织或个人也通过各种方式就四川地震灾害向中方表示慰问，并提供救灾援助，支持中国政府和中国人民的抗震救灾工作。

5月12日晚，日本首相福田康夫通过日本驻中国大使馆致电胡锦涛、温家宝，向地震灾区人民表示慰问，并表示尽力提供所需援助。美国总统布什12日发表声明，向中国地震遇难者表示哀悼，向遇难者家属和受伤人员表示慰问，向中国人民表示同情，并准备随时向中国提供帮助。德国总理默克尔、副总理兼外长施泰因迈尔，斯洛文尼亚总理扬沙，联合国秘书长潘基文等纷纷向我国表示慰问。

各国纷纷向我国提供包括资金、物资、人员和装备等各方面的援助，给予我国抗震救灾工作和灾区群众以大力支援。

根据有关方面的情况通报和民政部的不完全统计，至2008年6月4日12时，国际社会已向我国地震灾区提供现金援助约35.55亿元人民币、捐赠物资价值约11.54亿元人民币，已运抵四川和甘肃地震灾区的物资有258批次，价值约3.88亿元。一些国家和国际组织援助的物资只标明物资的名称、数量，没有标明价值。有94个国家政府向我国提供了资金或物资援助，提供捐款约11亿元人民币；各种援助物资价值5.766亿元人民币。有16个国际组织向我提供了资金和物资援助，提供捐款约3.4474亿元人民币，部分资金将以合作项目的方式开展；援助物资约1.96亿元人民币。来自外国的个人、民间组织及华人华侨的捐款总额约21.1026亿元人民币，捐赠物资价值3.814亿元人民币，已运抵灾区的物资折价1.63亿元人民币。[①]

此后，还有一些国家和国际组织继续为我国提供资金或物资援助。截至2009年5月，共有170多个国家和地区、20多个国际组织通过各种途径向中国提供了44亿多元人民币以及大批救灾物资。[②]

---

① 《国际社会对我地震灾区援助情况概况》，中华人民共和国国务院新闻办公室网站，http://www.scio.gov.cn/xwfbh/xwbfbh/wqfbh/2008/0604/Document/308860/308860.htm。

② 《中国的减灾行动》，《经济日报》2009年5月12日，第7版。

俄罗斯、日本、韩国、新加坡还派出了专业救援队伍，参与地震灾区的紧急救援工作。由 60 人组成的日本救援队是汶川大地震后第一支抵达灾区现场的外国救援队，也是新中国历史上参与现场救助的第一支国际救援队；俄罗斯救援队在四川都江堰市救出一名被困 127 小时的 61 岁女性幸存者；韩国救援队的 40 多名队员由消防、救助、医疗等专业人员组成；具有丰富救援专业经验的新加坡救援队在四川省什邡市地震灾害最严重的红白镇进行搜救工作。

来自英国、日本、俄罗斯、意大利、法国、古巴、印度尼西亚、巴基斯坦政府和德国红十字会的 9 支医疗队共 223 名医疗技术人员参与了灾区的伤员救治工作，这些医疗队共接治各类伤员 6400 多人，施行手术 386 次。同时，各医疗队还将携带的大量医疗器械、物资和药品捐赠给了地震灾区。俄罗斯医疗队是第一支抵达灾区的外国医疗队，他们中的大多数队员都参加过印度洋海啸等国际医疗救助任务，经验十分丰富，医疗队还带来了 B 超、心电图仪、X 光机等灾区急需的医疗器材和 7 吨药品。

在重灾区四川省北川县，美国、英国和墨西哥等国家的 16 名志愿者投入救援工作中。日本、意大利、美国的多颗卫星向中国提供了灾区遥感影像。国际社会的援助有力地支援了中国人民的抗震救灾和灾后重建，充分体现了崇高的人道主义精神和对中国人民的真挚情谊。[1]

---

① 《中国的减灾行动》，《经济日报》2009 年 5 月 12 日，第 7 版。

此次国际社会援助的主要特点是：援助国家和国际组织多，这些国家和国际组织通过各种方式向中国提供了资金或物资援助；援助款物数量大，国际社会除了及时援助大笔救灾资金外，还提供了大量救援物资；援助速度快，灾害发生之后，国际社会根据灾区需求，提供了大量生活物资、药品、设备及多批救援人员。部分救援物资和人员采取包机、专车等方式，直接运抵灾区。为了妥善接收管理国际社会援助款物，中国政府及时建立了国际援助物资运送机制和人员快速通关机制，保障了大批救援人员和物资及时到达灾区。[①]

汶川特大地震发生后，中国在自力更生的基础上主动接受国际社会的援助，特别是让来自其他国家和地区富有抢险救灾经验的专家组进入灾区实施救助，利用各方力量努力降低灾难所带来的损失，这种开放的态度展示了中国政府的自信、理性和“以人为本”的执政理念。

（四）灾后重建

汶川特大大地震仅仅过了百天，国务院就迅速通过了《汶川地震灾后恢复重建总体规划》，计划用 3 年时间全面完成重灾区的恢复重建，重点解决居民住房、中小学校、县乡两级医疗卫生机构、社会福利、文化等公共服务设施及配套设备等民生问题，使广大灾区基本生活条件和经济社会发展水平达到或超过灾前水平。

① 《民政部出席发布会介绍四川汶川大地震后接受国际援助情况》，民政部网站，http://www.mca.gov.cn/article/zwgk/mzyw/200806/20080600016104.shtml。

“5·12”汶川特大地震造成四川全省农村 347.6 万户农房受损、1200 万人无家可归，需重建的永久性住房达 126.3 万户，需维修加固的农房 221.3 万户；城镇住房有 31.4 万套需重建，141.8 万套需维修加固。①

中共中央高度重视灾后重建工作，并把住房建设作为灾后恢复重建的重中之重。在党中央和全国人民的支援下，仅用不到 3 个月的时间就解决了上千万受灾群众过渡房安置问题。截至 2008 年底，中央财政累计下拨汶川地震灾区自然灾害生活救助资金 417.94 亿元，救助受灾困难群众 922.44 万人。②

对于灾区的教育工作，党中央也十分重视。2008 年 6 月 12 日，四川重灾县（市、区）已有超过 72％的灾区学校恢复上课；8 月 12 日，四川重灾县（市、区）93％的灾区学校恢复上课；到 9 月 1 日，100％的灾区学校实现复课，500 多万名灾区中小学生全部返回课堂。

无情的自然灾害给灾区人民的生命、财产带来了巨大的损失，但是惨痛的经历也见证了中华民族的英勇和顽强，历练了珍贵而崇高的民族精神。汶川特大地震的抗震抢险，是我国历史上救援速度最快、动员范围最广、投入力量最大的抗震救灾斗争。

国际舆论对中国政府的抗震救灾工作给予了积极评价，赞扬中国政府对灾情做出了迅速反应并全力组织有序有效的救

① 《住上新房子　过上好日子》，《人民日报》2009 年 5 月 11 日，第 1 版。

② 《永远和人民血肉相连》，《光明日报》2009 年 5 月 11 日，第 1 版。

援，信息报道公开透明，称“中国迅速应对震灾赢得世界赞誉”[①]。新加坡《联合早报》称：四川汶川特大地震再次使中国成为世界关注的焦点，世界在关切中国，中国在感动整个世界。感动世界的不是地震本身，而是中国人在面临灾难时所显现的民族精神。[②]

“5·12”汶川特大地震这场空前惨烈的自然灾难，使中华民族遭受了巨大的人员、物质和财产损失，而抗震救灾斗争却为我们留下了一笔弥足珍贵的精神财产。胡锦涛指出：“在同特大地震灾害的艰苦搏斗中，我们的民族和人民展示出了十分崇高的精神。这就是万众一心、众志成城，不畏艰险、百折不挠，以人为本、尊重科学的伟大的抗震救灾精神。”这种精神作为中华民族精神的重要组成部分将永载史册。

在抗震救灾中，以爱国主义为核心的民族精神同以改革创新为核心的时代精神相结合，把全国人民紧紧地连在一起，中央领导赶赴一线，果断决策，总体指挥，各级党组织和广大党员冲锋在前，人民子弟兵和白衣天使舍生忘死进行救助，祖国各地的人们无私援助、捐款捐物，不分民族地域心手相连。在抗震救灾斗争中，“灾情就是命令、时间就是生命”，“一线希望、百倍努力”，规模空前的生命大营救，历经险阻的千里驰援，处处涌动的爱心大奉献、共克时艰的社会主义大协作，充

① 《美国主流媒体密切关注中国灾情　积极评价救灾》，中国新闻网，http://www.chinanews.com.cn/gj/bm/news/2008/05-16/1251830.shtml。

② 《〈联合早报〉：中国民族精神再现于危急时刻》，人民网，http://world.people.com.cn/GB/7271605.html。

分体现了社会主义大家庭的温暖与和谐，诠释了社会主义制度的优越性。

抗震救灾斗争的胜利向世人充分展示了新中国成立以来尤其是改革开放以来我们积累的强大的物质基础，展示了我们党的坚强领导核心作用和社会主义制度的优越性，展示了中华民族的凝聚力和向心力。截至 2009 年 5 月，中共中央组织部共收到全国 4556 万名党员自愿缴纳的“特殊党费”共 97.3 亿元，这些党费将全部用于支援四川、甘肃、陕西、重庆、云南五个省市的灾后重建工作。[①] 这种自觉行动不仅有力地支援了抗震救灾和恢复重建，也充分显示了党的号召力和凝聚力，体现了党的先进性，在党内外产生了广泛而积极的影响。

① 《97.3 亿元“特殊党费”全部用于灾区重建》，《人民日报》2009 年 5 月 10 日，第 1 版。

第三章

北京成功举办第 29 届奥运会

奥运腾飞——2008 年的中国

从2008年8月8日北京奥运会火炬点燃的那一刻，到9月17日北京残奥会火炬熄灭的那一天，中国人民和世界各国人民共同经历了激动人心的历史时光，共同分享了激情澎湃的奥运欢乐，共同书写了奥林匹克运动新的辉煌篇章。

举办一届有特色、高水平的奥运会、残奥会，实现两个奥运同样精彩，是中国人民对国际社会的郑重承诺。北京奥运会、北京残奥会的巨大成功，弘扬了“互相了解、友谊、团结和公平竞争”的奥林匹克精神，大力促进了世界各国人民的相互了解和友谊，让“同一个世界，同一个梦想”的口号响彻寰球。中国人民以坚忍不拔的执着和努力，实现了中华民族的百年期盼，完成了海内外中华儿女的共同心愿，赢得了国际社会高度评价，在现代奥林匹克运动史册上深深铃上了红彤彤的中国印。

一、申办奥运

◎1991年，北京向国际奥委会呈交了承办2000年奥运会申请书，这是中国第一次正式提出申办奥运会

◎1999年，刘淇、伍绍祖向萨马兰奇正式递交了北京承办2008年第29届奥运会的申请书

◎2001年，北京击败多伦多、伊斯坦布尔、巴黎和大阪，赢

得第29届夏季奥运会和第13届夏季残奥会的举办权

◎绿色奥运、科技奥运、人文奥运

◎“同一个世界　同一个梦想”；“One world，One dream”

（一）北京的两次申办

1. 第一次申办以两票之差落选

1991年2月底，中国政府正式批准了关于北京承办2000年第27届奥运会的报告，5月13日成立了北京2000年奥运会申办委员会。12月4日，北京向国际奥委会呈交了承办2000年奥运会申请书，这是中国第一次正式提出申办奥运会。

1992年6月24日，北京公布的申办2000年奥运会的主题口号是：“开放的中国盼奥运”。1993年1月11日，北京正式向国际奥委会呈交了《申办2000年奥运会报告》，并随之开展了大量的申办宣传及外事工作，3月6～9日，国际奥委会考察团在北京开展了全面的考察活动。在9月23日举行的蒙特卡洛国际奥委会第101次全会上，一路领先的北京在第4轮投票中以43∶45的2票之差败给悉尼，与承办2000年第27届奥运会擦肩而过，澳大利亚的悉尼赢得了2000年第27届奥运会主办权。

北京的第一次申办虽然没有获胜，但两票之差的结果让世界对中国刮目相看。在当时的国际国内形势下，特别是在以美、英为首的势力极力阻止下，中国仅用了两年多的时间就取得这样的结果，向世界展示了我国的实力。后来的国际舆论证明，北京仅差两票就获得成功，给世界政治舞台造成了一次不小的“地震”。

第二天一家国外媒体评论说：中国的申奥是自1949年新中国成立以来，第一次在国外与美、英展开的最大一次、面对面的外交斗争。这场斗争是以打了个“平手”而告一段落。这个结果告诉世界：中国人已经睡醒了。

1993年11月5日，“北京2000年奥林匹克运动会申办委员会”的名牌从惠侨饭店大门摘下，送往中国体育博物馆保存。从成立2000年奥申委到投票结束，历时两年半。中国人民尤其是北京人民投入了巨大的热情，失败并没有挫败他们的意志。第一次申办失利后，国内群众纷纷写信给国家体委，呼吁继续申办2004年奥运会，中国几个城市都积极表示要申办奥运会。在此后的几年里，北京一方面总结经验教训，另一方面积极为再次申奥创造着条件。

2. 1998年北京第二次申办

1998年11月，中国政府决定由北京代表中国再次申办2008年奥运会，被称为北京的第二次申办。申办工作由国务院开始提议并开展了系统的可行性研究。1998年6月10日，国务院第八次总理办公会议决定针对中国是否申办2008年奥运会问题进行专题研究。同年6月底，国家体育总局写了报告，把计委、财政部、外交部、公安部、文化部、环保总局等10个部委召集在一起讨论，10个单位都同意申办，也都赞成由北京申请。

7月21日，国务院办公厅批示国家体育总局对申办2008年奥运会问题进行专题研究。为此，国家体育总局牵头组织了专门的研究工作小组，工作小组由体育总局伍绍祖、袁伟民、徐寅生，外交部成竞业，国家计委郝建秀，公安部陆治强，财政部巨奎林，国务院新闻办钱小芊，国务院外办李正君，国家环保总局樊元生等组成。工作组围绕是否申办2008年奥运会和由哪个城市申办等问题进行了近半年的调查分析工作，重点针对中国举办2008年奥运会的可行性进行了分析，最终由国家体育总局起草报告，经外交部、财政部会签后联名向国务院报送了《关于北京申办2008年奥运会的可行性研究报告》（以下简称《报告》）。

《报告》提出了北京可以而且应该及时申办奥运会的建议，认为当今中国作为一个朝气蓬勃、人口众多的大国，随着国家经济和社会的发展，应该举办一次奥运会，多为奥林匹克运动做贡献。《报告》详细分析了北京申办奥运会所具备的优势和条件，认为北京在基础设施、体育设施、社会支持程度、城市接待能力等主要方面已经具备了国际奥委会制定的举办奥运会的基本条件。《报告》分析，北京与其他可能申办的城市比会具有很强的竞争力，这些优势主要体现在：

第一，中国和北京具备举办奥运会的经济实力。中国作为发展中国家，20世纪90年代以来经济发展以每年10.8%的速度增长，1999年国内生产总值接近1万亿美元。北京人均国内生产总值在2000美元以上，超过前几届奥运会主办城市的平均水平。

第二，中国和北京具有优良的人文环境。中国是世界上人口最多的国家。2008年奥运会如果能在拥有世界上1/5人口、4亿青少年的中国举办，是弘扬奥林匹克精神、普及奥林匹克运动的大好机会，更能体现奥运会的广泛性和全球性。北京是一个具有3000多年悠久历史的文化古都，古老的东方文明充满着迷人的魅力，现代化建设更使它增添生机和活力。在北京举办奥运会，有利于促进东西方文化的交流与融合。

第三，1949～1999年，中国运动员共获得世界冠军1298个、超破世界纪录1021次。竞技体育方面已连续在近3届奥运会上获得金牌第四、奖牌总数第三的好成绩。中国群众性体育运动基础雄厚，常年坚持体育锻炼的人逾3亿。这些都说明了中国是一个体育大国。

第四，改革开放以来，中国取得了举世瞩目的成就，在北京举办奥运会，不仅会促进中国的改革开放，而且将有利于世界的和平与稳定。据预测，在21世纪前10年，北京的经济增长速度将继续保持在10%左右，并带动周边地区成为经济活动的热点。中国政治稳定，社会安定，随着经济的持续发展，北京将能为各种国际体育赛事和群众体育活动创造更为良好的条件。

第五，北京申办奥运会的一个独特优势更在于得到了政府和民众的支持。中国从未举办过奥运会。中国人民和北京市人民对在自己的土地上举办奥运会怀有十分热切的期望，北京申办2008年奥运会，不仅得到了广大市民的响应，更得到了中央政府和全国人民强有力的支持，包括财政方面的支持。

第六，对比研究显示，在世界主要首都中，北京是刑事犯罪率、交通死亡率、火灾发生率最低的城市之一。20世纪90年代以来城市安全救助系统得到很大发展，信息网络、运行设备、应急设施明显改善，城市安全保障能力进一步提高，能够为举办奥运会提供安全保障。

第七，北京城市基础设施发展迅速，环境质量明显改善。20 世纪 80 年代以来，北京的基础设施建设大步发展。首都国际机场的空运能力显著提高。周边有 6 条高速公路形成十分便捷的交通网络。北京已成为无线通信和互联网用户增长最快的城市。北京拥有适合开展多种体育活动的大中小场馆，具备开展各种规模体育竞赛的基础条件。在环境建设方面，北京市政府和社会各界投入了巨大的人力、财力，在大气、水体治理和垃圾无害化处理上取得了明显进展，并且发展势头令人期待。

第八，北京具有承办大型国际活动的经验。进入 20 世纪 90 年代后，北京进一步加快对外开放，成功举办了许多在世界上有影响的国际活动。如 1990 年的亚运会、1995 年的世界妇女大会、每年一次的高科技国际周，以及新中国成立五十周年庆典活动等。在大型活动的策划、组织、指挥、协调、管理上积累了丰富的经验，具有较高的组织水平和掌控能力。

在这份报告中还提到，作为一个发展中城市，北京申奥道路上也面临一些挑战：

第一，2008 年奥运会将是申办城市最多、竞争最为激烈的一届。正式提出申办的城市有 10 个，其中有 6 个是首都城市，均具有很高的知名度。如巴黎、多伦多等颇具竞争实力，伊斯坦布尔已连续申办了 3 届奥运会。

第二，中国和北京的优势不为国际奥委会及国际社会全面、充分地了解。出于意识形态、价值观和文化背景等差异，国际社会特别是西方国家对中国政治稳定、经济发展、社会安定的局面缺乏足够的了解。并且，国际奥委会委员中半数以上此前没有到过北京。而新的申办规则对所有申办城市的对外宣传和联络工作进行了严格限定，规定在整个申办过程中各国的奥申委不得与国际奥委会委员就申办问题进行任何形式的接触。这对于加深北京与各委员之间的沟通和了解造成了很大的困难。

第三，北京在基础设施建设和城市管理方面存在着薄弱环节。如何让人们呼吸清新的空气，享有清洁的环境？如何加强城市中心区域市容环境的维护，治理城市边缘地区的脏乱现象？如何有效缓解交通高峰时段的拥堵状况？如何对奥运场馆进行合理规划和布局？如何大幅度提高城市管理和服务水平？如何进一步优化北京的外语环境？这些都是需要下大力气解决的问题。

国务院对《报告》进行研究后，1998 年 10 月 27 日，国务院第 22 次总理办公会形成了“原则同意申办”的意见。11 月 12 日，中央政治局常委开会研究后决定由北京市申办 2008 年第 29 届奥林匹克运动会。中共中央总书记江泽民同时指示，要借这个机会把北京建设得好一点。17 日，国家体育总局与北京市召开联席会议研究申办 2008 年奥运会工作，伍绍祖传达了党中央关于由北京市申办 2008 年奥运会的决定，北京市委书记贾庆林代表北京市委、市政府表示将认真贯彻中央指示精神，高标准、高水平地做好各项申办工作，会议还研究安排了北京市递交承办申请书等工作事宜。

1998年11月25日，北京市正式向中国奥委会递交承办2008年奥运会申请书，递交仪式在人民大会堂隆重举行。由北京市长刘淇宣读申请书，并郑重承诺，如果北京能够承办2008年第29届奥运会，北京将恪守《奥林匹克宪章》，积极做好各项工作，确保奥运会圆满成功。该申请书在1999年1月6日召开的中国奥委会全会上经过了审议，会议正式批准由北京市申请承办2008年第29届奥运会。

1999年4月7日，在瑞士洛桑国际奥委会总部，刘淇、伍绍祖向萨马兰奇正式递交了北京承办2008年第29届奥运会的申请书。除北京外，全球提出申办第29届奥运会的还有曼谷、开罗、哈瓦那、伊斯坦布尔、吉隆坡、大阪、巴黎、塞维利亚和多伦多9个城市。

3. 并不轻松的申办路

从1999年9月6日北京2008年奥运会申办委员会成立（以下简称“奥申委”），到2001年7月13日北京赢得第29届夏季奥运会和第13届夏季残奥会的举办权，其间共1年零10个月。这次申奥工作分为四大阶段，北京奥申委提出了各阶段的主要任务：

1999年9月6日到2000年1月31日为第一阶段，主要任务是：建立机构，组织队伍；制定规则，研究策略；提出申办理念，确定会徽口号；落实计划，明确任务。目标是在2000年2月1日前做好全面开展申办工作的各项准备。

2000年2月1日至8月31日为第二阶段，主要任务是：掌握国际奥委会新的申办规定和动态；了解竞争对手情况；全面开展各项工作；利用悉尼奥运会等有关国际活动，做好工作。目标是进入正式申办候选城市。

2000 年 9 月 1 日至 2001 年 4 月中旬为第三阶段，主要任务是：充分利用各种对外活动机会，全面进行对外工作；高质量完成《申办报告》和接待国际奥委会评估团工作。目标是《申办报告》获得高分，北京获得评估团好评。

2001 年 4 月中旬至 7 月 15 日（国际奥委会原定的投票日期是 7 月 15 日，后改为 7 月 13 日）为最后阶段，主要任务是：全力以赴，打好决战。目标是夺取申办成功。

根据这次申办的形势和特点，北京奥申委在制订总体工作计划和《北京 2008 年奥运会申办工作计划网络图》时，突出了八大重点工作，全力、高质量做好《申办报告》。这是申办城市向国际奥委会提供的唯一的、全面的正式文件，并且国际奥委会委员人手一册；国际奥委会将组成专门委员会，逐条、逐项地进行评估、打分，并根据《申办报告》对申办城市进行实地考察评估。因此，《申办报告》是国际奥委会委员，特别是没有来过中国的委员，了解中国的主要依据；在国际奥委会规定的范围内，采取各种灵活、多样的方式进行对外宣传工作；在国际奥委会规定的范围内，想方设法以各种形式、利用各种机会更多地接触国际奥委会委员，使之更多地了解中国，了解北京；2000 年上半年，做好各种工作，确保进入候选城市；悉尼奥运会期间，加强做好有关申办的各种工作；2000 年底前，接待好来考察比赛场馆的各国际单项体育组织领导人，其中有部分人是国际奥委会委员，抓住做工作的机会；

2001年上半年，接待好国际奥委会考察评估团；2001年7月，打好决战，确保成功。

然而，申办之路并不平坦。1998年12月底，2002年冬季奥运会的主办城市——美国的盐湖城在申办过程中的大量贿赂事件被国际媒体披露。美国的盐湖城为申办2002年冬奥会，对应邀前去访问的国际奥委会10名委员给予了特别的关照，其中包括向这10名委员和他们的家人提供免费旅行、昂贵的礼品、奖学金、医疗保险、现金等。盐湖城申奥丑闻被揭露后，国际体坛掀起了轩然大波，这10名受贿的委员被国际奥委会除名。国际奥委会面临危机。迫于各方的压力，国际奥委会进行了改革，特别是对申办2008年奥运会程序做出重大改革。

在1999年新修订的《奥林匹克宪章》中，比较重要的有以下几次改革：

3月，在国际奥委会举行的第108次特别会议上，决定成立道德委员会，负责制定有关各方面的行为准则，向执委会提出处理违纪委员的处分建议；决定成立改革委员会，对国际奥委会的改革进行讨论并提出方案。

10月30日，在国际奥委会2000年委员会议对奥运会申办程序的改革提出了一些建议，其中一项内容是增加“接受申办过程”，即对提出申办奥运会的城市的组织能力进行审议，然后确定其候选资格。也就是增加筛选候选城市的过程，但筛选的方式当时没有确定。

12月，国际奥委会在瑞士洛桑召开的第110次全体会议上通过了 50 项改革措施，主要包括：

第一，改革国际奥委会的结构。国际奥委会委员最多不得超过 115 名，其中包括 15 名运动员代表，15 名国际单项体育联合会主席的代表，15 名国家奥委会主席或洲际体育联合会主席的代表以及 70 名以个人身份当选的代表。

第二，奥运会主办城市选举实行候选城市资格审定程序。申办奥运会的城市必须达到一定标准；申办国的国家奥委会要对申办工作和奥申委的行动负全责；禁止国际奥委会委员访问申办城市，同时也不允许申办城市，包括代表申办城市的第三方拜访国际奥委会委员；由国际奥委会评估委员会负责到各申办城市进行考察，并起草评估报告。

第三，定期公布国际奥委会资金情况。国际奥委会每四年公布一次资金的流动情况，说明资金的来源和用途。

第四，加大反兴奋剂力度。在参加奥运会的运动员誓言中，写入了体育无兴奋剂的陈述，所有参加奥运会的运动员必须持有列述其控制兴奋剂记录情况的“护照”。

2000 年 2 月 24 日，国际奥委会在瑞士洛桑总部召开了 2008 年奥运会申办城市联席会议，向北京、曼谷、开罗、哈瓦那、伊斯坦布尔、吉隆坡、大阪、巴黎、塞维利亚和多伦多等 10 个申请城市通报了申办 2008 年奥运会的新程序和新规则。

4 月 18～20 日，国际奥委会执委会在洛桑召开会议，公布了 2008 年奥运会的正式申办程序。新程序将申办过程划分为申请城市阶段和候选城市阶段两个阶段。

申请城市阶段是指从2000年2月1日至8月底。在这段时间内，所有参与申办的城市都是申请城市。申请城市对国际奥委会指定的6个方面22个问题的问卷进行回答，并于6月20日前将答卷送国际奥委会执委会。6月22日至7月10日，国际奥委会聘请专家，研究申办城市的答卷并打分。国际奥委会将在2000年8月28～29日决定哪些城市成为“候选城市”，并抽签决定候选城市向国际奥委会执委会作陈述报告的顺序。同时将宣布2008年奥运会申办评估委员会正式成立。

候选城市阶段是指从2000年9月1日至2001年7月15日。进入候选城市阶段后，分六步完成申办：

第一，2000年9月25日，国际奥委会在澳大利亚悉尼召开候选城市申办情况通报会。第二，2000年12月，候选城市在瑞士洛桑向国际奥委会执委会作10分钟的陈述报告。第三，候选城市于2001年1月17日以前向国际奥委会递交《申办报告》。第四，2001年1月18日至2月中旬，国际奥委会有关部门和评估委员会分析研究候选城市的《申办报告》。第五，2001年2月中旬到4月中旬，评估委员会对各申办城市进行考察，5月中旬评估委员会写出《考察报告》。第六，在国际奥委会全会表决前，执委会指定提交国际奥委会全会选举的候选城市。

根据执委会提交的候选城市名单，国际奥委会在2001年7月15日莫斯科第112次全会上进行投票表决，选出2008年夏季奥运会的主办城市。

在申请阶段，国际奥委会对申请城市“约法三章”，提出了预选阶段“九不准”：不得使用奥林匹克标志；不得以任何形式进行国际宣传或广告；在国际互联网上建立的网站仅用于交流信息和进行教育，不得有任何商业色彩；除非国际奥委会执委会明确邀请，不得以任何形式参加奥林匹克会议；不得组织或参加任何有关申请或实施申办计划的公众或私人展览会或其他社会活动；不得访问国际奥委会委员；不得接受国际奥委会委员的来访；不管国际奥委会委员以何种身份访问申请城市，申请城市或为其工作或代表其的第三方均不得借机为该城市作申办宣传或负担访问费用，包括旅费和食宿费；申请城市不得馈赠或接受礼品。

在候选阶段，国际奥委会对候选城市的申办活动主要有以下几条规定：第一，在宣传方面，候选城市可以开展国际宣传，但只能在报纸、杂志、电视或在经国际奥委会同意的国际会议或活动上进行宣传，其他形式的宣传都不允许。候选城市在互联网网站上的申办宣传，仍然仅限于信息交流和教育，不得有任何商业色彩。第二，在社会活动方面，候选城市在整个申办期间都不能在国外组织任何形式的与申办有关的公众或私人展览会或社交活动。但经国际奥委会同意，各候选城市可以在悉尼奥运会期间，在悉尼布置一个小的宣传展台。第三，在接待来访方面，候选城市可以安排国际单项体育联合会的代表进行工作访问，访问费用由候选城市支付，但应事先通知国际奥委会；候选城市在申办期间不得安排国际奥委会委员来访或访问国际奥委会委员。但是，如果国际奥委会委员因其他原因必须到候选城市，无论其以何种身份，候选城市都不得借机为该城市申办做宣传，也不得为其负担任何访问费用。第四，不得馈赠和接受礼品。这一条规则在整个申办期间对候选城市、国际奥委会、国际单项体育联合会和国家奥委会及其成员、工作人员或代表都有约束力。第五，候选城市只有事先得到国际奥委会和所在国家奥委会书面批准后，才能有权使用奥林匹克标志，仅用于宣传，不能有任何商业目的。

北京奥申委根据国际奥委会先后公布的新规则进行了研究和分析，并及时向中国奥委会及中央领导做了汇报。北京奥申委的主要分析结论是，国际奥委会的改革和新规则并没有对北京的申办带来很大影响。北京申办奥运既有不利条件，也有若干优势。

从不利方面讲：第一，这次申办城市数量之多、对手实力之强，是近几届少有的。在其他9个申办城市中，巴黎、多伦多和大阪最具竞争力。它们的共同特点是经济实力强，拥有功能完善的城市基础设施和现代化的体育设施，并且拥有西方主流媒体的支持。第二，由于不允许申请城市与委员之间的沟通和了解，加上新委员数量多而且主要来自欧美国家，在西方主流媒体控制国际舆论的情况下，要争取多数委员对北京的支持，工作难度相当大。第三，专家组侧重考察的是技术和指标，北京固有的申办优势，如中国有12.5亿人口、北京是历史文化名城等特点很难在申请报告中用数字描述出来。第四，北京在城市基础设施、体育场馆建设、空气污染、交通拥堵、语言环境等方面，与发达国家的城市相比确实有差距。“人权”问题等非体育因素干扰的可能性依然存在。

从有利方面讲：第一，有中央政府和全国各族人民的声援和支持。这一点是国际奥委会十分看中的，也是北京的固有优势。第二，国际奥委会执委会委员对北京的情况比一般委员了解的要更多、更全面，而且中国的何振梁是11名执委之一，在国际奥委会加大执委会权限的前提下，对北京顺利闯过第一关是有利的。第三，申办程序的增加，客观上延缓了几个主要申办城市间直接的、面对面的交锋，这就为申办起步不算早的北京赢得了一段宝贵时间，从而使申办工作拥有了更多的主动权。

4. 撰写申请报告

2000年2月24日，国际奥委会在瑞士洛桑总部召开的2008年奥运会申办城市联席会议发放了6份正式文件。其中《问卷表》要求每个申请城市在2000年6月20日前回答6部分22个问题，包括：

（1）动机和概念。某城市通过举办奥运会要达到什么目的。

（2）政府和民众的支持。要说明国家和城市当局是否支持申办奥运会；民众在多大程度上支持申办奥运会。

（3）基础设施。指城市的基本功能，包括现有的基础设施和计划修建的设施。

（4）体育设施。包括现有的、计划修建的、为举办奥运会而增加的3个部分。

（5）后勤保障和经验。包括住宿接待能力、交通状况、城市安全以及举办大型体育赛事的经验。

（6）财政能力。包括候选阶段的经费来源，对本国举办奥运会收益的初步预测等。

国际奥委会还专门为这些问题准备了厚达 42 页的复习提纲，对如何答题有诸多严格的限制，对答卷的行文、格式、印刷、装订等提出了明确的要求。印刷、装订成法文、英文双语对照的特定格式；每个问题回答不能超过一页（大约相当于 400 个汉字）；必须包括 4 张地图和 2 张表格；共 56 页（22 个问题英法文共 44 页，4 张地图和 2 个表格英法文共 12 页）。不得超出规定的标准，不得附带光盘、录音带等。每个问题的答复篇幅要求短小，而许多问题涉及的领域十分广泛，内涵十分丰富，必须高度凝练和概括。执委会在 8 月 29～30 日的执委大会全面、认真地考核问卷，并于 8 月 31 日正式公布结果，通过考核的城市才能被宣布成为正式申办城市。国际奥委会特意声明，技术和财力因素并不能成为评估的唯一条件。

贾庆林、袁伟民、刘淇等北京市和国家体育总局领导对北京奥申委提出要求：要“高质量地回答，高标准地入围”，要通过答卷反映北京 2008 年将办成一个什么样的奥运会，不仅要突出“新北京、新奥运”，还要突出绿色奥运会、科技奥运会、人文奥运会的理念。

《问卷表》的 22 个问题问题涉及政府承诺、城市规划、市政建设、环境保护、道路交通、医疗卫生、财政统计、电子信息、市场开发、体育竞赛，以及旅游、公安、民航，等等。有些问题的答案本身并不复杂，但是确定答案的过程需要涉及中央和北京市许多工作领域，事关一些重要决策。

北京奥申委意识到高水平、高质量完成这份答卷的决定性意义，非常重视这份答卷工作，分别召开了主席办公会、执委会、秘书长办公会进行专题研究，明确提出了：“全力以赴，打好第一仗，确保入围”的阶段工作目标，并组建成立了由常务副主席刘敬民、秘书长王伟领导的专门工作小组。同时制定工作进度表，拟订编制《申办报告》分工方案，并确定撰写工作指导思想为“吃透准则，把握尺度，力争主动，扎实推进”。专门工作小组由北京奥申委研究室主任孙大光具体组织，以研究室为主，各部门配合，共同组建完成。专门工作小组集中了一批包括奥林匹克专家在内的多个领域的专业人士。

政府各部门提供了大量数据，中文稿从起草到最终审定经过了多次修改。在完成翻译初稿的基础上，北京奥申委聘请北京外国语大学、外交部和外国专家局的专家学者，以及年过八旬的著名人士爱泼斯坦先生对译文稿进行了修改和审定，国内著名的奥林匹克专家也参与了这项工作。《问卷表》进行了多次讨论、修改、推敲、润色，对照英文和法文，力求最准确地表达。申请报告工作小组召开了不同范围的研讨会近 30 次，讨论、撰写和审定答案。他们还就答题的角度、内容、表述、装帧等许多细节问题广泛征求了国内外数十位权威人士的意见。经过 100 多天工作，中文稿从起草到最终审定经过了 10 余次修改，英文译稿和法文译稿的修改达 20 余次。撰稿人员和翻译人员一遍又一遍地讨论、推敲、润色这些文字，力求做到字斟句酌，万无一失，以使国际奥委会及有关专家深刻了解北京承办奥运会的愿望、条件和能力，让他们感到满意和放心。

在规定最后期限的前一天，6 月 19 日，北京奥申委秘书长王伟，在瑞士洛桑向国际奥委会递交了北京的《申办报告》。国际奥委会体育部主任费里先生和申办城市关系部主任巴雷女士接收了北京的 50 份《申办报告》。

国际奥委会成立了一个由 13 人组成的专家组，对各申请城市的 22 个问题的回答进行评测，其中有国际奥委会总干事、体育主任、技术主任、法律事务主任、运作控制和协调主任等 5 名国际奥委会人员，1 名运动员代表，来自国家奥委会、国际单项体育组织和曾担任过奥运会组委会领导工作的 5 人，交通和环境专家各 1 人。这个专家组全部由欧洲人构成。

国际奥委会在进行评测时，还聘请了有关机构进行研究：在法国的欧洲视听和通信研究所负责通信方面的研究；在瑞士的 Pricewaterhouse Coopers 机构负责法律、财政和政府结构方面的研究；瑞士联邦理工学院负责一般基础设施和交通方面的研究；加拿大的 Decision Matrix 公司负责开发本次评估所需的决策软件。

北京的回答受到国际奥委会、各国际单项体育组织以及有关专家的肯定。北京申奥口号是"新北京，新奥运"。主要内涵是：

有三千余年建城史的北京，经过改革开放的洗礼，将以崭新的、多姿多彩的面貌进入新世纪，她将以饱满的热情欢迎全世界的体育健儿和各界朋友，共同参与奥运盛会。

经历百年沧桑的现代奥林匹克运动会，在拥有世界人口 1/5 的中国举办，将使奥林匹克精神得到更广泛的传播，翻开奥林匹克运动的崭新一页。同时，进入新世纪的奥林匹克运动也以全新的面貌向世界人民展示其特有的魅力。

北京申奥标志是一幅中国传统手工艺品图案，即“同心结”或“中国结”，它采用的是奥林匹克五环标志的典型颜色。图案表现了一个人打太极拳的动感姿态，其简洁的动作线条蕴涵着优美、和谐及力量，寓意世界各国人民之间的团结、合作和交流。

8月28日，国际奥委会公布了筛选结果，北京正式成为2008年奥运会的“候选城市”。

5. 北京申办获得成功

2001年7月13日，国际奥委会第112次全会在莫斯科大剧院隆重开幕。这次全会将从包括北京在内的5个城市中投票选出2008年夏季奥运会的主办城市，并选出新一任的国际奥委会主席。此前的7月12日中午，北京2008年奥运会申办委员会在莫斯科斯拉夫饭店新闻中心召开新闻发布会。这是5个申办城市在莫斯科投票产生2008年奥运会主办城市前举行的唯一一次新闻发布会。

7月13日，各申办城市作陈述报告的时间和程序为：

9时～10时，大阪市作陈述报告；

10时15分～11时15分，巴黎市作陈述报告；

11时45分～12时45分，多伦多市作陈述报告；

14时～15时，北京市作陈述报告；

15时15分～16时15分，伊斯坦布尔市作陈述报告；

16时45分，国际奥委会评估委员会作考察5个候选城市的报告；

17 时 30 分，国际奥委会委员进行投票表决。

中国国务院副总理李岚清在投票前各申奥代表团作陈述报告时，再次重申中国政府坚定支持北京申办 2008 年奥运会的立场。他说，中国政府将信守在北京陈述报告中所做的所有承诺，并将尽一切努力帮助北京实现承诺。

共有 118 名国际奥委会委员参加了投票。首轮有 14 名申办城市委员和萨马兰奇不参加投票，这样实际上有 104 名委员投票，有效票为 102 张。第二轮有 106 名委员实际参加投票，有效票为 105 张。

北京在首轮投票中获得了 44 票，多伦多、伊斯坦布尔、巴黎和大阪各得 20 票、17 票、15 票和 6 票。大阪第一轮被淘汰。第二轮投票，北京获得 56 票、多伦多 22 票、巴黎 18 票、伊斯坦布尔 9 票，北京胜出。

北京时间 22：00，万众瞩目的 2008 年奥运会举办城市终于揭晓。萨马兰奇雄浑的宣告声中只有一个名字：BEIJING! 中国北京凭借过人的优势，完美的陈述报告，在 5 个 2008 年奥运会申办城市中脱颖而出，夺得 2008 年奥运会举办权。

风度翩翩的中国奥委会委员何振梁噙住了泪水。面对排着队上前祝贺的国际奥委会委员，他只有用默默的拥抱来感谢支持北京、支持中国的朋友们。

当天，全国各地热烈庆祝北京申奥成功。

2001 年 12 月 13 日，第 29 届奥林匹克运动会组织委员会（简称北京奥组委）成立，它承担着北京奥运会和北京残奥会各项筹办任务的组织工作。北京奥组委的执行机构为执委会，执行主席为刘鹏、王岐山、邓朴方，执行副主席为刘敬民、王伟、于再清、段世杰、蒋效愚、李炳华、杨树安、汤小泉，执委为何振梁、顾耀铭、阎仲秋、臧爱民。

（二）北京的奥运理念和场馆建设

1. 绿色奥运、科技奥运、人文奥运

现代奥运会倡导人与人之间的和平、友谊，提倡人与自然、人与社会的和谐。1999 年 10 月国际奥委会通过的《奥林匹克 21 世纪议程》的核心就是利用奥林匹克的广泛性，促进举办奥运城市的可持续发展。“保护环境”既符合奥林匹克运动发展趋势，也是北京保护古都风貌和建设现代化大都市的既定方针，因而北京将其作为申奥的第一主题，提出了“绿色奥运”理念。

所谓“绿色奥运”，就是要把环境保护作为奥运设施规划和建设的首要条件，制定严格的生态环境标准和系统的保障制度；广泛采用环保技术和手段，大规模、全方位地推进环境治理、城乡绿化美化和环保产业发展；增强社会的环保意识，鼓励公众自觉选择绿色消费，积极参与各项改善生态环境的活动，大幅度提高首都环境质量，建设宜居城市。

20 世纪 80 年代以来，奥运会的主办城市均将最先进的科学技术广泛应用在场馆设施、体育器材、计时计分、信息传播、安全保障、组织管理等方面，使得奥运会办得更加高效、方便、快捷、安全、准确。我们提出的“科技奥运”理念的核心是“以科技助奥运，以奥运促科技”，即以奥运科技需求为

导向，集成全国科技资源，将现代科技成果多角度、多渠道地应用于奥运会，为 2008 年奥运会的成功举办提供安全、可靠和先进的技术保障；同时，以奥运为契机，提高北京乃至全国的科技创新能力，实现科技的跨越式发展。

奥运会既是体育的盛会，又是文化的盛会。以人为本，传播奥林匹克文化，促进多元文化的交流，成为评价奥运会成功的重要条件。北京是东方文化古都，奥运源自希腊、罗马文化。在北京举办奥运体现新世纪东西方文化的交融与互相推动，有助于加深中国与世界的相互了解。因而，北京奥运会将“人文奥运”作为核心目标。

2. “同一个世界　同一个梦想”

奥运会主题口号经过近半年的征集、筛选、研究、酝酿，终于在 2005 年 6 月 26 日公布。其间，北京奥组委共收到来自世界各地的应征口号 21 万余条，经过 3 次筛选，提出了 10 条备选口号。此后，北京奥组委又多次组织各方专家进行反复论证、研究，精心修改和润色，最后提出了“同一个世界　同一个梦想”；“One world，One dream”。这一近乎完美的口号不但得到了广大中国人民的喜爱，亦得到了国际奥委会专家的肯定和赞美。

北京第 29 届奥运会的标志也是北京奥申委的正式标志，它是北京奥林匹克形象的核心部分，将成为奥运史上最有活力的形象标识之一。奥运标志“舞动的北京”，具有丰富的文化内涵，充分展示了 2008 北京奥运会的主题。该标志以独特的、具有五千年历史的中国印章篆刻和书法为手段，把中国传统艺术和现代奥林匹克精神结合起来。简洁的动作线条勾勒出的动态人物寓意一位跑步运动员冲向终点拥抱胜利的姿态，体现了奥林匹克“更快、更高、更强”的精神。构成人物的笔画与汉字“京”十分相像，用优美的中国传统书法的独特字体完成，它代表主办城市——中国的首都北京。极具动感的线条也可以诠释为一名“舞者”，表现了13亿中国人民办好奥运的心愿和欢迎世界各地来宾的一片热忱。

3. 场馆建设

北京奥运会共使用37个比赛场馆和45个独立训练场馆以及国家会议中心等5个奥运相关的设施。37个比赛场馆中在京31个，其余6个分别为青岛的帆船赛场，香港特别行政区的马术赛场，以及天津、上海、沈阳、秦皇岛4个城市的足球赛场。

京外6个场馆中有3个是新建设场馆，即秦皇岛、青岛、天津的体育场。香港、上海、沈阳3个城市的体育场馆为改建场馆。

在北京的31个场馆中，新建12个，改造11个，另有8个临时场馆。北京的奥运场馆采取了集中与分散相结合的总体规划布局方式，即呈现出“一个中心加三个区域”的分布格局——奥林匹克中心区、位于海淀的大学区、西二环以外的西部社区和北部风景区。这一分布状况既体现出北京特色，也有利于奥运会期间的使用和赛后城市对体育设施布局的进一步改进和完善。因此，在场馆建设过程中充分考虑到赛后利用的因素，将1/5的场馆建在了大学，其中4所为新建场馆，2所改扩建场馆，这些场馆赛后即成为各大学的体育教学场所，有效提高了场馆的利用率。奥运期间承担比赛项目并从中获益的6所大学有中国农业大学、北京工业大学、北京大学、北京科技大学、北京理工大学和北京航空航天大学。

举办奥运会篮球比赛的五棵松体育馆将结束北京西部居民没有大型体育场所的历史，它和五棵松棒球场、文化体育设施以及作为公共服务的配套商业设施一起，成为满足北京市西部社区居民商业、文化、体育、休闲需要的重要场所。

在北京的新建场馆中，最引人注目并已成为北京新代表建筑的场馆是国家体育场——“鸟巢”和国家游泳中心——“水立方”。

国家体育场——“鸟巢”位于北京奥林匹克公园中心区南部，为2008年第29届奥林匹克运动会的主体育场。“鸟巢”总占地面积21公顷，建筑面积25.8万平方米；场内观众座席约为9.1万个，其中临时座席约1.1万个；是举行奥运会、残奥会开闭幕式、田径比赛及足球比赛决赛的地方；奥运会后已成为北京市民广泛参与体育活动及享受体育娱乐的大型专业场所，并已成为北京乃至中国的代表性体育建筑。

国家体育场为特级体育建筑，主体结构设计使用年限为100年，耐火等级为一级，抗震设防烈度8度，地下工程防水等级1级。主体建筑呈空间马鞍椭圆形，南北长333米，东西宽294米，高69米。主体钢结构形成整体的巨型空间马鞍形钢桁架编织式“鸟巢”结构，钢结构总用钢量为4.2万吨，混凝土看台分为上、中、下三层。

“鸟巢”在设计中，突出了“绿色奥运”和“科技奥运”理念，采用了领先的环保科技手段，“鸟巢”背后有一个规模庞大的世界级雨洪综合利用系统在24小时不间断运转，可以将赛场及周边区域的雨水收集、净化后供给场馆使用。整个系统的雨水收集面积达22公顷，年回收利用总量约6.7万立方米，设计日净产水量为2000立方米。遍布于场馆及周边绿地的收集引流系统可以将雨水汇集至6座地下蓄水池中，其最大储水能力高达1.2万立方米。经净化处理后的“雨水”可用于场馆绿化、赛场用水、空调冷却、道路和汽车清洗以及洗手间冲洗等，且水质远高于国内中水回用标准。这一雨洪综合利用系统是中国大型公共建筑领域的首个应用案例，其无疑为国内城市未来的水资源回收利用工作提供了借鉴。

国家游泳中心——“水立方”是一座巨大的占地面积近8万平方米的蓝色水晶宫殿式建筑，位于“鸟巢”西边，白天“水立方”淡蓝色的“外衣”在蓝天白云的映衬下，一片柔和温润，如诗如画；夜晚“水立方”气泡流光溢彩，这座五彩的水晶宫殿更加纯净、柔美，魅力无穷。

这座晶莹剔透的建筑，以巧夺天工的设计、纷繁自由的结构、简洁纯净的造型、环保先进的科技，成为百年奥运建筑史上的经典，成为北京乃至世界建筑史上的标志性建筑。“水立方”所采用的ETFE透明膜是一种新型材料，在国内还是首次使用。选中这种材料首先是出于经济的考虑，这种膜自重轻，易于安装，且具有良好的伸展性、抗压性，即使出现破损，只要面积在1平方厘米之内，均不会对整个气泡造成影响。“水立方”还是一个节能建筑，它上面密布的上亿个镀点的面积、位置，是根据北京近 30 年的气候资料，精密计算后得到的，它们可以按需吸收太阳光，从而实现了冬暖夏凉的设计要求。此外，ETFE 还是一种阻燃性、自熄性材料，它的使用寿命至少有 30 年，“水立方”外立面的自然维护可以依靠雨水完成。

“水立方”内部设计亦独具匠心，充分考虑到节能环保因素，其屋顶设有收集雨水的装置，洗浴用水和收集的雨水经处理后可用来冲洗车库、道路、卫生间以及进行室外绿化。“水立方”的另一个突出特点是“舒适”，每一处设计都是从“人”的角度出发；“水立方”的各个区域根据不同用途设计了不同的温度，无论是运动员还是观众进入“水立方”都会真切地感受到这一特点。

4.“好运北京”系列测试赛

按照国际奥委会要求和北京的申办承诺，在举办奥运会前，赛时正式使用的各场馆都要举办体育赛事，对场馆设施、技术系统、计划方案、运行规范和保障能力等进行测试和检验。测试赛是奥运会筹备过程中的一个关键环节，是计划和运行之间的桥梁，是发现问题和改进计划的有效方式。测试赛的核心目标包括三个方面：检验场馆设施设备功能，尤其是竞赛场地及相关技术系统的功能。培训员工，磨合锻炼场馆运行团队。各业务部门在与赛时近似的环境中测试相应的政策和运行程序；尤其是竞赛和技术，需要在每一个奥运会场馆，按照奥运会竞赛方式测试所有与竞赛直接相关的环节。

从 2006 年 8 月至 2008 年 6 月，在奥运场馆陆续举办了 44

项“好运北京”体育赛事，可划分为四个阶段：第一阶段是2006年的2项，包括第11届世界女子垒球锦标赛和“好运北京”2006年青岛国际帆船赛。第二阶段、第三阶段设在了2007年至2008年初，两个阶段共进行了26项测试赛，其中有22项在北京进行，另4项分别在秦皇岛、沈阳、青岛和香港进行。2007年7～8月的“好运北京”系列赛事是第一次大规模、高密度的测试赛；2007年12月至2008年1月进行的第三阶段测试赛是继第二阶段大规模测试赛后又一次对场馆运行进行的大规模检验。第四阶段是2008年3～6月的16项测试赛，这些测试赛均在北京举办。这一阶段主要是对所有新竣工的竞赛场馆进行测试，从硬件、软件等方面进行了最后的磨合。

在44项赛事中还包括两项残奥会项目，即2007年9月的盲人门球和2008年1月的轮椅篮球。另外，在2008年4、5月的田径赛事中安排轮椅竞速和轮椅投掷两个单项、男女共4个小项。可以说，这些赛事在运动员残疾类别和比赛组织方面具有一定的代表性。

几个阶段的“好运北京”体育赛事是对筹办工作的“实战”检验，赛事组委会充分调动基础设施、城市管理、宣传文化、生活服务等各方面资源，从场馆设施、交通、安保、市容景观、住宿、餐饮以及水电气热等各方面进行最后的实战测试，找出问题，进一步完善各项工作，从而为成功举办2008年奥运会奠定了坚实的基础。

二、成功举办第29届奥林匹克运动会

◎精美绝伦的第29届奥运会开幕式

◎本届奥运会是奥运会历史中规模最大的一届，无论是参赛国家还是参赛人数都是最多的一届，共有204个国家和地区的奥委会派代表团参加比赛

◎200多个国家和地区进行了5000小时的报道和转播，转播规模是雅典奥运会的3倍，全球共有47亿人次收看收听了北京奥运会的转播

◎奥运会取得了令世界瞩目的成绩，共打破世界纪录38项、奥运会纪录85项，创造了奥运史上的新纪录

◎“两个奥运，同样精彩”

（一）成功举办第29届奥运会

1. 精美绝伦的第29届奥运会开幕式

2008年8月8日晚8时，一道耀眼的光环激活了古老的日晷，日晷将光反射到鸟巢场地的缶上，场地中2008位武士击缶而歌，吟诵着“有朋自远方来，不亦乐乎”，表达对世界各地奥运健儿和嘉宾的欢迎。随着一声声强劲有力的击打，打击乐器缶发出动人心魄的声音，缶上白色灯光依次闪亮，组合出倒计时数字，全场观众随着数字的变换一起大声呼喊：10、9、8、7、6、5、4、3、2、1，在一片欢呼声中，第29届奥林匹克运动会拉开了序幕。这是开幕式的第一篇章：“击缶而歌”。

在震撼的声响中，人们惊喜地看到由焰火组成的巨大脚印沿着北京的中轴路从前门、天安门、故宫、鼓楼一步步朝国家体育场而来。29个焰火脚印象征着29届奥运会的历史足迹，也意味着中国追寻奥运之梦的百年跋涉正在一步步走近梦想成真的时刻。中轴路上新生的鸟巢和郁郁葱葱的奥林匹克森林公园，与庄严的天安门广场构成三个特色鲜明的北京路标，不仅体现了北京奥运的三大理念，更连接起了一座城市的昨天和今天。

此刻的鸟巢，繁星点点，犹如浩瀚的星河落入人间。美丽的飞天在白星中歌舞，唯美浪漫。一个由星光组成的奥运五环在夜空中飘浮，渐渐地完成定格。怎么样让奥运五环出现在开幕式上，曾是人们猜测的疑点之一，谁也没有想到，它们会以这种方式呈现出来，美妙，梦幻。点亮北京夜色的五环会让我们记住，北京的星空里终于有了奥运五环的印记，更会让全世界都记住，奥运会的记忆中，从此有了中国的传奇。

这时，一曲旋律优美的《歌唱祖国》响彻鸟巢的上空，8名持旗手水平持旗，隆重展示国旗。7岁女孩杨沛宜唱响《歌唱祖国》，林妙可上台演出。在熟悉悠扬的歌声中，56个身着民族服装的儿童簇拥着国旗走来，代表了中国56个民族合为一家。升旗手升中华人民共和国国旗。来自56个民族的224名演员组成的合唱队唱响了《中华人民共和国国歌》。

开幕式文艺表演分为上篇《灿烂文明》和下篇《辉煌时代》两部分，将中国5000年历史与现代文明结合起来，别具一格。随着一个短片的开始，观众看到一幅跨越时空、意境优美的中国画卷。画面中呈现的是散发着中国古典韵味的文房四宝：笔、墨、纸、砚。在清雅的古琴声中，我们看到了一幅画作产生的完整过程——纸张制作、落墨着色、装裱成轴。影像中的画卷神奇地出现在了场地中间，这幅长达 70 米的巨大卷轴在我们面前缓缓铺陈开来。画卷上墨迹漫卷，流淌变幻，依次呈现出檐画、陶瓷、青铜器等在中国文化起源和发展过程中极具代表性的文化符号。一袭黑衣的舞蹈演员来到画卷之上，用肢体做墨迹，表现中国水墨画的洒脱写意。此时，悠扬的伴奏旋律，来自一张名为太古遗音的古琴。这是一张有着 1000 多年历史的古琴。随着舞蹈演员的动作，洁白的画纸上出现了起伏回旋的墨色线条。舞蹈演员独特的肢体语言，正体现出中国水墨画讲求以形写神，不拘泥形式而更讲究神韵的特有的意趣和韵味。画作完成，原本铺陈在地上的画纸，被凌空提起。一幅山峦交错、起伏延绵的水墨画呈现在眼前。

中国汉字是世界上最古老的文字之一，古老的汉字承载着中华文明久远深邃的历史。接下来的表演，呈现中国汉字的变化魅力。孔子的 3000 弟子手持竹简高声吟诵《论语》中的经典名句，款款步入场地。70 米长的画卷上出现了巨幅竹简，向世人呈现中国古代最早的书籍形式。巨幅画卷中间，魔幻般地出现了立体的活字印刷板。“活字印刷”的表演，既像古代的活字字盘，又像现代的电脑键盘。897 块活字印刷字盘凹凸起伏不断变化，变换出不同字体的“和”字，依次出现一个中国古代的“和”字、第二个古体的“和”字和现代字体的“和”，既表现了中国汉字的演化过程，又表达了孔子的人文理念“和为贵”，彰显出中华民族的和谐观历史悠久，传统优良。巨大的活字印刷板变化出万里长城的雄伟之姿，无数立体的桃花出现在活字印刷板的顶端，雄伟的长城形象逐渐被柔美的桃花覆盖，仿佛忽如一夜春风来，让人们瞬间置身于满园春色、和谐浪漫的桃花仙境。

随着一阵热闹的锣鼓声，中国传统戏曲的表演来了。世人熟知的国粹京剧，表演丰富，历史悠久，被称为东方歌剧。华丽的活动戏台，在1000名身着兵俑服饰演员的簇拥下，来到场中。4个京剧扮相的提线木偶，做工考究，工艺精致。它们活灵活现地表现着戏曲舞台上传达意境和神韵的手、眼、身、法、步五大技法。

灯光闪烁，移情换景。新的一幕开始了。这一场名为“丝路”的表演，表现的是中国古代陆地与海洋中的两条友谊纽带，陆上丝绸之路与海上丝绸之路的景象。两千多年前，中国的商队就开始带着贵重的丝绸由长安出发，经河西走廊进入欧洲大陆。丝绸之路是中西方经济文化交流的重要通道。场上悬浮于半空的画纸，演员们举起这张纸前行。地面上是“丝绸之路”的地图以及沿途的文化标志。慢慢地，纸已幻化成辽远无边的沙漠，敦煌舞者在沙漠之上轻步曼舞，展开一场友谊之旅。巨大的船桨把观众的思绪从风情多样的内陆带到一望无垠的海上。船桨连接呈现出中国古老的航海形象。海上丝绸之路是古代中国与外国交通贸易和文化交流的海上通道。体育场上方波涛汹涌，场中的长幅画卷上也是海浪滔天。船桨滑落，桨手们在风浪中与激流搏斗，体现了中国人挑战自然的勇气与智慧。风平浪静后，长幅画卷上出现了中国的特产瓷器与茶。场地中间的演员手捧指南针，为风浪中的勇士指明航向。海上丝绸之路表明中国古代航海技术的高超水平。至此，中国古代四大发明：造纸术、火药、活字印刷术和指南针，已经全部在表演中呈现。

接下来看到的是中国古老的传统戏曲——昆曲表演。演员吟唱着唐朝诗人张若虚写在春江花月夜的诗句。“春江潮水连海平，海上明月共潮生”。在远远飘来的乐曲声中，众多画师宁静专注地挥毫泼墨，人在画中间，画与人相合。画卷上依次呈现出唐、宋、元、明、清五个朝代著名的风情长卷，生动地展现出古代中国礼乐之邦的盛世气象。乐声激昂，灯火通明，千名古装舞者融入画中，随着乐台上乐师的演奏悠然起舞，仿佛画中的景象真实地跃然纸上。深水长卷环绕体育场一周慢慢展开，32 个乐台拔地而起，形成高耸的龙柱，擎天矗立，尽显中国古代文明的雄伟壮阔。

如果说，前面的表演是在描述中国的古典美，接下来的开幕式一展现代中国的风采。

年轻钢琴演奏家郎朗和一个稚嫩的孩童成为全场瞩目的焦点。他们共同演奏的钢琴曲清灵委婉，就让我们在这漫漫的意境中开启中国崭新时代的魅力旅程。场中的长幅画卷从古绘制至今，从黑白两色的水墨神韵转化为色彩斑斓的绚丽世界，无数绿衣使者受了色彩的吸引而逐渐汇聚到画卷之中。突然，一幕人们意想不到的场景出现：绿衣人周身亮起银光，宛若万点繁星，组成一支振翼欲飞的和平鸽，晶莹剔透、满场生辉。继而，演员们身形一变，翠绿如初，瞬间在场中央搭起一个巨大的“鸟巢”，闪烁着绿银交织的光芒。这一幕声、光、电在人体上的曼妙变化，充满灵性和神奇，给人留下难忘印象。

忽然，巨大的水声冲至耳膜，体育场上空飞瀑急流、滚滚而下的景象不禁让人想起了唐代诗人李白的名句“飞流直下三千尺，疑是银河落九天”的波澜壮阔。2008名太极拳手在场中形成一个巨大的圆，太极拳是中国武术中最有代表性的一种拳路，它的特点是“动静结合、刚柔相济”。太极八卦图象征着天、地、雷、风、水、火、山、泽8种自然现象，衍生了世间万物的变化。圆是中国文化中的一个重要精神旨要，它与中国人的宇宙诠释、生命情调都具有十分密切的关系。在中国传统的观念中，圆为大，为圆满。现在这个阵式叫“天圆地方”。孩子们在画纸上用彩色的画笔描绘美丽的大自然，用纯真的童心播种绿色的希望。孩子们收起画笔，凝神伫立，数千名太极拳表演者也仿佛受到了某种力量的吸引，屏息注目，转瞬之间，鸟巢上方涌现出无数的飞鸟，扇动着金色的翅膀快乐地飞翔，仿佛告诉我们，这里就是它们眷恋的绿色家园。

此刻，一个梦幻般的蓝色星球冉冉升起，徐徐旋转，这是奥运开幕史上，最大、最沉、最新的高科技模型——直径18米、重16吨的液晶星球，仅设计、制造和安装这颗多媒体“地球”就用了一年多时间。天空中的星球，变幻着色彩和图案，众多演员在“地球”上行走，似乎脱离了地心引力，充满梦幻色彩；体育竞赛在“地球”上诠释着“更快、更高、更强”的奥林匹克精神。我们共有的家园。人类用智慧敲开了宇宙的大门，卫星发射、载人航天、太空漫步，一项项伟大的壮举总始于一个个伟大的梦想。我们愿与地球上每一个能够听到我们声音的朋友都来分享我们的梦想——奥运的梦想！

这时，英国伦敦女歌手莎拉·布莱曼和中国歌手刘欢深情地唱起北京第29届奥林匹克运动会主题歌《我和你》："我和你，心连心，同住地球村。为梦想，千里行，相会在北京。来吧！朋友，伸出你的手。我和你，心连心，永远一家人。You and Me. From one world. We are family. Travel one dream. A thousand miles. Meeting in Beijing. Come together. Put your hand in mine. You and Me. From one world. We are family."这不仅体现了中外结合的"国际化"，也使北京奥运会和伦敦奥运会携手。体育场上展现出2008张世界各地儿童的笑脸，体育场上方的投影屏上也呈现出孩子们笑盈盈的脸庞。情真意切的主题歌和不同肤色儿童的笑脸，形象生动地诠释了北京奥运会"同一个世界　同一个梦想"的主题。

21时10分19秒，运动员入场式开始。反映世界五大洲风格的乐队轮番奏响不同大陆的经典乐曲。来自奥林匹克运动发源地的希腊代表团首先入场，其他国家和地区代表团按简化汉字笔画顺序先后进场。共有204个国家和地区的代表团参加本届奥运会。204个国家和地区的代表团旗手有男有女，他们来自不同的项目。日本代表团是娇小可爱的乒乓球运动员福原爱，足篮成绩俱佳的阿根廷队则是由在NBA马刺队效力的吉诺比利作为旗手。

23时09分，东道主中国代表团最后入场。中国体育代表团共1099人，其中参赛选手639人，创中国历届奥运会参赛人数之最，也是本届奥运会参赛运动员最多的代表团。中国队持旗手、著名篮球运动员姚明拉着四川省汶川县映秀镇渔子溪小学二年级学生林浩的手，走在队伍最前列。在汶川特大地震发生的那一刻，9岁的小林浩临危不惧，冲进废墟营救同学，被评为抗震救灾英雄少年。中国人民面对灾难展现出的坚忍不拔、顽强不屈，让全场中外观众倍受感动。观众席上掌声雷动、欢呼不断，“中国加油”的呐喊声响彻体育场上空。

入场式过程中，每个运动员都在体育场中央的画面上留下了彩色足迹。五颜六色的足迹与文艺表演留下的图画，共同构成一幅“人类家园”的美丽景象。

北京奥组委主席刘淇在开幕式上致辞，他代表北京奥组委，向来自世界各个国家和地区的运动员、教练员、来宾表示热烈的欢迎；向国际奥林匹克委员会、各国际单项体育组织，向参与北京奥运会筹办的建设者和工作者，向所有关心、支持北京奥运会的朋友们表示衷心的感谢。刘淇说，北京奥运会的重要使命在于促进世界各国文化的交流。我们真诚地希望，中华民族悠久的历史文化、热情好客的人民，能给朋友们留下美好的记忆。

国际奥委会主席罗格在开幕式上致辞。他感谢北京奥组委和成千上万志愿者不辞辛劳的工作。罗格表示，我们处在同一个世界，我们拥有同一个梦想，希望本届奥运会带给大家欢乐、希望和自豪。

23时36分，国家主席胡锦涛宣布：北京第29届奥林匹克运动会开幕！

顿时，璀璨的焰火绽放夜空，激昂的旋律响彻全场，彩旗挥动，欢呼声经久不息。焰火在高空绽放，整个体育场如盛开的花朵。

8位执旗手手持奥林匹克会旗入场。他们是我国不同时期优秀运动员的代表——创造我国田径史上第一个世界纪录的女子跳高运动员郑凤荣，三次打破百米蛙泳世界纪录的泳坛健将穆祥雄，多次获乒乓球世界冠军的张燮林，首次登顶珠穆朗玛峰的女运动员潘多，获得过13个世界冠军的羽毛球运动员李玲蔚，曾刷新10米移动靶项目奥运会纪录的射击运动员杨凌，连续在4届奥运会上摘金夺银的跳水运动员熊倪，实现我国冬奥会上金牌“零的突破”的短道速滑运动员杨扬。80名身着民族服装的儿童，唱起奥林匹克会歌。奥林匹克会旗缓缓升起，和五星红旗一道，在体育场上空高高飘扬。

在五环旗前，中国乒乓球运动员、中国裁判员分别代表全体参赛运动员、裁判员庄严宣誓。

23时54分，取自奥林匹克的奥运圣火抵达国家体育场，奥运圣火点燃仪式即将开始。全场观众挥动彩色手电，宛如万点繁星，熠熠闪烁。在过去4个多月里，奥运圣火穿越五大洲，传遍中华大地，首次登上世界最高峰珠穆朗玛峰，在2万多名中外火炬手的接力传递中，一路点燃激情，一路传递梦想。8名火炬手高擎火炬，在体育场内进行最后的传递。摘取中国奥运史上第一枚金牌的许海峰、中国第一位奥运会跳板跳水金牌获得者高敏、第一位夺得体操世锦赛个人全能金牌的中国选手李小双、中国举重史上唯一得过两枚奥运金牌的占旭刚、中国奥运史上第一枚羽毛球混双金牌获得者张军、中国首枚67公斤以上级跆拳道奥运冠军获得者陈中……曾经创造一个个辉煌的著名运动员，手举圣火在体育场内慢跑，受到全场观众热烈欢迎。

9日0时整，第7名火炬手、曾为中国女排夺得“三连冠”立下汗马功劳的中国女排前队长孙晋芳举着火炬，来到体育场上的一个高台，将等候在这里的著名体操运动员李宁手中的火炬点燃。高举火炬的李宁腾空飞翔，在体育场上空一幅徐徐展开的中国式画卷上矫健奔跑，画卷上同时呈现出北京奥运圣火全球传递的动态影像。

0时04分，在空中奔跑的李宁来到火炬塔旁，点燃引线，巨大的火炬顿时燃起喷薄的火焰，熊熊燃烧的奥林匹克圣火把体育场上空映照得一片辉煌。此刻的鸟巢犹如白昼。圣火点燃，全场沸腾。绚丽的焰火腾空而起，在体育场上空辉映成七色彩虹。奔放的音乐、热烈的欢呼震耳欲聋，现场气氛达到了高潮。同一时间，北京各地4万余发焰火齐放。从灯火辉煌的奥运村，到古色古香的永定门，从巍然雄踞的居庸关长城，到花团锦簇的天安门广场，万紫千红的焰火如星空下的一条彩带，与国家体育场上空的焰火遥相呼应，整个北京城似乎都被照亮了。

据估计，观看北京奥运开幕式的全球电视观众总数达到40亿。[①]

---

① 据2009年5月一权威机构调查报告显示，2008年北京奥运会的开幕式是人类历史上观看人数最多的直播节目，首次吸引了全世界“真正10亿”电视观众。发布报告的主管人员称：报告是从全球85%的电视观众家庭收集数据的，这一数字只考虑在家里收看节目的观众，不包括在公共场所观看的人。参见《北京奥运开幕式创全球收视纪录》，《参考消息》2009年5月11日。

奥运会开幕式的盛况得到了各国媒体的肯定。英国广播公司（BBC）电视一台对北京奥运会开幕式进行了实况转播。BBC主持人休·爱德华兹在开幕式实况转播时评论说，开幕式充分显示了中国人的自信和战略思维。欧洲体育台主持人在开幕式转播过程中说，北京奥运会的规模超出想象，它简洁、超常、令人惊叹。伦敦拥有广泛读者群的《旗帜晚报》打出了《中国奇迹》的标题，并写道："最壮丽的开幕式为史上最宏大的奥运会拉开了序幕。"英国《金融时报》认为，开幕式将中国传统与华丽的表演完美地结合。没有任何其他主办奥运会的城市能够与北京在独创性和整齐划一的表演上相媲美。开幕式已使中国在奥运会开幕式竞争中赢得了一枚金牌。英国广播公司（BBC）播发的消息说，北京举行了"精美绝伦的奥运会开幕式"。路透社播发的消息表示，"完美的倒计时，精彩的开幕式，充分展示了世界上最古老的文明"。

法国国家电视台直播了北京奥运会开幕式，该台评论员在进行解说时做出如下评论："这是最美的奥运会开幕式！"他评价演出是"美轮美奂""如诗如画""令人叹为观止"，他在解说时对法国观众说："大家睁大眼睛，好好享受吧。"法新社评论说，北京奥运会揭开了序幕，开幕典礼十分壮观，烟花照亮了整个北京夜空。法国《费加罗报》用"仲夏夜之梦"来形容这一盛典，报道说："这是一个属于中国的夜晚，温柔如梦境一般。一个富有中国特色的、盛大的开幕式，整场表演游走于艺术与科技、历史与未来之间，时间在此刻凝固，这是欢庆的时刻，这是奥运会的时刻！"《巴黎人报》当天用整个头版和8

个专版报道北京奥运会。一篇题为《即将载入历史的一届奥运会开始了》的文章说，全北京现在洋溢着 60 万志愿者的笑容，北京将向世界证明能够办好这场体育盛会。

德国电视一台全程实况转播了北京奥运会开幕式盛况。电视一台在有关评论中说，这是一场“构思精巧、表演得完美无瑕、令人印象深刻”的奥运开幕式，滑过“鸟巢”中 9 万多名观众眼帘的是中国几千年的历史。绚烂多彩的图案、众多的象征意义和人们脸上绽放的幸福笑容，北京奥组委努力向全球观众展示了一幅幅动人心魄的画面。北京奥运会开幕当天，德国各大媒体在头版显著位置均刊出有关奥运会的大幅照片，并纷纷推出奥运专版。各大电视台也长时间地插播奥运会开幕式前北京的实况。德国《法兰克福汇报》表示，开幕式展现的“不是一个具有潜在威胁的崛起中的经济巨人，而是一个拥有悠久历史、美妙音乐和传统画面的文明古国”。《柏林晨邮报》在头版刊出了北京奥运会主会场“鸟巢”的一张夜景照片，配合的文章用中德两种文字写道：“北京欢迎您”。《南德意志报》在当日的奥运专版报道了一系列德国名人对北京奥运会的期待。德国电视一台和电视二台 8 日当天交替对奥运会开幕式等现场情况进行实况转播。这两家公共电视台共播出 300 小时的奥运电视节目，为此两家电视台均向中国派出了由 300 多名报道和技术人员组成的强大报道组。此外，各数字化电视频道也播出了 600 小时的奥运专题节目。欧洲体育台则全天不间断进行奥运报道。

美国转播北京奥运开幕式也破了纪录。在节目收视阶段，全美国共有37%的电视开着，而其中22%的电视机用户都在看开幕式的录像播出。这一数据比雅典奥运会开幕式的数据多了20%，比2000年的悉尼开幕式则多了16%。《世界日报》还刊发了题为《盛世之盛事：美哉，伟哉，北京奥运!》的社论。文章说："这是一个伟大的日子，是人类文明在东方的再现，同时也见证了中国的再次崛起"，"绿色的北京、科技的北京和人文的北京，确实让千年古都再现盛世风采"。

澳大利亚《悉尼先驱晨报》称，那是一场仿佛来自天堂的开幕式，有着宇宙人、白鸽、梦幻般拍动着翅膀的精灵以及璀璨焰火的开幕式。在那飞逝的50分钟里，他们用缤纷的色彩和美妙的舞蹈，向9.1万名位现场观众和40亿世人展示了中华五千年的历史。中国给我们展示了一场融合古典与现代的盛宴。

加拿大广播公司新闻网刊登头条新闻《耀眼炫目的北京：奥运会开幕式》，对开幕式的精彩安排赞赏有加。报道说，炫目耀眼的烟火、上万名演员豪华精致的表演，五千年历史被浓缩在50分钟的演出中，无论是舞台还是演出都"令人印象深刻"。

俄罗斯国家电视台全程直播了北京奥运会开幕式盛况。现场评论员赞叹说："北京奥运会开幕式史诗般展现了中华民族的文明长卷。这是中国所独有的，不可复制的。"该台新闻频道除了直播开幕式外，还与设在北京的演播室及前方记者连线，实时报道现场情况，并约请有关专家进行点评。俄罗斯REN电视台导演埃拉佩强看着正在播出的开幕式文艺表演的画面赞叹道“太震撼了”，这位曾参加过1980年莫斯科奥运会在圣彼得堡拍摄工作的人说，“从专业角度看，奥运会开幕式的表演非常优秀，结合了现代科技和中国传统艺术，让人回味无穷”。

日本共同社发表文章称，北京奥运会是有史以来参与国家和地区以及运动员数量最多的一届奥运会，中国在国际社会树立了强大的威信，展示了自己的风采。日本NHK电视台全程转播了开幕式，男女播音员始终赞美不绝，犹如陶醉于一个文明灿烂的视觉盛宴之中。这是播音员和嘉宾的讲解：“中国做事的规模太惊人了!”“汉字的绝美被表达得淋漓尽致，书简让我们日本人觉得应该感谢中国文化才对!”“鸟巢放鸽，这是多么动人的创意”“太极拳刚柔并济，潺潺流水与鸟语花香，展现了中国天人合一的思想”。日本《读卖新闻》《朝日新闻》《每日新闻》《东京新闻》和《日本经济新闻》等各大报纸的晚版，都在头版显著位置刊登了北京奥运会开幕式的消息。日本共同社和时事社更是实时更新有关奥运会开幕式的消息，不断上传奥运会开幕式的精彩照片。

韩国联社的报道说，中国著名导演张艺谋在实现中国人百年梦想的北京奥运会开幕式上，让神话成为现实，为全世界65亿人口完美呈现了“满汉全席”——单凭观赏就能饱尝艺术之美的杰作。报道说，整个开幕式表演，始终围绕着天人合一的主题，色彩的海洋与人融为一体，精彩的表演令人目不暇接。从欢喜和感动出发，展示特色与普遍性，最后以全人类的希望结束了表演。

西班牙《先锋报》在头版刊登了标题为《北京探天，中国用悠久历史感动世界》的报道，认为北京奥运会开幕式的表演充满厚重的历史，是“中国振兴的节日”。

哈萨克斯坦《真理报》题为《北京点燃希望》的署名文章说，世界上40多亿观众目睹了奥运会开幕式盛况，特别是北京神话般的夜晚给那些有幸进入“鸟巢”的观众留下了难以忘怀的深刻印象。北京奥运会开幕式没有辜负人们的期待，甚至超出了人们的想象。这一盛况是如梦如幻的、充满激情的，向人们展开了一幅美妙的、博大精深的中国历史和文化长卷。①

2. 第29届奥运会比赛盛况

本届奥运会是奥运会历史中规模最大的一届，无论是参赛国家还是参赛人数都是最多的一届，共有204个国家和地区的奥委会派代表团参加比赛。北京与其他6个协办城市为1.6万多名运动员提供了最为出色的竞技平台，在短短的16天中圆满地完成了28个大项、38个分项、262个小项的1800多场比赛，而且场场精彩。

此外，在新闻宣传规模上也是历届奥运会上最大的一次。共有26298名注册记者和5980名非注册记者前来报道奥运会，200多个国家和地区进行了5000小时的报道和转播，转播规模是雅典奥运会的3倍，全球共有47亿人次收看收听了北京奥

① 参见《北京奥运会开幕式让世界赞叹》，新华网，http://news.xinhuanet.com/world/2008-08/09/content_9081580.htm，2008年8月9日。

运会的转播。[①]

本届奥运会的中国体育代表团由1099人组成，国家体育总局局长刘鹏为团长。代表团中运动员人数为639人，规模超出历史上各届代表团，其中469位选手为首次参加奥运会，运动员的平均年龄为22.4岁。中国代表团参加了全部28个大项、38个分项的比赛。

这届奥运会取得了令世界瞩目的成绩，共打破世界纪录38项、奥运会纪录85项，创造了奥运史上的新纪录。302块金牌被55个国家和地区分享，87个国家和地区获得了奖牌，金牌和奖牌分布面最广。

超越无止境！梦想无止境！奥运会创造了一个宽广、宽容的天地，人们同在五环旗下追寻梦想，享受快乐。无论奖牌是什么，无论有无奖牌，他们的名字都和生命的尊严、国家的自豪联系在了一起。为了梦想，他们共同站在了一个历史坐标点——北京奥运会的赛场上。

牙买加选手尤塞恩·博尔特在本届奥运会径赛中独得三枚金牌，即以9秒69的成绩打破了他本人保持的男子100米的奥运会纪录和世界纪录，这是牙买加人首次摘得奥运会百米飞人大战的冠军；在200米决赛中，博尔特又以19秒30的成绩夺得金牌，打破了由美国田径选手迈克尔·约翰逊已保持12年的19秒32的世界纪录，成为同时获得100米和200米冠军的选手；其后有博尔特参加的牙买加队在男子4×100米决赛

① 《奥运会成功是中国人民的伟大胜利——访北京奥组委主席刘淇》，《人民日报》2008年9月20日，第4版。

中以 37 秒 10 的成绩再夺金牌，并打破了该项目的世界纪录。

在田赛赛事的比赛中，俄罗斯运动员叶连娜·伊辛巴耶娃将其本人保持的世界纪录再次打破，并卫冕该项目的冠军，这是伊辛巴耶娃第 24 次刷新该项目的世界纪录，伊辛巴耶娃也成为第一个蝉联奥运会撑竿跳项目桂冠的运动员。

在游泳比赛中，美国选手菲尔普斯获得 100 米蝶泳、200 米蝶泳、200 米混合泳、200 米自由泳、400 米混合泳、4×100 米混合泳接力、4×100 米自由泳接力、4×200 米自由泳接力共 8 枚金牌，并 7 次打破了世界纪录，成为本届奥运会上获得金牌最多的运动员。至此，菲尔普斯累计已获得了 14 枚奥运金牌，他因此亦成为历史上获得奥运会金牌最多的运动员。①

女子 800 米自由泳纪录是现存“最古老”的游泳世界纪录，于 1989 年创造，在本届奥运会上被英国选手丽贝卡·阿德林顿以 8 分 14 秒 10 的成绩改写。

西非国家多哥是一个面积只有 5 万多平方公里的小国，它的单人皮艇选手获得了这个项目的铜牌。站在领奖台上，当自己的国旗冉冉升起的时候，布克佩蒂比冠亚军还要兴奋，因为他赢得的不仅是一块奖牌，而是一个历史起点——这是多哥历史上的第一枚奥运奖牌。

叶尔努尔·马马德利在柔道比赛中，为阿塞拜疆赢得奥运会历史上的首枚金牌。他让世界倾听到他的国家的国歌，瞩目于他的国家国旗升起。

---

① 个人夺得奥运会金牌数最多的纪录为 9 枚，由芬兰田径运动员在 1928 年创造。

8 月 11 日，当宾德拉登上射击冠军领奖台时，印度举国欢腾。他的祖国为此等待了 88 年！印度总统帕蒂尔称赞宾德拉是印度的骄傲，实现了 11 亿印度人民的梦想。

对奈丹·图布辛巴亚尔来说，8 月 14 日是一个梦幻之夜！他成为蒙古国首位奥运金牌得主！一位蒙古国记者告诉他："现在蒙古全国的大街小巷都挤满了为你祝贺的人！"从 1964 年开始参加奥运会，44 年的金牌梦想，终于成真，蒙古国人将永远记住这位英雄的名字。

和平环境下的人们很难想象，对于饱受战乱之苦的伊拉克运动员来说，能够站在北京奥运会赛场上就已经是一个悲喜交集的梦想！当 7 月 24 日国际奥委会宣布取消伊拉克参加北京奥运会资格的消息传来时，达娜等 7 名伊拉克运动员失声痛哭。战乱已经使这个国家的上百位运动员丧生，他们梦想着自己能像其他运动员一样享受弥足珍贵的欢乐和尊严。5 天后，国际奥委会最后决定允许伊拉克参赛。达娜喜极而泣！她接受记者采访时说："无论比赛结果如何，我都会哭的。从我练习跑步的第一天开始，我就梦想着有朝一日出现在奥运会赛场上。"①

中国代表团在本届奥运会上亦取得了骄人的战绩。中国队在参加的 25 个大项中共获奖牌 100 枚，在 16 个大项上（上届为 14 项）获得 51 枚金牌，其中在蹦床、射箭、赛艇、帆船、拳击等项目上我国第一次加入金牌团队，夺金面和夺牌面均是所有国家中最多、最广的。

① 《北京奥运，让多少梦想成真》，新华网，http://news.xinhuanet.com/politics/2008-08/21/content_9565593.htm，2008 年 8 月 21 日。

在传统优势项目上，中国队的强势全部得到了巩固和强化。我国在体操、举重、跳水、射击、乒乓球、羽毛球和柔道这 7 个传统优势项目上共新增金牌 16 枚，这是中国金牌登顶的主要推力。此外，有 6 个大项实现金牌“零”的突破，小项突破点有 63 个，其中 21 项获得金牌，11 项获得奖牌。为了表彰中国代表团在北京奥运会上取得的优异成绩，中国代表团获得了 2009 年劳伦斯世界体育奖的最佳团队奖[①]殊荣。

中国运动员在本届奥运会上不畏强手、顽强拼搏的精神亦给人们留下了深刻的印象。8 月 10 日，我国游泳名将张琳在 400 米自由泳中获得该项目的银牌，实现了中国男子游泳运动员奥运会比赛奖牌零的突破。

8 月 12 日，仲满赢得男子个人佩剑冠军。从 1984 年到 2008 年经历 24 年漫长等待，中国终于书写出剑坛王者崛起的新篇章。

8 月 13 日，在女子体操团体比赛中中国队击败美国队，获得中国体操史上第一个女团奥运金牌。

8 月 13 日，刘春红卫冕举重女子 69 公斤级决赛，同时打破该项目 3 项世界纪录!

8 月 14 日，中国选手张娟娟在射箭女子个人比赛中连克强

① 劳伦斯奖由戴姆勒克莱斯勒和里希蒙两家大公司创办。一年一度的劳伦斯世界体育奖是唯一全球性的体育颁奖仪式。首先是由来自世界上 75 个国家和地区的 400 名资深体育记者组成的评选团为每个奖项提名 5 位个人或者团体作为候选人。然后再由劳伦斯体育学院 41 名成员投票选出最后的获奖者。选票由独立的核算单位普华公司计数，然后由劳伦斯世界体育学会选出得主。劳伦斯体育学院是由各体育项目中最杰出的并已退役的明星运动员组成，每名成员的背后都有一串辉煌的历史性成绩，这大大提高了劳伦斯奖的分量。前中国乒乓球名将邓亚萍现在就是体育学院的成员。

敌摘得金牌，实现了中国队在奥运会射箭比赛中的历史性突破。

8月15日，在女子75公斤和男子85公斤两个级别的比赛中，曹磊和陆永先后夺冠。曹磊帮助中国女举第一次摘得这个级别的奥运金牌，实现了中国女举在奥运会所有级别夺金的“大满贯”；陆永改写了中国男子大级别选手从未获得奥运金牌的历史。

8月20日，北京奥运会女子帆板RS：X级比赛金牌产生，中国选手殷剑夺冠，实现中国该项目金牌零的突破。

杜丽在未能夺取首金的情况下，经历了三天战胜自我的艰难过程，终于在女子50米步枪3×20项目上捍卫了荣誉。女子举重运动员刘春红在比赛中并不满足于金牌，不断冲击顶峰，五创世界纪录，可谓本届奥运会之经典。女子柔道运动员佟文在比分落后的情况下不急不躁，耐心寻找战机，在最后15秒内上演了“一本”好戏，登上了荣誉殿堂，延续了这一级别的优势。杨威为夺取个人全能金牌已艰苦准备了8年，终于成为当之无愧的“全能王”……正是数代中国体育人团结一致、不懈追求的努力造就了今天的辉煌。

在取得成绩的同时我们也应看到，由于优势项目的潜力挖掘已接近极限，而在奥运会核心大项的田径、游泳、水上项目以及三大球等项目上，我国与世界强队相比仍然存在着明显差距，因此，“北京大捷”在今后的一个时期内，将是一个标志性的顶峰。

3. 第29届奥运会闭幕式

经过16天紧张激烈的比赛，8月24日晚8时整，北京奥运会闭幕式正式开始。国家体育场上空首先用焰火打出寓意第29届奥运会的“29”来进行倒计时，同时在鸟巢大屏幕上出现了本届奥运会的花絮镜头。当倒计时至零秒时，鸟巢棚顶一圈焰火瞬间喷发，在空中形成一个巨大的圆。

闭幕式的文艺演出以相聚、记忆为主题。在悠扬的乐曲声中，记录北京奥运会一个个难忘瞬间的画卷，在体育场上方的展示屏上依次打开，然后慢慢卷起。8月8日、8月9日、8月10日……当8月24日的画面被卷起，北京奥运会主题歌《我和你》的动人歌声再次响起，熊熊燃烧了16天的奥运圣火渐渐熄灭。同一时刻，北京市的18个区县燃放起绚丽的焰火。天安门广场上空，一朵朵绽放的礼花汇聚成耀眼璀璨的巨圆，象征着北京奥运会圆满成功。

北京为奥运会所付出的努力得到了国际奥委会官员和各国媒体的肯定。国际奥委会主席雅克·罗格说：北京奥运会是“真正的无与伦比的体育盛会”。“在这样美丽的国家，有如此出色的人民”，“你们的付出造就了一届世界级的体育盛事，你们的热情好客向世界证明了中国能够为体育、友谊和奥林匹克精神做出贡献。”① 国际奥委会终身名誉主席萨马兰奇表示，“这是有史以来最好的一届奥运会，所有的中国人民都积极地参与了进来”。美国哥伦比亚广播公司在闭幕式报道中直接写

① 《雅克·罗格：感谢你，中国》，《人民日报》2008年8月25日，第8版。

道：北京奥运会的唯一“不足”是今后的奥运会开幕式、闭幕式和这一次相比都会相形见绌。美国全国广播公司记者在自己的博客中说，离开中国和北京让记者非常难过，他非常荣幸能一起经历一场真正与众不同的奥运会。[1] 北京奥运会以其伟大的成功向世界人民奉献了一份厚礼，既圆了中华民族百年之梦，也实现了“同一个世界　同一个梦想”的理想。

（二）成功举办第 13 届残奥会

1.“两个奥运，同样精彩”

在《申办报告》中，北京奥运会组委会提出将承办第 29 届夏季奥运会和第 13 届残疾人奥运会。中国在赢得了第 29 届奥运会的主办权后，北京奥组委就成为第一个同时承办两个奥运会的组委会，在此后的筹备工作中，北京奥组委以“两个奥运，同样精彩”为目标，成功举办了第 13 届残奥会。

2008 年 9 月 6 日晚 8 时，第 13 届残奥会的圣火再次在国家体育场点燃。参加开、闭幕式文艺演出的演员大部分是残疾人，他们以饱满的精神、精湛的技艺呈现出两场优美、感人的文艺表演。尤其是在 2008 年 5 月 12 日的汶川地震中失去左腿的 12 岁芭蕾女孩李月坐在轮椅上的表演感动了所有人，灾害并不能夺走孩子美丽的梦想。中国残疾人艺术团的 100 名聋人舞蹈家，用他们的双手成全了小李月的梦想。李月说：“我将来还要当舞蹈家，我不会放弃这个梦想”。另一个感人的画面

① 《“这是最成功的一届奥运会”——北京奥运会闭幕之际收获世界舆论的赞誉》，《人民日报》2008 年 8 月 25 日，第 6 版。

是迄今为止最大型的聋人舞蹈——《星星你好》，舞蹈是由来自全国各地的320名听障姑娘，在场地四周的49名手语教师的带领下，用手语和肢体语言演绎了一段浪漫的故事："今夜的星星比任何时候都要多，我在星光下显得格外美丽……"这一幕《星星你好》留给了很多人无法磨灭的震撼。

2. 残奥会赛事

第13届残奥会共有147个国家和地区的4000多名运动员参加20个大项的比赛，除了设在青岛的帆船赛场和香港的马术赛场两个分赛场外，其他赛场均设在北京。在9月7～17日的11天比赛中，运动员们共刷新了279项残疾人世界纪录和339项残奥会纪录。[①] 本届残奥会也吸引了世界的目光，有48位国际贵宾出席了残奥会的开、闭幕式，有6626名记者报道了本届残奥会，电视转播时间达到了1000多个小时，这些都创造了残奥会历史之最。

第13届残奥会的中国体育代表团共由332名运动员组成[②]，他们参加了全部20个大项的比赛，共获得金牌89枚、银牌70枚、铜牌52枚，奖牌总数达到211枚，位列金牌榜、奖牌榜第一。英国和美国分别以42金、29银、31铜和36金、35银、28铜的成绩分列第二、第三名。中国香港代表团取得了5金、3银、3铜的好成绩，而中国台北代表团也有1金1铜入账。

① 《奥运会成功是中国人民的伟大胜利——访北京奥组委主席刘淇》，《人民日报》2008年9月20日，第4版。

② 中国代表团的332名运动员全部是业余选手，他们是经过多次选拔赛进入中国残奥代表团的，进入代表团后，又进行了相对集中的训练。残奥会后他们仍将返回各自的工作、学习岗位。

中国代表团在田径、游泳、乒乓球、举重等传统优势项目上仍继续保持领先，共获得了72枚金牌；在赛艇、盲人门球、竞速轮椅等项目上实现了首次夺金；在集体项目上也取得了重大突破，盲人足球队获得5人制足球项目亚军①；坐式排球女队5战全胜，成功卫冕；坐式排球男队也打出了历史最好成绩。

热情友好的中国观众亦给残奥会运动员留下了深刻的印象。南非选手奥斯卡·皮斯托瑞斯，在本届残奥会上拿到了男子T44级别的100米、200米和400米3块金牌。当他站在鸟巢的红色跑道上时，全场的几万名观众几乎都站起来为他鼓掌，赛后皮斯托瑞斯说："非常多的人为我鼓掌，我觉得运动员就是为这些人存在的"，"有几万名观众为你喝彩，你很难表现不出色。"瑞典轮椅篮球队、伊朗7人制（脑瘫）足球队等都曾在赛场上打出"谢谢中国"的标语，伊朗足球队队员说："这个条幅主要表达了我们对中国的感情，因为中国人民在这几天的比赛中对我们太热情了。"

正是在北京奥组委的精心组织下，在全国人民的积极参与下，第13届残奥会得以完美呈现，北京以自己的表现深深感动了世界，世界由衷地感谢中国。

国际残奥委会主席菲利普·克雷文对北京残奥会的筹备、组织工作给予了高度评价，他在残奥会结束后的新闻发布会上说："本届残奥会非常精彩，非常成功"，"我们能看到关于北京残奥会的大量报道，以前没有做到的，北京做到了"。"我们

① 本届残奥会足球只设男子项目。

希望世界上所有国家在残疾人事业发展方面能够以中国为榜样”。[①] 他表示，“两个奥运，同样精彩”，为此“我也想感谢中国政府、北京市政府、北京奥组委以及残奥会的三个赛区的所有有关人员，感谢你们”。

三、北京奥运会的丰富遗产

◎促进了北京公共基础设施的发展

◎兑现“绿色奥运”承诺，国际奥委会在第八届世界体育与环境大会上，向北京颁发了首枚体育与环境奖

◎北京奥组委收支结余超过10亿元

◎奥运转播，也让世界看到了一个真实的中国

◎170多万名志愿者成为北京最好的名片

奥运会闭幕后国际奥委会主席雅克·罗格在接受人民网采访时说：“北京奥运会将留下不少精彩的遗产：促进了北京公共基础设施的发展和环境保护工作，让中国的年轻一代变得更加自信，中国的体育事业得到更加积极的发展，国际社会对中国的认同不断增加，等等。”罗格的这一总结简练地道出了奥运会留给我们的丰富遗产。

① 《克雷文：北京残奥会精彩成功　世界应以中国为榜样》，北京2008年残奥会官方网站，http://www.cdpf.org.cn/2007special/2008paralympic/content/2008－09/18/content_30099167.htm。

（一）促进了北京公共基础设施的发展和环境保护工作

1. 促进了北京公共基础设施的发展

为了举办奥运会，北京加大了对公共交通的财政投资力度，加快轨道交通建设，进一步优化交通线路。北京从 1965 年到 2001 年的 36 年间，仅建设了 42 千米的地铁，地铁总里程只有 54 千米。到 2008 年奥运会前，北京用短短的 7 年时间即建成并投入使用了地铁 13 号线、八通线、5 号线、10 号线、奥运专线和机场专线等轨道交通线路，使北京的轨道交通总里程达到了 200 千米，轨道交通已形成了贯通南北、东西的交通网络。与此同时，北京还加强了地上公共交通网络的建设，使公共交通发挥出更大的作用。

在这 7 年间，北京除了修建起一批体育设施外，还修建了一批基础设施，如新建了北京 T3 航站楼、国家大剧院，改扩建北京火车站南站，对快速路网进行建设，等等。这些基础设施的建成和投入使用，使北京多个领域的面貌得以完善，人们的生活更加方便、更加丰富多彩。

2. 环保工作取得显著成绩

为了兑现“绿色奥运”承诺，北京实施了 14 个阶段的多项控制大气污染措施，开展了燃煤污染、机动车排放、施工道路扬尘、工业污染等 4 个方面的治理工作，使空气质量明显提高，空气达标天数由 1998 年的 100 天提高到了 2007 年的 246 天，空气中的二氧化硫、二氧化碳和一氧化氮等大气污染物质全年达到了国家标准。与此同时，还加大了绿化北京的力度，到2006年底，全市林木覆盖率达到51%，城市绿化覆盖率达到42.5%；到2007年底，山区林木覆盖率达到70.49%，提前实现了申奥时的绿色承诺。此外，国家还实施了京津风沙源治理工程，通过治理，京津工程区流动沙地减少了3.5万公顷，半流动沙地减少了16.5万公顷，地表起沙得到有效遏制，森林覆盖率由30.65%提高到35.5%。城市河湖水环境基本得到还清，实现了三环碧水绕京城的河道整治规划。此外，在食品安全、城市环境整治、无障碍设施建设等方面，都取得了很大的进展。通过上述的一系列措施，北京的天更蓝了，水更清了，人们的环境保护意识同时得到了加强。

为了表彰北京在"绿色奥运"中取得的巨大成就，2009年3月30日，国际奥委会在第八届世界体育与环境大会上，向北京颁发了首枚体育与环境奖①。

（二）促进了中国与世界的交流

参加奥运会和残奥会开、闭幕式的国际贵宾分别为110多位和48位，同时接待如此众多的国际贵宾成为新中国成立以来外交史上规模最大的一次外交盛会。此外，通过奥运转播，也让世界看到了一个真实的中国。英国《卫报》记者布尔说："抱持开放的心态从未像现在这般重要"，"我对北京的想法落伍至极"，"现代中国正向世界展示自己，我们必须接受亲身经

① 为鼓励和表彰奥林匹克运动中涌现出的优秀环境保护活动，国际奥委会2007年决定设立体育与环境奖，并在第八届世界体育与环境大会上首次颁发，每大洲一个奖励名额。

历的现实，而不是固守别人灌输给我们的昔日中国的概念，或是抱持我们一厢情愿的想法。”法国前游泳运动员斯特凡尼·迪蒂耶也对记者说：“尽管在此前存在诸多争论，但是从北京奥运会开幕到闭幕，无论是世界各国运动员，亲临现场的游客，还是电视机前的观众，所有的人都不得不承认，这是奥运历史上最为成功的一届奥运会。”

特别值得一提的是，在奥运会和残奥会期间服务的170多万名志愿者也给世人留下了深刻的印象，他们用自己的汗水和努力赢得了广泛的赞誉，成为北京最好的名片。奥委会主席罗格说：“我们所有因奥林匹克而来到中国的人，都对奥运会志愿者和中国人民的微笑和友好印象深刻。”国际残奥委会主席克雷文在闭幕式致辞中称赞北京残奥会的志愿者“出类拔萃”。联合国将“卓越志愿服务组织奖”授予了北京志愿者协会，这是联合国首次将该奖项颁发给一个组织。

在整个奥运会、残奥会期间，国内外各大媒体纷纷报道北京奥运会的志愿者工作，赞誉不断。一位参加过几届奥运会的资深记者写道：“历届奥运会都有志愿服务，但中国的志愿者令人耳目一新。他们比以往任何国际赛事的志愿者都要热情。这里的志愿服务是我们见过的最好的服务。”墨西哥媒体感叹道：“正是他们促成了北京奥运会的成功，他们不仅仅感动了运动员，也感动了世界。”英国《泰晤士报》记者巴恩斯说：汗流满面的青年志愿者发自内心的微笑，“这些年轻人正是中国普通民众的一个缩影：愉快地生活，自豪地面对世界”。

志愿者以他们的行动将热情、友好、勤勉和乐于奉献的中国传统美德展现在世界人民的面前，为国家赢得了尊严、赢得了友谊，而志愿服务也在奥运会后得到广大中国民众的认同，正逐步形成志愿服务这一新的社会风尚。

（三）北京奥组委收支结余超过10亿元

根据2009年6月19日审计署发布的北京奥运会财务收支和奥运场馆建设项目跟踪审计结果，北京举办的这样一届“有特色、高水平”的“真正的无与伦比的体育盛会”所花费的实际收支数、后续应实现收入和待结算支出的统计结果显示，北京奥组委收入达到205亿元，支出达到193.43亿元，收支结余超过10亿元。按固定汇率计算，北京奥组委的支出规模不仅低于上届奥运会，同时也低于下届奥运会的预算规模，因此，北京的奥运会不是一届最昂贵的奥运会。

成功举办北京奥运会标志着中国进入了一个新的时代，北京奥运会将成为一个重要的里程碑，它让世界了解了中国和中国文化，也让中国走向了世界。

第四章

两岸“三通”和平发展

奥运腾飞——2008 年的中国

这是一个让两岸同胞铭记的日子。2008 年 11 月 4 日，海协会会长陈云林与海基会董事长江丙坤在台北达成了海运、空运、邮政、食品安全四项重要协议。这意味着两岸民众期盼已久的直接通航、通邮、通商即将变成现实。

这是具有里程碑意义的一天。2008 年 12 月 15 日 10 时 20 分，高雄港第五货柜中心 79 号码头，长荣海运"立敏轮"鸣笛起航，驶往天津。这是 60 年来第一艘从高雄直航大陆的台湾航船。也是在这一天，北京的八旬老人郑坚投出了发往台湾的第一封直邮家书……

从此，银燕展翅、百舸争流、鸿雁传书——随着两岸空运、海运直航和直接通邮的同步实施，"三通"终于在这一天从梦想变成了现实，两岸同胞从"咫尺天涯，重重阻碍"走到了"天涯咫尺，处处机缘"。

一、两岸关系迎来难得发展机遇

◎中国国民党副主席江丙坤率领的中国国民党参访团踏上了大陆的土地，展开了"缅怀之旅""经贸之旅"

◎承认"九二共识"的国民党候选人马英九赢得台湾执政权，岛内局势发生了重大积极变化

◎"度尽劫波兄弟在，相逢一笑泯恩仇"

◎在两岸高层的互动推进下，两岸协商得以重启

两岸“三通”是海峡两岸之间双向的直接通邮、通商与通航的简称。

在1949年以后的30多年间，由于海峡两岸处于对峙状态，两岸人员往来和通邮、通航、通商全部中断，骨肉同胞“咫尺之隔，竟成海天之遥”。两岸“三通”这一历史性突破整整经历了近60年的时间，承载着祖国大陆几代人的不断努力。

1979年元旦，全国人大常委会发表的《告台湾同胞书》首倡两岸“双方尽快实现通邮、通航”，“发展贸易，互通有无，进行经济交流”。此后，大陆有关部门先后公开表示，随时准备和台湾有关方面就两岸通邮、通航、通商问题进行协商，并为两岸“三通”提供一切方便。同年，大陆方面正式开办对台平信、挂号信函、电报和电话业务，对台湾产品开放市场，并给予免税、减税等优惠措施。

1981年9月30日，时任全国人大常委会委员长叶剑英在新华社发表谈话时，呼吁两岸“双方共同为通邮、通商、通航、探亲、旅游以及开展学术、文化、体育交流提供方便，达成有关协议”，是大陆首次明确提出“三通”概念，之后大陆就“三通”问题提出了“一个中国、直接双向、互惠互利”的基本原则。从此之后，大陆有关方面和两岸同胞一道，排除种种干扰和破坏，不断推动“三通”进程。1987年11月，台湾当局宣布开放台湾同胞赴大陆探亲，受到大陆方面的欢迎，长达38年之久的两岸同胞隔绝状态开始打破。这个消息公布之

后，一时之间，台湾岛内外心头压抑多年的亲情不断涌动，许多感天动地的场面，至今还令人难以忘怀。据媒体报道，台湾开放民众赴祖国大陆探亲时，在厦门的“整个和平码头弥漫着激动而又感伤的气氛，处处可见亲人相见抱头痛哭的场景”。能不哭吗？“掉头一去是风吹黑发，回首再来已雪满白头”。海峡呜咽，为骨肉情，为离别苦。从此“探亲”“寻根”成了许多年流行于两岸之间最炙热的词。

随着台湾同胞到大陆探亲潮的涌现，许多台湾同胞看见祖国大陆在改革开放的政策推动下，生机勃勃，商机无限，因此就干脆在大陆投资兴办企业。1988年7月，国务院颁布《关于鼓励台湾同胞投资的规定》，成为对外开放以来专门鼓励台商投资的第一个单行行政法规。它迅速、及时、准确地向广大台胞传递了祖国大陆真诚欢迎他们来开展投资经营活动的信息，为进一步推动两岸关系的稳定、健康发展奠定了一个坚实的基础。

大陆采取的一系列措施，积极推动了两岸人员往来和经贸交流的发展。据统计，到1994年底，台湾同胞在大陆的投资项目累计达3万多项、协议台资金额超过300亿美元，其投资金额和项目仅次于港澳地区在大陆的投资，超过了世界两个经济大国美国和日本在中国的投资。为了保护、鼓励台湾同胞投资，促进海峡两岸的经济发展，1994年3月，全国人大常委会通过了《台湾同胞投资保护法》，从法律层面向台商充分显示了祖国大陆对台商投资的重视及对于台商投资予以鼓励和保护的诚意和善意，从而掀起了台湾同胞投资的新一波热潮。

到1998年底，台商对祖国大陆投资项目累计超过4万件，台资协议金额突破400亿美元，实际利用台资金额突破200亿美元，祖国大陆成为台湾对岛外投资最多的地区，占其对岛外投资总额的40%以上。

1999年12月5日，《台湾同胞投资保护法实施细则》（以下简称《实施细则》）以国务院第274号令签署发布，并自发布之日起施行。《实施细则》的施行无疑使祖国大陆保障台商投资的法律体系更臻完善，体现了祖国大陆在发展两岸关系特别是经贸关系过程中，不以政治分歧干扰两岸经贸交流和经济合作，依法切实保护台商的一切正当权益，受到了岛内及港澳各界尤其是工商界的广泛欢迎。《香港商报》评论《实施细则》维护台商权益，推进两岸合作。台湾舆论指出，《实施细则》是当时大陆涉台法规中对台商"待遇最优惠"的补充法令，更着重于保护台商合法权益。旅港台湾工商团体对《实施细则》亦予以充分肯定，认为有利于台商投资大陆，有利于两岸经贸往来发展。

与此同时，伴随着两岸经贸关系的发展及人员往来的增多，两岸"三通"得到了进一步发展。

1989年，两岸邮件总包互相直封并经香港转运，台湾方面通过第三地开通对大陆电报和电话业务。

1993年4月，海协会与海基会签署《两岸挂号函件查询、补偿事宜协议》，两岸邮政部门正式互办挂号函件业务。

1996年，中国电信与台湾"中华电信"建立两岸直接电信业务关系。1997年4月，福州、厦门和高雄间的海上试点直航开始运行。

1998 年 3 月，两岸定期集装箱班轮航线开通，运输两岸货物的船舶经第三地换单不换船航行两岸港口。

2000 年，正当两岸“三通”顺利推进的时候，陈水扁在台湾地区领导人选举中获胜，陈水扁当局出于政治目的阻挠两岸实现“三通”，使得双向、直接、全面的“三通”迟迟无法实现。

2003 年春节期间，为便利台商返乡过年，大陆方面批准台湾 6 家航空公司共 16 架次包机，从台北、高雄经停港澳至上海往返接送台商。这是 50 多年来台湾航空公司的飞机首次循正常途径停降大陆机场，也是两岸之间首次台商春节包机。2004 年，陈水扁当局坚持不合理的“单向单程”主张，两岸春节包机未能实施。2005 年，第二次台商春节包机成功实施，大陆民航客机完成了 56 年来的首次赴台飞行。两岸航空公司实现了“共同参与、双方对飞、双向载客，多点、不中停第三地”等一系列重大突破，但搭载对象仍仅限于台商及眷属，在大陆就学及生活的台湾学生和其他台胞不包括在内。2006 年，在大陆的积极推动和台湾有关部门的努力下，两岸客运包机从原来的春节包机扩大到清明、端午、中秋、春节四个主要民间传统节日期间的两岸包机，搭载对象扩大到所有持有效证件的台湾居民。2007 年起又扩及“紧急医疗救援包机”和货运包机。

2008 年 3 月 22 日，承认“九二共识”的国民党候选人马英九赢得台湾执政权，岛内局势发生了重大积极变化。

面对这一新形势，新一届中央领导集体审时度势，积极促成两岸两会重启协商，对两岸关系的改善、发展，以及两岸和平发展框架的建构发挥了重要作用。

其实早在2002年中共十六大以后，新一代中央领导集体就一直致力于改变两岸“经热政冷”的局面，积极推进两岸政党交流，这一努力在2005年取得了突破性进展。

2005年3月28日，冰冻已久的台湾海峡，终于传来了“破冰”的声响。中国国民党副主席江丙坤率领的中国国民党参访团踏上了大陆的土地，展开了“缅怀之旅”“经贸之旅”。28日，江丙坤一行抵达广州，29日转抵南京，30日和31日在北京访问。在京期间，全国政协主席贾庆林会见了江丙坤一行，并于30日晚间举行了两党工作会谈。在大陆访问期间，江丙坤等参访了黄花岗、中山陵等与国民党早年历史有关的重要史迹，虽然访问只有短短4天的行程，却圆了国民党一个56年的梦，还给岛内民众带回了一份厚重的“礼物”：达成12项初步成果。与此同时，贾庆林代表中共中央和胡锦涛总书记向连战发出了访问大陆的邀请；中台办主任陈云林表示欢迎亲民党组团来访，欢迎宋楚瑜在他认为方便的时候来大陆访问。

4月26日，时任中国国民党主席连战率领的中国国民党参访团抵达南京，开始万众瞩目的“和平之旅”，连战一行访问了南京、北京、西安、上海四个城市。“度尽劫波兄弟在，相逢一笑泯恩仇”。4月29日下午，中共中央总书记胡锦涛在人民大会堂会见了中国国民党主席连战。两人的这次握手，是时隔60年两党最高领导人的历史性握手。会议谈时，胡锦涛总书记提出了“建立互信、搁置争议、求同存异、共创双赢”的

“十六字方针”，呼吁两岸双方在“九二共识”的基础上尽早恢复两岸协商谈判，务实解决各种问题，切实为两岸同胞谋福祉，为台海地区谋和平。会谈后，双方共同发布了包括促进尽快恢复两岸谈判、达成和平协议、建立两岸经济合作机制、促进协商台湾民众关心的参与国际活动的问题以及建立党对党定期沟通平台在内的五项共同愿景。大陆同时宣布向台湾同胞赠送一对象征和平团结友爱的大熊猫，开放大陆居民赴台旅游，扩大开放台湾水果准入等三份大礼。

国民党代表团刚刚离开大陆，5 月 5 日起，亲民党主席宋楚瑜率亲民党大陆访问团又开始了为期 9 天 8 夜的大陆访问行程，被称为“搭桥之旅”。5 月 12 日下午，胡锦涛总书记在北京亲切会见了亲民党主席宋楚瑜一行，两党对两岸问题形成了这样的基调：两岸是一家人，我们都是炎黄子孙；必须坚持一个中国原则不动摇；同时反对“台独”的立场应更加坚定。在此前提之下，推动两岸的沟通和了解。不同于国民党的是，亲民党是一个在台湾岛内成立、成长起来的政党，与中国共产党并无历史渊源。因此，宋楚瑜主席率亲民党访问团踏出的访问大陆第一步，既是 2005 年中国共产党与中国国民党历史性交流的继续，又是海峡两岸政党交流与交往的又一个新起点。

同年，在纪念抗战胜利 60 周年之际的 7 月 6～13 日，新党主席郁慕明率团访问大陆，郁慕明一行被称为“民族之旅”。1990 年后郁慕明曾多次来到大陆，但不同以往，这一次是为了纪念抗战胜利 60 周年，不是站在政党或个人的角度，而是站在中华民族的立场上。在一周的访问期间，郁慕明及访问团全体成员所表现出的民族情感令人感动。新党所秉承的“一个中国、和平统一”的政治理念也符合和代表着两岸关系未来发展的大方向和大趋势。

此后，两岸之间的党际交流愈加密切、频繁，并富有成效，为两岸“三通”的实现奠定了坚实的基础。

2008年5月20日，马英九宣誓就职，正式就任台湾地区第十二任领导人。随着国民党重新上台执政，两岸迎来了难得的发展机遇，两岸关系逐步迈入和平发展轨道。

在马英九当局承认“九二共识”和坚持一个中国原则的基础上，已经当选台湾地区领导人之一的萧万长，以“两岸共同市场基金会董事长”身份参加了2008年4月的博鳌论坛。这是大陆在处理台湾参与国际组织活动的一大创举。4月12日，中共中央总书记胡锦涛在博鳌会见了萧万长率领的台湾两岸共同市场基金会代表团一行，双方就两岸经济交流合作问题交换了意见。

5月28日，胡锦涛总书记在北京会见中国国民党主席吴伯雄和他率领的中国国民党大陆访问团全体成员。胡锦涛表示，吴主席首次以国民党主席的身份率团来访，是新形势下国共两党关系和两岸关系的一件大事，是两岸关系改善和发展的重要标志。我们应该在“九二共识”基础上尽快恢复海协会和海基会的交往协商，通过平等协商务实解决两岸间的有关问题。当前应尽快恢复海协会和海基会的交往协商，解决当前两岸同胞最为关心的两岸周末包机、大陆居民赴台旅游问题。只要双方共同努力，这两件事完全可以在最短时间内办成、办好。

吴伯雄表示，两岸关系拨云见日、雨过天晴、建立互信、创新合作的时刻已经来临，台湾的主流民意期待两岸关系走向善意互动。国民党已经将 2005 年 4 月国共两党领导人共同发布的“两岸和平发展共同愿景”正式列入党的政纲，这不仅是对台湾民众而且是对两岸同胞做出的承诺。他这次来访，要特别强调国民党将一如既往继续加以推动落实，期盼两岸在“九二共识”基础上搁置争议、追求双赢，希望中断多年的两岸协商尽快恢复。

在两岸高层的互动推进下，两岸协商得以重启。

6 月 11～14 日，海峡两岸受权民间团体大陆海协会与台湾海基会在北京举行首度复谈。6 月 13 日，胡锦涛总书记会见了前来参加两会协商的台湾海基会董事长江丙坤和海基会代表团成员。胡锦涛在会见时指出，海协会和海基会在“九二共识”的基础上恢复商谈并取得实际成果，标志着新形势下两岸关系的改善和发展有了一个良好开端，表明两岸双方有智慧、有能力通过协商谈判解决有关问题，造福两岸同胞。胡锦涛进一步表示，两岸比以往任何时候都更有条件携手合作、共同发展。协商谈判是实现两岸关系和平发展的必由之路。世界上不同国家、不同民族尚且能够通过协商谈判化解矛盾、解决争端、开展合作，两岸同胞是一家人，更应该这样做，而且应该做得更好；希望两会今后在商谈中做到平等协商、善意沟通、积累共识、务实进取。

国共两党加强交流、良性互动，是大陆对台政策及台湾岛内民意共同驱动的结果，不但使两岸互动格局彻底得到改变，也为大陆贯彻落实“寄希望于台湾人民”的方针提供了新的着力点和突破口，对国共交流平台的固定化、制度化和机制化具有重要的促进作用，对增进国共两党互信，建设性地推动两岸关系和平发展具有不可替代的重要作用。

2008年12月31日，胡锦涛总书记在纪念《告台湾同胞书》30周年座谈会上发表了题为《携手推动两岸关系和平发展　同心实现中华民族伟大复兴》的重要讲话。他指出，1949年以来，大陆和台湾尽管尚未统一，但不是中国领土和主权的分裂，而是20世纪40年代中后期中国内战遗留并延续的政治对立，这没有改变大陆和台湾同属一个中国的事实。两岸复归统一，不是主权和领土再造，而是结束政治对立。他强调："两岸在事关维护一个中国框架这一原则问题上形成共同认知和一致立场，就有了构筑政治互信的基石，什么事情都好商量"。在座谈会上胡锦涛还首次提出"对台湾参与国际组织活动问题，在不造成'两个中国'、'一中一台'的前提下，可以通过两岸务实协商做出合情合理安排"①。胡锦涛的讲话是对一个中国内涵的再次丰富和发展。

新一届中央领导集体对一个中国原则的继承以及对一个中国内涵的丰富与发展，既体现了我党对台政策的一贯性，也展现了大陆对台湾同胞的宽广胸怀以及对两岸现状的深刻认识，有利于争取台湾民心，最大限度地推动两岸关系的和平发展。

总之，建构和平发展的两岸关系是新一代中央领导集体在推动对台工作、统领两岸关系发展和祖国统一进程的一个核心概念，

① 《站在新起点　开创新局面——专访中共中央台办、国务院台办主任王毅》，《人民日报（海外版）》2009年1月19日。

是大陆制定新时期对台政策的根本思路和指导今后对台工作的科学发展观。它极大地丰富了我党和平统一思想的内涵，标志着大陆对台政策的重大理论创新和深化，为推动两岸关系和平发展，进而早日实现两岸统一营造了有利的两岸环境和国际环境。

二、两会重启协商及其制度化发展

◎7月4日，两岸首批周末包机直航台湾，正式开启了“周末包机直航”和“大陆居民赴台旅游”

◎当飞机滑行速度放缓后，等候在停机坪上的消防车向飞机喷水致意。一位60多岁的北京游客说：“这是在为我们洗尘啊!”

◎2008年12月23日下午，大陆赠予台湾的大熊猫“团团”“圆圆”安抵台湾

◎二次“陈江会”与两岸“三通”协议的签订

随着两岸两会制度化协商的不断进展，两岸“三通”水到渠成。2008年两岸关系的改善，尤其是两岸两会重启协商为两岸“三通”的尽快实现奠定了基础。

（一）首次“陈江会”及《海峡两岸包机会谈纪要》和《海峡两岸关于大陆居民赴台湾旅游协议》的实施

2008年5月26日和6月3日，大陆海协会与台湾海基会分别进行人事调整。两会均表示，双方应在“九二共识”的基

础上，尽早恢复实质协商，共同开展两岸关系的双赢新局，进而建立两岸长期和平与稳定的互动关系。

6 月 12 日上午 9 时，海协会会长陈云林和海基会董事长江丙坤在北京钓鱼台国宾馆五号楼庆功厅，隔着长长的谈判桌各自微笑地伸出右手，紧紧地握在一起，首次“陈江会”由此拉开帷幕。

这是一个值得纪念的日子，距离 1993 年 4 月两会领导人汪道涵、辜振甫在新加坡举行的“汪辜会谈”已经 15 年，距离 1998 年 10 月在上海的“汪辜会晤”已达 9 年。

13 日上午，海峡两岸关系协会与海峡交流基金会举行签字仪式，两会领导人签署了经平等协商形成的《海峡两岸包机会谈纪要》和《海峡两岸关于大陆居民赴台湾旅游协议》。当陈云林和江丙坤互相交换签署文本并把手紧紧握在一起时，记者相机的快门声达到了高潮，这一瞬间将永留史册。

两会在“九二共识”基础上恢复商谈，标志着两岸关系朝着和平发展方向迈出了新的一步。此次两会商谈快速直接，议题多样，内容深入，成果丰硕，为商谈开创一个全新的制度性谈判模式，对海峡两岸经济合作、人员往来，维护两岸同胞的正当权益和正常秩序，推动两岸关系和平发展进入一个新阶段，以及对台海地区的长久和平乃至整个国际局势的稳定都具有“里程碑”的意义。

7 月 4 日，两岸首批周末包机直航台湾，正式开启了“周末包机直航”和“大陆居民赴台旅游”，标志着两岸 6 月达成的历史性协议正式进入落实阶段。

根据协议，祖国大陆方面首先开放北京、上海（浦东）、广州、厦门、南京5个航点，台湾开放松山、桃园、台中清泉岗、高雄小港、花莲、台东、澎湖马公及金门等8个机场。双方同意在周末包机初期阶段，每周双方各飞18个往返班次，共36个往返班次，以后再根据市场需求等因素适时增加班次。周末包机的关键是实现了直航和双向，虽然此时的直航还不是真正的直飞，依然还要飞过香港航区，但不用像过去那样在香港降落，只是在空中绕一下即可。

7月4日上午，从北京、上海、南京、厦门、广州五地出发的9架包机，搭载首批大陆游客飞往台湾。中午12点30分，两岸周末包机大陆5个航点的首航包机航班全部安全抵达。

从北京首发的包机包括旅游团和旅游交流考察团，共680人，是大陆各首发团中规模最大的，其中还包括31名官员和超过60名的随行记者。国台办主任王毅亲赴机场送行北京首发团，首都机场为首发团开辟了专机楼，并特别与周围繁忙的普通航班进行了区隔，专门隔出一块停机坪供赴台包机使用。两岸媒体也非常关注赴台游，对赴台游的各个方面进行了全程报道。在报道北京送行仪式时，有媒体这样写道：

北京首都机场停机坪上，一架空客A330“联盟”号豪华客机蓄势待飞。

客机前方是鲜花环绕、红毯铺地的典礼台。

上午8点整，嘉宾们踏上红毯，9名国航空姐展开写有“大陆居民赴台旅游暨两岸周末包机（北京）启动仪式”字样的横幅——仪式开始。

“今天是两岸关系史上一个值得纪念的重要日子。”中台办、国台办主任王毅笔直地站在话筒前，他说，“再过几分钟，我身后的这架飞机就将和大陆其他地区的包机一起，搭载首批680名游客飞往海峡彼岸风光秀丽的台湾。”稍顿之后，王毅引用李白的名句表达此刻的心境，“乘风破浪会有时，直挂云帆济沧海。”

“今天也是两岸同胞交往史上一个新的起点。”王毅说，大陆游客会带去大陆同胞对台湾同胞的深情厚谊，台湾同胞也一定会热情欢迎大陆同胞的到来。“因为不管相距多远、隔绝多久，我们都是炎黄子孙，两岸同属中华民族。”

国家旅游局局长邵琪伟也表示：“大陆居民赴台旅游将为两岸之间再次架起一座友谊的桥梁。”

简短的启动仪式结束后，CA185航班缓缓离开停机坪。8点20分，游客陆续登机后，邵琪伟最后登上飞机。8时30分，飞机准时起飞。王毅一行目送飞机启程，挥手送行。[1]

台湾方面也为迎接大陆游客到台，安排了隆重的欢迎仪式。

① 《赴台游首发团抵台　国台办主任王毅亲赴机场送行》，《京华时报》2008年7月5日。

12点20分，当飞机平稳降落到跑道的瞬间，全体乘客不由自主地鼓掌庆祝。当飞机滑行速度放缓后，等候在停机坪上的消防车向飞机喷水致意。一位60多岁的北京游客说："这是在为我们洗尘啊!"

台湾海峡两岸观光旅游协会（台旅会）会长赖瑟珍与台湾旅行商业同业公会全台联合会（全联会）理事长姚大光到桃园机场迎接邵琪伟一行。

邵琪伟在机场发表讲话说，今天是一个值得高兴、纪念的日子，大陆居民赴台旅游要开好头、起好步，收事半功倍之功效。他说："我们将和台湾旅游界携手合作，共创两岸旅游业的繁荣与辉煌，共创双赢。"

12点50分左右，当游客刚从海关出来时，上百位台湾媒体记者一拥而上，闪光灯响成一片。记者们纷纷提问："你现在心情怎样""来到台湾的第一感受是什么"……

当天台北天气略显湿热，但首发团的游客心情都很不错，非常友善地回答记者们的提问。

在机场大厅，台湾有关方面还特意安排了中华民族的传统节目——舞狮。看到这个场景，首发团里一位尹姓游客说："就像是自己家一样。"

此外，现场还特意安排了十几位身穿民族服装的台湾少数民族年轻男女进行歌舞表演，极具地方特色的歌舞吸引了许多游客驻足拍照。[1]

两岸协议的实施实现了三大突破：一是原来祖国大陆的观光客是不能到台湾旅游的，现在能去了；二是可以包机来往，扩大了两岸往来的人员范围；三是两岸航运点的扩大，这些都为真正实现“三通”走出了突破性的一步。马英九也在 7 月 1 日表示，希望让台北与大陆许多城市形成一日生活圈，这番谈话已清楚表明，岛内今后对两岸交流的政策只会更加松绑。

2008 年 8 月 8 日，胡锦涛总书记在人民大会堂分别会见中国国民党荣誉主席连战、中国国民党主席吴伯雄、亲民党主席宋楚瑜，对他们前来出席北京奥运会开幕式并观看奥运会比赛表示欢迎，祝愿台湾体育健儿在北京奥运会上取得好成绩，并再次对台湾各界支持大陆同胞抗击四川汶川特大地震灾害表示衷心感谢。

8 月 8 日晚，北京奥运会拉开帷幕，广大台湾同胞以前所未有的热情，和大陆同胞共襄奥运盛举，共同见证中华民族百年盛事。这热情贯穿了北京奥运会从申办、筹办到举办的整个过程，也远远地超越了运动比赛本身，这对两岸交流乃至两岸关系都产生了深刻、长远的积极影响，留下浓墨重彩的一笔。

2008 年 12 月 23 日下午，大陆赠予台湾的大熊猫“团团”“圆圆”安抵台湾，给台湾同胞带去了欢乐和祥和。

---

① 《赴台游首发团抵台　国台办主任王毅亲赴机场送行》，《京华时报》2008 年 7 月 5 日。

（二）二次“陈江会”与两岸“三通”协议的签订

2008年11月3～7日，海协会会长陈云林率领协商代表团抵达台湾，与台湾海基会进行第二次“陈江会”。陈云林踏上宝岛的一刻是历史性的一刻，是两岸和平、经济双赢的重要一步，拉开了两岸两会自创立以来领导人首次在台湾会谈的序幕。

在两岸交流历史上，陈云林这一小步，是两岸关系发展的一大步，这一刻整整花了60年。此次历史性商谈取得了六项成果：一是两岸签署了四项协议，即《海峡两岸空运协议》《海峡两岸海运协议》《海峡两岸邮政协议》和《海峡两岸食品安全协议》。其中，前三项协议的签署，使得两岸同胞期待了30年之久的两岸“三通”变为了现实。二是两会举行了研讨金融问题的座谈会。三是就改善大陆居民赴台湾旅游进行了协商。四是完成了两岸互赠大熊猫、珙桐树和长鬃山羊、梅花鹿的手续，解决了延宕3年多的赠台大熊猫赴台事宜。五是规划了下一阶段两会商谈的议题和加强两会会务联系与交流事宜。六是广泛接触了台湾各界人士，增进了解，加深感情。

陈云林说，此次访问是海协会领导人首次访台，是两会首次在台湾举行正式商谈，海协会领导人也首次与台湾当局领导人进行了会面，这开启了两会制度化协商的新里程。

中台办、国台办主任王毅表示，海协会代表团不辱使命、不负重托，为两岸关系书写了新的历史，这是一次开拓之旅、合作之旅、和平之旅。

台湾舆论也高度评价两会台北会谈成果，认为这次会谈宣告两岸关系向和平发展迈出一大步，四项协议正式生效后，两岸交流互动将呈现新局面，后续效应更将使两岸关系进入崭新境界。[①]

三、“连理同根一峡隔，六十盛迎‘三通’来”

◎“连理同根一峡隔，六十盛迎‘三通’来”

◎“合则两利，通则双赢”

◎不管相距多远、隔绝多久，都是炎黄子孙，两岸同属中华民族

◎“建立互信、搁置争议、求同存异、共创双赢”

从1949年起，近60年过去了；从1979年元旦《告台湾同胞书》首倡两岸“三通”以来，近30年过去了。然而浅浅的台湾海峡，却成为难以跨越的鸿沟天堑。这一切终于在2008年12月15日化作历史。银燕展翅、百舸争流、鸿雁传书——随着两岸空运、海运直航和直接通邮的同步实施，“三通”终于在这一天从梦想变成了现实。

2008年12月15日，两岸同胞分别在北京、天津、上海、福州、深圳以及台北、高雄、基隆等两岸的多个城市同时举行了海上直航、空中直航以及直接通邮的启动和庆祝仪式。台湾

① 台湾《工商时报》，2008年11月5日。

与大陆从此迈入“一日生活圈”，海峡两岸从过去的“咫尺天涯，重重阻隔”变成“天涯咫尺，处处通途”。

（一）海上直航

“今日是快乐的出航期，无限的海洋也欢喜出航的日子”。大陆和台湾的20艘船舶乘风破浪，潇洒起航，绘制出一幅动人心魄的“两岸海景图”。

15日上午10时15分，台湾长荣海运“立敏轮”缓缓驶离位于宝岛之南的高雄港，乘风破浪前往大陆北方大港天津。这趟航程不仅穿越台湾海峡，也跨越两岸近60年来不能直接海上通航的历史。

15分钟后，台湾万海航运“明春轮”、阳明海运“宇明轮”、台湾航业“桃园轮”和福建华荣航运“康平轮”等4艘船舶，也纷纷驶离台湾北部大港基隆港，驶向大陆。港口西岸的观礼人群爆发出热烈的掌声，空中气球和彩带漫天飘舞。30分钟后，砂石船“大邦轮”也从宝岛中部的台中港启程直航广州黄埔港。

当天，海峡这头的天津、上海、太仓、福州、厦门、泉州各港，汽笛声也同样此起彼伏。“新烟台轮”“大洋洲轮”“新非洲轮”“远河轮”“天福轮”“盛达2号”货轮等10多艘船舶，陆续驶出码头开往海峡彼岸……

由此正式展开的两岸海运直航，以首航当日两岸13家公司20艘船舶劈波斩浪的潇洒身姿，绘制出一幅动人心魄的“两岸海景图”。

在天津出席两岸海上直航首航仪式的中台办、国台办主任王毅说，两岸海上直航是惠及两岸同胞的又一件实实在在的好事。从此，两岸海上人员和货物往来的航行时间将大幅缩短，经济成本将大为降低。更重要的是，海上直航将使两岸之间的往来更加便捷，联系更加紧密，并为两岸关系和平发展提供新的重要动力。他祝愿两岸关系就像从天津港起航的两艘万吨巨轮一样，在和平发展的航道上乘风破浪，勇往直前。

在高雄港主持首航仪式的台湾当局领导人马英九也表示，两岸直航代表的意义就是两岸不再对立，以谈判取代对立、以和解取代冲突。主持这项典礼，使他百感交集，也很欣慰。

两岸贸易运输的95%以上通过海运完成，此前10多年来，两岸各种形式的海上间接往来运时长、运效低、物流成本高，远远满足不了两岸间每年以两位数增幅而日益密切的贸易关系，实现直接、全面、双向的海运直航成为两岸工商界人士一直以来的最大心愿。

根据2008年11月签署的《海峡两岸海运协议》，大陆和台湾各自开放63个和11个港口，执行两岸海运直航。大陆方面开放的港口从南到北，遍及沿海和重要河流。台湾方面开放的港口也涵盖了主要通商港口。双方相互开放的港口完全能够满足近期和未来一个时期两岸经贸交流的需要，而且双方商定，今后还可视两岸经贸发展需求，开放新的港口。经初步估算，两岸海上直航后，每年可减少运输时间11万小时，降低运输费用1亿多美元。

务实合作是两岸海运直航首航之日的最大特色，往返两岸的艘艘货轮满载着塑化原料、纺织品、化学纤维、玉米、淀粉、高粱及小麦等货物。

站在从天津出发的“新烟台轮”甲板以上8层楼高的驾驶舱里，透过宽大的玻璃窗向外看去，约200米长、40米宽的甲板上，堆满了大大小小的集装箱。船长孙声远指着电子海图介绍说，本次直航将经由渤海、黄海北部、黄海中部、东海，过上海后直达台湾，航程预计48小时，抵达基隆港比过去绕航大约节省1天时间，可节省燃油140吨。

在基隆港，现场采访首航仪式的记者一边拍摄这难得的场景，一边哼起在台湾广为流传的闽南话歌曲《快乐的出航》：“今日是快乐的出航期，无限的海洋也欢喜出航的日子……一路顺风念歌诗，手弹着轻松吉他，快乐地出航啦!”

在太仓港，目送“天福轮”缓缓驶向高雄港，友达光电（苏州）有限公司总经理徐智雄激动地说：“以前我们发往台湾航线的货物都走上海港，现在两岸直航了，我们可以直接从太仓港出货，省钱又省事。”

“根据《海峡两岸海运协议》，两岸航商所要负担的营业税和所得税都可降低。”中国远洋运输集团公司副总裁许立荣说：“而且直航将提高两岸间物流效率，大大缩短交货期，使两岸加工贸易可实现定点、定时，一定会提升竞争力。”

（二）“海峡六十年，直航第一班”

16个包机航班往返两岸8个航点，上座率达到九成以上。“截弯取直”的空中直航，令回家的路越来越近。

迎着冬日灿烂的阳光，东方航空公司 MU2075 航班 15 日上午 8 时许由上海浦东机场起飞，划破长空驶向台北桃园机场。这标志着“截弯取直”的台湾海峡北线空中双向直达航路正式开通启用。

几分钟后，台湾首架两岸直航航班——复兴航空 332 号航班从台北松山机场起飞前往上海。8 时 47 分，这两架划时代的客机，在两岸新航路交接点以西空域相遇，创下两岸空运交流史上的永恒瞬间。

几乎同时，中国民航上海区域管制中心管制运行部主任钱海生通过直通热线电话，刚刚结束了与台北区域管制中心值班主任季亮的对话，这意味着上海飞行情报区与台北飞行情报区终于完成历史性的直接交接，两岸同胞期待已久的直接、双向、全面空中通航终于变为现实。

从北京、上海、深圳、杭州、天津、广州，到台北桃园、松山，16 个平日包机航班往返于两岸 8 个航点，上座率达到九成以上，上海、广州及杭州等航线均告客满。

从此，翱翔在台海天际的只只银燕，将化身为承载祥和与思念的使者，缩短两岸民众的距离，并促进人流、物流、资金流的大潮互动。两岸关系也将呈现“大交流、大合作、大融合、大发展”的崭新局面。

家在台北、工作在上海的林学恒，对两岸直航后的生活充满期待。他说：“没有直航前，要回台湾休假，路上要耗费六七个小时，现在从上海到台北只要一个半小时。大家都说，以前回家赶晚饭，现在回家来得及吃中饭。”

来自国家民航局的信息显示，与以往绕飞香港相比，取道“截弯取直”后的新航路，北京、上海至台北的单程飞行距离分别缩短1100公里和1000公里，以空中客车330机型为例，单程可节约航油约8吨。台湾业者的统计是，台北到北京和上海分别节省了50分钟和1个小时。

空运直航的启动，不仅慰藉了海峡两岸长达一个甲子的乡愁，筑成了便捷的“两岸一日生活圈”，也带来了搭乘平日包机赴台游的“新热点”。几千年前的“丝绸之路”曾经开辟了东西方贸易的灿烂辉煌；如今这条横跨海峡两岸上空的无形彩虹，也将成为一条名副其实的“黄金航线”。

台湾复兴航空公司总经理田地说：“在吸引大陆观光客来台的部分，两岸直航无疑为台湾旅游业打下一剂强心针。”福建康辉旅行社出境游中心经理董山静也对两岸旅游业的前景充满期待：“我们11月底推出一个赴台旅游团，不到一个星期，近60个名额就报满了，可以预见，直航后赴台游市场将更加火爆。”

15日15时，南方航空公司两岸货运包机从广州白云机场起飞，成为大陆首个飞往台湾的货运包机。根据《海峡两岸邮政协议》，客运包机去时可以在舱内装邮件，返回时则可带回台湾水果。随着货运包机的启动，以后来往两岸的邮件有望实现“当日达”或“次日达”，从此终结“快件不快”的历史。

在上海举行的海峡两岸空中双向直达航路开通仪式上，国务院台办常务副主任郑立中期许说，空中直航有利于进一步加速两岸生产要素的流动和配置，有利于两岸产业的对接和融合，有利于两岸经济的互补。在全球金融危机的背景下，两岸实现空中直航“恰逢其时”，为两岸共同战胜困难提供了强大的助力。

（三）直接通邮

2008年12月15日9时许，海峡两岸直接通邮仪式在北京航空邮件交换站举行，两岸全面、直接、双向通邮正式启动。国家邮政局局长马军胜、国台办副主任孙亚夫、北京市副市长苟仲文、海协会副会长张铭清，以及专程前来的中国国民党副主席林丰正等，共约150人出席了直接通邮仪式。

在直接通邮仪式上，国家邮政局局长马军胜说，随着两岸经济的不断发展，以及海上直航、空中直航的开通，两岸经贸交流和人员往来更加频繁，信息流、物流、资金流的传递需求更加迫切，给两岸邮政提供了巨大的合作空间。两岸抓住难得的历史机遇，实现全面直接通邮，使两岸邮政相得益彰，两岸同胞共享其利，同受其惠。专程从台湾赶到北京参加直邮仪式的中国国民党副主席林丰正说，台湾有句话叫“做对了事，才有出路”，两岸“三通”是两岸同胞都受惠的一件大好事，虽然是迟来的成果，但仍弥足珍贵。

在仪式上，出生在台湾、现居北京的81岁老人郑坚投出了第一封直接通邮家书。郑坚老人告诉记者，在新中国成立前夕，他从台湾到大陆上大学，1949年以后两岸隔绝，从此一个家庭分在两地。老人说，能第一个通过直邮把家书寄往台湾实在太激动了！“我在信中告诉我在台湾的两个妹妹，今天是两岸'三通'的大喜之日，也是国家的大喜之日。希望全家人都能分享这份喜悦。"

当天上午9时15分许，台湾"中华邮政"公司董事长吴民佑寄给中国邮政集团总经理刘安东的快捷邮件交到邮递员手中，这是首封从台湾直接寄往大陆的快捷邮件。随后，台湾邮政协会顾问邓添来给海峡两岸邮政交流协会顾问马军胜寄出第二封快捷邮件。邓添来说："这是我本人寄出的一小件，却是两岸邮政业务的一大件。"

直邮为两岸人民带来了方便与快捷。据台湾有关主管部门估算，从台湾寄往北京、上海等大陆城市的普通邮件，原来需7～8天送达，采用直邮后估计可缩短为5～6天送达；其他地区平均可提前1天送达。台湾"中华邮政"公司则表示，未来两岸包裹数量将显著增加，初期可望增加8%。

曾几何时，一湾浅浅的海峡隔断了两岸的骨肉亲情，在两岸邮路不畅的年代，"家书抵万金"成为两岸同胞苦涩而伤感的集体记忆。

为了实现两岸真正直接通邮，两岸同胞与邮政业者付出了漫长的等待与艰苦的努力：1979年，大陆先后开始收寄寄往台湾的平常和挂号函件；1988年，台湾开始通过红十字组织间接收寄寄往大陆的函件；1989年，台湾邮政部门正式收寄大陆的平常信件；1993年，根据海协会与海基会签署的有关协议，两岸邮政部门建立了信函查询关系；2008年11月4日，两岸两会在台北签署《海峡两岸邮政协议》，双方同意开办两岸直接的邮政函件、邮政包裹、特快专递、邮政汇兑等业务。

为了纪念两岸直接通邮，两岸邮政部门15日同时发行了纪念邮品，并不约而同地以和平鸽作为主图案。大陆发行的纪念邮折封面，一边是上海浦东新港，一边是台北101大厦，中间碧水蓝天，彩虹飞架，一群和平鸽直飞苍穹。同时发行的纪念封张贴着大红色的中国结图案邮票，而首日封张贴的是“和谐”二字篆书印章图案的邮票。台湾“中华邮政”公司发行的“海峡两岸通邮纪念邮资票”，也以和平鸽送信为主图案，背景衬以蓝天白云，象征“为民兴利，两岸和平”。中国邮政集团公司准备的100套邮折和首日封，在直邮仪式开始前就已售罄。“抢”到首日封的金先生对记者说，这是继北京奥运会开幕式纪念邮票后，今年最值得珍藏的邮品。

大陆各大媒体和网民对实现“三通”高度关注、反应热烈。近百家媒体现场采访了在北京、天津、上海等地举行的两岸空运、海运直航及直接通邮启动仪式；大陆主要电视台对仪式进行了现场直播并组织了专家访谈、电视新闻滚动播出等深入报道；平面媒体安排丰富版面，纷纷以图文并茂的生动形式刊载相关文章；新华网、新浪网等重要网站都进行了网上直播，并开设了新闻专题。15日出版的大陆各大报刊几乎都使用了“历史性时刻”“里程碑意义”等形容词来对两岸直接“三通”基本实现进行评价，欣慰、激动之情洋溢在字里行间。

互联网上，网民们热烈地表达心声。在新浪网、搜狐网、网易网、新华网等大陆主要中文门户网站上，有关评论、留言、跟帖在几个小时之内就达到近万条。有上海网友写道：“等待好多年，不胜感慨！不胜激动！我一定要去台湾看看。”

一位浙江网友说："我不知要用什么语句才能形容我既激动又兴奋的心情。盼望已久，鼓舞人心，这是造福两岸的大好事。"陕西网友评论道："激动得流泪！这是一个巨大的跨越，也是两岸人民交流的福音。"一位北京网友憧憬说："'三通'后我们可以冬天去哈尔滨看雪，夏天到高雄看海，还可以到台北街头去吃小吃、槟榔。"

台湾舆论也对这一事件的历史意义给予高度评价。《工商时报》题为《期待两岸直航新世纪》的社论说，这将揭开中华民族的另一个新纪元。《中国时报》题为《迎接大"三通"所改写的两岸新局》的社论说，这历史性的一刻对两岸民间的互动将形成相当深远的效应。《经济日报》题为《两岸直航是新经济之始》的社论指出，12 月 15 日是两岸关系发展史上"最具意义的一天"，两岸关系从今进入新的时代。

两岸"三通"的启动也引起海外舆论的高度关注。美联社评论说："台湾与大陆平日包机 15 日实现首航，开启了两岸直航的新时代，正式结束了两岸近 60 年的常规联系禁令，是今年以来两岸关系迅速升温的最明显一步。在全球经济危机的大背景下，直航能为两岸双方节省贸易成本并创造新商机。"法新社认为："'三通'的实现标志着两岸空运、海运及邮件联系需经由第三地的时代的结束，这有利于为在大陆投资的台商节省费用，并促使两岸关系更加紧密。"日本共同社说："两岸空运直航、海运直航及直接通邮 15 日正式启动，标志着两岸历史的新突破。"

两岸同胞期盼了数十年之久的"三通"梦终于圆了，从此翻开了两岸关系发展的时代新篇，并产生出巨大的积极效应。

正如中台办、国台办主任王毅所言，两岸全面、直接、双向“三通”的实践告诉我们一个道理，凡是符合两岸同胞利益、符合两岸关系发展需要、符合历史前进潮流的事情，不管面临多少困难，遇到多少阻力，花费多少时间，终究都会在两岸同胞的共同努力下得以实现。两岸关系和平发展的势头不可阻挡，两岸关系和平发展的前景愈发光明。

自 1979 年大陆提出两岸“三通”至两岸“三通”终于由间接、单向、局部向直接、双向的历史性跨越，这是两岸关系发展史上具有里程碑意义的大事，掀开了中华民族历史浓墨重彩的一页。

“合则两利，通则双赢”。两岸“三通”的实现不仅使两岸交流突破瓶颈，开大门、迈大步，还使两岸民众的往来交流更加密切，两岸同胞的感情更加融洽，联系更加密切、互动更加频繁，使两岸经济合作更加紧密，而这些都为两岸关系的和平发展奠定了更为坚实的基础，提供了更加充沛的动力。实现“三通”后，两岸关系迎来一个大交流、大合作、大融合和大发展的崭新局面。

2008 年下半年世界金融危机肆虐全球，两岸就共渡危机多次展开交流与合作。12 月 22 日，中共中央台办主任王毅在第四届两岸经贸文化论坛上就加强两岸合作、携手应对国际金融危机，宣布了大陆各有关部门为此制定的 10 项政策措施。中国国民党主席吴伯雄说，对台湾的企业来说，这的确是一份扎扎实实的政策“牛肉”，也是一剂“强心剂”。[①]

大陆的惠台政策措施及两岸关系的积极进展赢得岛内民众的支持与肯定。2008年，岛内多家民调显示，支持、赞成两岸关系和平发展的民众比例不断升高。56%的民众赞成继续推动两岸交流，50%认为两会协商成果对台湾发展有正面影响，56%赞成马当局继续推动两岸交流。[②] 台“行政院研考会”2008年6月20日民调显示，73%的民众认为两岸复谈有助于两岸关系和平发展。[③] 同时，台湾民众认为大陆对台湾当局和台湾民众持敌意态度的比例也明显下降：48.2%的民众认为大陆对台湾当局的态度友善，49.4%觉得不友善。52.7%认为大陆对台湾民众态度友善，44.6%觉得不友善，这是“陆委会”调查以来首次有过半民众认为大陆对台湾民众态度友善，并首次超过不友善的比例，[④] 显示近年来广大的台湾民众对大陆隔阂、误解和敌意明显降低，并且已经呈现出逐渐向有利于两岸关系和平发展方向改变的趋势。

2008年12月31日，胡锦涛在出席纪念《告台湾同胞书》发表30周年座谈会时，提出了推动两岸关系和平发展的六点重要主张：恪守一个中国，增进政治互信；推进经济合作，促进共同发展；弘扬中华文化，加强精神纽带；加强人员往来，

---

① 《人民日报·海外版》，2008年12月23日。

② 台湾《中国时报》，2008年11月7日。

③ “陆委会民调：六成以上民众肯定‘江陈会谈’协商结果”，台湾“陆委会”网站，http://www.mac.gov.tw，2009年5月5日。

④ “民众对两岸关系及大陆政策的看法”，台湾“陆委会”网站，http://www.mac.gov.tw，2008年12月25日。

扩大各界交流；维护国家主权，协商涉外事务；结束敌对状态，达成和平协议。胡锦涛还指出："为有利于两岸协商谈判、对彼此往来做出安排，两岸可以就在国家尚未统一的特殊情况下的政治关系展开务实探讨。为有利于稳定台海局势，减轻军事安全顾虑，两岸可以适时就军事问题进行接触交流，探讨建立军事安全互信机制问题。"①

台湾方面积极评价胡锦涛谈话，台湾当局领导人办公室发言人王郁琦表示，胡锦涛讲话体现了 30 年来大陆对台政策的变迁与促进两岸关系发展的思路，台湾乐见两岸关系能在和平发展的主轴上，务实促进两岸协商交流与互惠，为终结两岸敌对状态，增加相互了解与合作，开创新的契机。胡锦涛谈话也得到了岛内学者的高度评价，岛内专家、学者指出，这是一个纲领性、前瞻性的讲话，提出了未来处理两岸关系的大政方针，最大地体现了大陆和平解决台湾问题的善意和诚意。

总之，2008 年是两岸关系取得重大进展的一年，一是两岸经贸交流向正常化方向发展。两岸经贸交流始终是最活跃和积极的因素，是稳定和推动两岸关系不可或缺的重要力量。尤其是 2008 年国民党重新执政以后，两岸两会重启制度化协商、多次两岸经贸论坛的召开、两岸"三通"的全面实现、大陆惠台政策的不断出台，以及台湾当局对两岸经贸政策的积极松绑等，都使得新时期两岸经贸交流与合作向正常化方向发展。商务部台港澳司 2009 年初发布的统计显示，两岸贸易和台商对

① 胡锦涛：《携手推动两岸关系和平发展　同心实现中华民族伟大复兴——在纪念 <告台湾同胞书> 发表 30 周年座谈会上的讲话》，人民出版社 2009 年版，第 10 页。

大陆投资持续增长，台湾已成为大陆第七大贸易伙伴、第九大出口市场、第五大进口来源地。大陆是台湾第一大出口市场、最大贸易顺差来源地、第二大进口来源市场、第一大对外投资地区，以及最大贸易伙伴。截至2008年12月底，两岸贸易累计达8600亿美元，台湾方面顺差超过5500多亿美元，大陆累计批准台资项目77506个，累计吸收台湾直接投资476.6亿美元。尽管两岸经贸在2008年下半年受到世界金融危机的严重影响，但还是取得了可喜成绩。2008年，两岸贸易总额达1292.2亿美元，同比上升3.8%。其中，大陆对台湾出口为258.8亿美元，同比上升10.3%；自台湾进口为1033.4亿美元，同比上升2.3%。大陆逆差为774.6亿美元。大陆共批准台商投资项目2360个，同比下降28.5%；实际使用台资金额19亿美元，同比上升7.0%。按实际使用外资统计，台资在大陆累计吸收境外投资中占5.6%，排在第五位。

二是两岸人员往来取得新突破。随着大陆居民赴台旅游人数的增多，以及两岸“三通”的全面实现，两岸人员往来呈现出崭新局面。截至2008年底，台湾居民来大陆累计达5140万人次，这个数字是2300万台湾居民的两倍之多，大陆居民赴台累计超过191万人次。现在，每年有超过430万人次的台湾同胞往返于两岸，据有关部门统计，有近70万台湾同胞常年在大陆工作和生活。两岸同胞交往由最初台湾同胞来大陆探亲、旅游逐渐扩大到投资市政建设、乡镇发展、经商、就学、就业，进而发展到文化、教育、科技、卫生、体育、宗教等多领域的双向交流。这些交流交往活动，成为两岸关系保持总体稳定与发展的支柱和动力。尤其是2009年3月两会期间，温家宝总理“真心希望能有机会到台湾去走一走、看一看……即使走不动，就是爬我也愿意去”的讲话，展现了温情，释放出了大陆对改善两岸关系的最大善意，点燃了大陆民众的“台湾热”。

第五章

教育与科技的改革和发展

奥运腾飞——2008 年的中国

教育是民族振兴的基石，教育公平是社会公平的重要基础。义务教育免费是我国教育公平向前迈出的一步。“种田不纳税，上学不缴费，农民得实惠，和谐好社会”——由老百姓自编的顺口溜，见证了中国教育史上的又一个里程碑。

1999年11月20日，我国成功发射第一艘无人试验飞船“神舟一号”，实现了天地往返的重大突破。此后3年里，“神舟二号”“神舟三号”“神舟四号”3艘无人飞船试验飞行连续获得成功。紧接着，“神舟五号”一人一天航天飞行、“神舟六号”两人多天航天飞行、“神舟七号”航天员出舱活动，中国载人航天工程在短短9年间实现了7次重大突破。

一、免费义务教育全面实施

◎“保证人民享有接受教育的机会，这是党和政府义不容辞的职责”

◎“优先发展教育，建设人力资源强国”

◎“让所有孩子都能上得起学，都能上好学，我们一定能够实现这个目标”

◎少年强则国家强，教育兴则民族兴

2008年9月1日，一个必将被历史所铭记的日子——在这一天，中国城乡义务教育阶段的1.6亿学生的学杂费全部免除。这是几十年前甚至几年前，许多人连想都不敢想的事情。这意味着中国全面免费义务教育，义务教育真正成为面对全民的大众教育。几千年来，孔子提出的“有教无类”，因为贫富差别的存在而成为一种难以实现的理想；但人人平等地享有接受教育的权利，始终是中华民族梦寐以求的目标。而今，我们突破各种历史条件的制约，在全国城乡全面实现了免费义务教育，千年夙愿在21世纪初的中国大地上成为现实。

（一）义务教育百年之路

义务教育是根据法律规定，适龄儿童和少年都必须接受，国家、社会、家庭必须予以保证的国民教育。强制性、免费性、普及性是义务教育的基本特点。作为社会现代化历史进程的一部分，免费义务教育制度的建立和完善首先是国家发展和民族振兴的需要。义务教育阶段学生免除学杂费，其主要意义还不在于给国民以实惠，而是着眼于让国家对公民负起责任，让公民意识到自己要回报国家，着眼于长远的国家发展和民族振兴。如今，中华民族要在中国共产党领导下实现民族伟大复兴，这样一个历史宏愿不能仅靠经济、军事、科技等实力的强大，还要靠文化实力的增强和社会文明程度的提高。只有全民的普遍素质得到极大提高，中华民族才能真正赢得世界人民的尊重。

在欧洲，义务教育的理念可以追溯到柏拉图的《理想国》，西班牙统治下的阿兹特克人在14～16世纪就在16岁以下男性青少年中实施义务教育；1619年，德意志魏玛邦公布的学校法令规定父母应送其6～12岁子女入学，否则政府得强迫其履行义务；在美洲，美国马萨诸塞州1852年颁布义务教育法案；在亚洲，日本1907年开始实行6年义务教育。全世界大约已有170多个国家和地区实施了义务教育，义务教育已成为现代文明的一个重要标志。但是，世界各国和地区由于经济发展水平不同和民族传统文化差异，实施义务教育的年限、免除费用的范围以及普及程度也很不相同。

普及义务教育是中国人的愿景和梦想。1904年，清政府在《奏定初等小学堂章程》的《学务纲要》中明确指出："初等小学堂为养正始基，各国均认为国家之义务教育。"该章程还明确提出："此项学堂，国家不收学费，以示国民教育国家认为义务之本意"。这是中国历史上第一次由官方明确提出"义务教育"的概念，被认为是近代中国义务教育的正式发端。

就世界范围而言，义务教育作为一种法律制度已有近400年历史。然而，真正意义上世界范围的义务教育是伴随各发达国家工业化的进程而逐步确立和发展起来的。中国义务教育的提出从清朝末年算起，与世界上较早实施义务教育的国家相比晚了近3个世纪，距今也有百年历史。怀着这一中华民族复兴的百年梦想，中国政府和人民进行着艰难的世纪接力。

在中国普及初等义务教育，清朝末年、民国时期都提出过。然而，由于政治腐败、经济落后，旧中国无力也无法把有志者的呼唤和人民的愿望变成现实。新中国成立后，当第一次当家做主的中国人民真正从这片古老土地上站立起来的时候，"教育兴邦"理想的种子才有了播撒的土壤。从新中国诞生的第一天起，共和国就把提高民族素质、普及义务教育当作崇高而神圣的责任。改革开放开辟了中国社会全面振兴发展的新航程，也开启了中国教育事业大发展的新航程。党和国家从国家富强、民族复兴的长远利益出发，高瞻远瞩，确立教育优先发展的战略地位，把实施义务教育提升为国家意志，提升到教育发展“重中之重”的战略高度，给予了前所未有的重视。

新中国成立以后，有计划有步骤地普及小学教育，并在有条件的地区普及初中教育。但中国是个发展中国家，承载着世界上规模最大的教育。人口多、底子薄、经济文化落后，特别是贫困地区多、人口居住分散、义务教育规模庞大、教育经费短缺、办学条件差，这是普及义务教育之初中国教育发展环境的基本特征。资料表明，1949 年全国学龄儿童入学率仅为 20%，人口中文盲和半文盲达 80%以上。15 岁以上人口平均受教育年限仅相当于日本明治维新前夕的水平，低于美国和英国 1820 年的水平。学龄儿童入学率也只相当于日本 1890 年左右的水平。中国作为一个后发型国家，必须立足基本国情，实现义务教育的跨越式发展，走出具有中国特色社会主义的教育发展道路。

（二）义务教育发展经过“三级跳”，迈了“四大步”

中国义务教育的发展道路艰难而曲折，大致经过了 20 世纪 80 年代的改善基本办学条件、90 年代基本实现“两基”①

① “两基”是基本实施九年义务教育和基本扫除青壮年文盲的简称。

目标到21世纪初全面实现“两基”三个阶段，完成了“三级跳”；2006～2008年，在教育进入新的大发展阶段之后，党和政府坚定决心，加大投入，逐步完成了从农村到城市，从试点到推广，全面免除义务教育阶段学杂费的进程，迈出了具有里程碑意义的四大步。三个阶段的奋进、四大步的跨越发展铸起了中国义务教育彪炳史册的世纪伟业。

1986年4月12日，第六届全国人民代表大会第四次会议通过的《中华人民共和国义务教育法》规定，国家实行九年制义务教育，这标志着中国正式确立了义务教育制度。1986年的义务教育法从国情实际出发，规定：“国家对接受义务教育的学生免收学费”①，小学和初中学生仍需缴纳一定的杂费。由此，普及义务教育开始起步。

从20世纪80年代初到90年代，中国的基础教育在困境中腾飞，取得了令世人瞩目的成就。义务教育首先从改善农村办学条件入手，实现了“一无两有六配套”②。在实现校舍改造的基础上，各地进行中小学办学条件的标准化建设，进行基础教育划时代的改革，狠抓义务教育的普及，在普及初等教育基础上基本普及九年制义务教育，开启了义务教育发展的新航程。

1993年，中共中央、国务院颁布《中国教育改革和发展纲要》，正式将基本普及九年制义务教育和基本扫除青壮年文

---

① 《推进教育公平的重大决策》，《光明日报》2008年9月3日，第11版。

② “一无”指小学、初中的校舍要达到无危房；“两有”指班班有教室，人人有课桌凳；“六配套”指校园要有围墙、大门、操场、旗杆、水井、厕所等配套设施。

盲作为中国20世纪90年代的奋斗目标，中国开始了基本普及义务教育的再跨越。从1986年《义务教育法》的颁布实施，到2001年1月中国政府向世界庄严宣布实现“两基”目标，经过了15年的艰苦奋斗。到2000年，中国在世界9个人口大国中率先如期实现全民教育目标，解决了世界上人口最多国家的义务教育问题，实现了历史性的大飞跃。

中国义务教育发生了史无前例的巨大变化。全国人口平均受教育程度从20世纪80年代初期的不到5年提高到2000年的8年以上。据世界银行的计算，1999年中国人均受教育年限为7.11年，世界平均水平为6.66年，中国首次在人均受教育年限上超过世界平均水平，实现了人力资源发展水平的重大突破。到2000年底，全国“两基”覆盖率达到85%以上，青壮年文盲率下降至5%以下；全国有11个省（直辖市）全面实现了“两基”规划目标。

中国如期实现“两基”目标是一个伟大的历史性成就，它不仅是中国教育发展史上一个辉煌的顶点，也是20世纪90年代世界教育发展的大事。日本普及小学教育用了78年，美国普及小学教育用了100年，中国从1986年颁布《义务教育法》真正确立普及义务教育制度算起，用15年的时间走过了西方发达国家近百年的普及义务教育之路！

“两基”是一项全民教育运动和世纪工程，占世界1/5人口的中国如期实现“两基”目标，是中国教育史上最有标志性的成就和最光辉的篇章，也是世界全民教育的重大突破，被国际社会视为人类教育发展史上的奇迹！

21世纪初，在基本实现“两基”目标后，约占全国国土面积2/3、占全国贫困人口一半的西部地区成为全面实现“两基”目标最后的“硬骨头”。新一届中央领导坚持科学发展观，从建立社会主义和谐社会的需要出发，面对农村义务教育出现的新情况和基于减轻农民负担的考虑，把农村教育作为教育工作的“重中之重”；2002年下发了《关于完善农村义务教育管理体制的通知》，全面免除了农村义务教育阶段的学杂费和书本费，并在部分城市地区试行免除义务教育阶段学杂费，以更加强有力的政府行为、更加宏大的气魄，推进义务教育向着实现全面普及和全面提高质量的更高目标迈进。

2003年，国家实施西部“两基”攻坚计划，中国义务教育实现了由基本普及迈向全面普及的新的历史跨越。在党中央、国务院的领导和部署下，经过各地政府多方面的努力，中国义务教育西部“两基”攻坚目标取得了重大进展，农村义务教育面貌发生了翻天覆地的变化。

由于中国城乡、区域经济社会发展不平衡，义务教育发展也很不平衡，农村义务教育经费不足、教育资源配置不尽合理、农民教育负担较重的矛盾比较突出。随着社会经济的迅猛发展和国家财力的增强，中国政府开始直面教育投入不足的问题。当教育公平日益成为新的历史时期中国社会生活和教育领域备受关注的热点问题，教育均衡发展日益成为关系国家战略的重大问题之时，2005年底，国务院发出《关于深化农村义务教育经费保障机制改革的通知》，强调按照明确政府责任、中央地方共担、加大财政投入、提高保障水平、分担组织实施的基本原则，逐步将农村义务教育全面纳入公共财政保障范围，建立中央和地方分项目、按比例分担的农村义务教育经费保障机制。以国务院关于深化农村义务教育经费保障机制改革为突破口，在国家强力推进下，城乡义务教育免费在三年间迈出了四大步。

第一步，西部贫困学生先品“免费果”。

2006年，修订后颁行的《义务教育法》明确规定，“实施义务教育，不收学费、杂费”，“国家将义务教育全面纳入财政保障范围”。国家从法律的层面确立义务教育经费保障机制，保证义务教育制度实施。这项改革建立了中央和地方分项目、按比例分担的农村义务教育保障机制。

实施改革的地区，义务教育不仅免除学杂费，还补助学校公用经费、维修改造校舍、免费提供教科书、补助寄宿生生活费等。2006年，西部农村首先实施义务教育经费保障机制改革，当年国家共帮助西部农村地区的4600万名适龄学童顺利走进了课堂。

“自古读书须缴费，而今上学不花钞。”在实施农村义务教育经费保障机制改革的西部山乡，这句群众自编的顺口溜，几乎人人都能脱口而出。政策惠及的5000多万名西部农村中小学学生，平均每个小学生年减负140元，初中生年减负180元，贫困寄宿生可年减负500元。当年就有近20万名因贫困辍学的学生返回学校。

为了保障新机制的顺利实施，中央财政投入资金133亿元，各地同时落实资金77亿元，所有西部农村中小学都拿到了财政拨付的公用经费，多数省份农村义务教育投入水平有了较大程度的提高，“乱收费”现象得到有效遏制，辍学率大大降低，西部地区义务教育普及水平上了一个新台阶。

第二步，“两免一补”惠及全国。

2007 年春天，这项改革开始在部分乡村试点；同年秋季，全国农村义务教育在免交学杂费的同时，还免收教科书费。这意味着“免杂费、免书本费、逐步补助寄宿生生活费”的惠民政策实现了对全国 40 万所农村中小学的近 1.5 亿名学生的全面覆盖。

2007 年 11 月，教育部、财政部进一步调整完善农村义务教育经费保障机制改革的相关政策，明确了中西部地区农村义务教育阶段家庭经济困难寄宿生生活费基本补助标准，规定全国农村义务教育阶段学生全部享受免费教科书政策，提前落实生均公用经费基准定额，提高中西部地区中小学校舍维修改造测算单价标准。为此，全国财政在 3 年内新增 470 亿元左右的经费，以进一步加大农村义务教育经费保障力度，促进义务教育均衡发展。

中央、省级财政专项补助在农村义务教育经费中所占的比重已由 2005 年的 21％提高到 2007 年上半年的近 30％。学校运转保障水平得到提高，办学条件明显改善，学生及家庭的负担得以减轻，保证了农村义务教育的全面实施。

“中央给咱办实惠，农民种地不交税，娃娃上学不交费，真是和谐好社会。”这是老百姓发自肺腑的感慨。

第三步，城市免学杂费试点。

“让所有孩子都能上得起学，上好学”，是中国政府推进教育公平的坚定承诺。在义务教育阶段，城乡孩子应该平等享有接受教育的权利。

为此，2008 年春天，国家在北京、天津、上海等 16 个省市区和 5 个计划单列市进行免除城市义务教育学杂费的试点。

根据部署，免除城市义务教育学杂费的标准为各省级人民政府制定的城市义务教育阶段学校“一费制”中杂费标准，每位学生每年可免交 190～350 元不等的费用。

在民办学校就读的学生和进城务工人员随迁子女都与当地义务教育阶段学生一样享受政策待遇。对享受城市最低生活保障家庭的义务教育阶段学生，在免除学杂费的同时，继续免费提供教科书，并对确需寄宿的家庭经济困难学生补助生活费。

据有关部门统计，在这项试点工作中，共有 1702 万名城市义务教育阶段学生免除了学杂费，占全国城市义务教育阶段学生总数的 60％。

中国的义务教育在新的起点上做出了让民众满意的新成绩。

第四步，让公共财政的阳光普照城乡中小学。

2008 年 7 月 30 日，国务院总理温家宝主持召开国务院常务会议，研究部署全面免除城市义务教育阶段学生学杂费工作。[①] 会议决定，从 2008 年秋季学期开始，在全国范围内全部免除城市义务教育阶段学生学杂费。对享受城市居民最低生活保障政策家庭的义务教育阶段学生，继续免费提供教科书，对

① 《温家宝主持召开国务院常务会议》，《人民日报》2008 年 7 月 31 日，第 1 版。

家庭经济困难的寄宿学生补助生活费。

会议指出，在全面实施农村义务教育经费保障机制改革的基础上，免除城市义务教育阶段学生学杂费，进一步强化政府对义务教育的保障责任，对推动义务教育均衡发展，促进教育公平，具有重要意义。

与此同时，会议强调，各地要进一步加大农村义务教育支持力度，经费投入继续向农村倾斜，重点加固和改造存在安全隐患的校舍，加强农村寄宿制学校建设，增加对家庭经济困难寄宿学生的补助，逐步解决好农村义务教育教师待遇和农村留守儿童在校学习生活问题。

全面实施城乡免费义务教育，惠及全国2.59万所城市中小学的2821万名学生。全面免除城市义务教育学杂费，是继农村义务教育经费保障机制改革后的又一重要民生工程，是推动义务教育均衡发展、促进教育公平的又一重大举措。

中央不仅在资金安排、政策保障、省级统筹和资金管理等方面做出具体规定，而且对接收进城务工人员随迁子女的公办学校足额拨付公用经费；同时安排专项资金，对进城农民工随迁子女接受义务教育问题解决较好的省份给予适当奖励。这是深入贯彻落实科学发展观，坚持以人为本理念，着力保障和改善民生的一项重大决策。

教育是民族振兴的基石，教育公平是社会公平的重要基础。矢志为民族复兴、人民幸福而奋斗的中国共产党，自觉地肩负起了发展教育事业、提供公平教育的历史使命。

改革开放以来，党中央确立了科教兴国和人才强国战略，提出了建设学习型社会的目标。国家颁布和实施的《义务教育法》，以法律的形式规定了义务教育的公益性质，保障适龄儿童、少年平等地接受义务教育的权利，为全面实现教育公平绘就了宏伟的蓝图。

经过长久的积淀和准备，国家3年来所推行的一系列法规、举措，切合国情，适应民意。短短3年，中国义务教育事业发展实现了从农村到城市，从试点到推广，全面免除城乡义务教育学杂费的“四大步跨越”。全国人民深深感受到了党和政府建立并完善城乡统一的义务教育经费保障机制的巨大决心。这充分表明，中国在科学发展观指引下，随着经济发展与社会进步，不断强化政府对义务教育的保障责任，使百年前的梦想，终于成为现实。这一具有历史意义的举措，是中国普及义务教育的根本保证，是推动义务教育均衡发展的重要前提，是全面提高义务教育质量的新的起点，必将在中国教育发展的史册上写下浓墨重彩的一笔。

全面免除城乡义务教育学杂费，体现了我们党“发展为了人民、发展依靠人民、发展成果由人民共享”的执政理念。改革开放30年来中国经济持续快速发展，人民生活水平显著提高，随之而来的是人民群众文化需求的新增长。让发展成果更好地体现在保障人民接受教育的权利上，不仅符合科学发展观的要求，而且顺应了人民群众的新期待，充分证明我们党是人民利益的忠实代表。

全面免除城乡义务教育学杂费，是积极推进政府职能转变、努力建设服务型政府的新进展。贯彻宪法和法律的规定，保障公民平等接受义务教育的权利，是政府的一项基本职责和义务，是公共服务的重要内容。加大财政对教育的投入，保障经济困难家庭、进城务工人员子女平等接受义务教育，将使人民群众更好地享受公共财政的阳光，使每一名适龄儿童、少年平等接受义务教育的权利得到保障，轻松快乐地上学，拥有更加光明的前程、美好的人生，也将为人民富裕、国家强盛打下更加坚实的基础。

全面免除城乡义务教育学杂费，是中国教育事业深入贯彻落实科学发展观，坚持以人为本办教育的新成果。教育事业要科学发展，必须坚持以人为本这个核心，落实全面协调可持续这个基本要求，遵循统筹兼顾这个根本方法。以人为本，就要以全体人民学有所教为目标，以人民满意不满意为检验工作的标尺，以公益性质、公平教育为原则，实现好、维护好、发展好广大人民平等接受教育的权利。

对新中国来说，全面实施免费义务教育还有一项十分重要的意义，那就是我们要在中国共产党的领导下建立小康社会，共同过上幸福生活，实现国富民强梦想。要知道，民族素质的普遍提高，是真正建立小康社会、享受幸福生活的基本条件之一。经济的发达和收入的增加，是享受幸福生活的必要条件，却非充分条件。我们每个人是生活在群体中的，生活得好不好，在更大程度上取决于我们是同具备什么素质的人生活在一起。而我们自身具备什么样的素质，也决定了我们能在什么样的水平上享受舒适的生活。因此，国家用取自全体纳税人的公共税收来支持对部分人实施的免费教育，看似不公平，其实却是一种重要的社会公平。在全国城乡全面实施免费的义务教育，是我们迈向小康社会的重要一步。

当然，还要看到，我们虽然已经在全国城乡全面实施免费义务教育，但在具体政策的制定和实施方面还有很多工作要做。从世界范围看，随着信息技术的发展和网络的普及，以及一些后现代观念的兴起与传播，加上学校教育制度本身一些弊端日益暴露出来，义务教育的意义和价值正在面对新的挑战。如何通过教育改革和教育创新，从根本上解决这些复杂问题，是摆在人类面前的新的历史任务。因此，在全面实施义务教育的过程中，我们只有用长远的眼光、世界的眼光来看问题，才有可能逐步走到世界前列。这也是我们民族振兴过程的重要组成部分。全面推行城乡义务教育免除学杂费政策，是党中央、国务院以科学发展观为指导，坚持以人为本的治国理念，强化政府对义务教育的保障责任，着力保障和改善民生的一项重大决策，体现了国家意志和中华民族根本利益、长远利益，是中国教育发展的伟大壮举。

教育事业是一个国家最根本的事业。人类历史发展表明，国家的强弱、综合国力的竞争，最根本的要取决于国民素质的高低。国民素质高低的关键在于教育的普及程度和质量水平。义务教育是国民素质提高的起点、人力资源强国的基点、中国教育跨越发展的接点、国家富强和民族振兴的基石，是实现中华民族伟大复兴的奠基工程。没有义务教育的强大，就不可能有国家的真正强大。因此，在整个国家教育体系和教育战略布局中，必须始终把义务教育作为优先发展的“重中之重”。

少年强则国家强，教育兴则民族兴。全面实施城乡免费义务教育，是我们这个发展中大国的一次历史性壮举，标志着中国教育事业站在了一个新的历史起点，必将对全面提高国民素质产生重大而深远的影响。我们坚信，随着教育事业进一步兴旺，中华民族必将在伟大复兴的征途上迎来更加美好的明天。

二、从载人飞天到太空漫步

◎坐地日行八万里，巡天遥看一千河

◎千年梦想，16 年拼搏，万里飞天路

◎中国人终于把第一行足迹，印在了无垠的太空

神舟飞船的每一次太空之旅，都牵动着每一位中国人的爱国之心。2003 年，中国成功发射“神五”，航天英雄杨利伟圆了中华民族的飞天梦；2005 年，“神六”飞天，中国人首次开展太空科学实验。而今“神七”再度问鼎苍穹，中国人探索太空的足音震撼世界。这一切都说明改革开放以来我国的科技实力、经济实力、国防实力和综合国力不断提高，民族凝聚力大大增强，国际地位显著提升。在这一重要的历史时刻，我们倍感自豪。

（一）勇士出征

2008 年 9 月 25 日 17 时 30 分许，酒泉卫星发射中心，航天员出征仪式在问天阁举行。胡锦涛等来到这里，亲切看望执

行飞行任务的3名航天员翟志刚、刘伯明、景海鹏，为他们壮行。胡锦涛对即将出征的航天员说，神舟七号飞船就要按原定计划发射了，他们即将出征执行我国第三次载人航天飞行任务。他代表党中央、国务院、中央军委，代表全国各族人民，来为他们壮行，预祝他们成功。神舟七号载人航天飞行是我国载人航天工程第二步任务的首次飞行，他们将穿着我国研制的舱外航天服进行首次空间舱外活动，这将是我国空间技术发展的一个重大跨越。胡锦涛还说，他相信，有全国人民作坚强后盾，有各有关方面周密准备的坚实基础，有他们通过严格训练养成的过硬素质，他们一定能够圆满完成这一光荣而神圣的使命。祖国和人民等待着他们凯旋。

翟志刚代表3名航天员郑重表示，感谢胡主席，感谢党和全国人民对他们的关爱。他们一定服从命令，听从指挥，沉着冷静，精心操作，坚决完成神舟七号载人航天飞行任务。请祖国和人民放心。

主持出征仪式的载人航天工程总指挥常万全说，他们一定要牢记胡主席的重托，确保圆满完成任务，以优异成绩向党和人民汇报。

胡锦涛微笑着向3名航天员挥手致意，目送他们离开问天阁。

问天阁南门徐徐打开，身着乳白色舱内航天服的3名航天员出现在圆梦园广场上。问天阁外，送行的人群鼓掌欢呼。3名航天员列队请示出征。

“总指挥同志，我们奉命执行神舟七号载人航天飞行任务，准备完毕，请指示。中国人民解放军航天员大队航天员翟志刚。”

“航天员刘伯明。”

“航天员景海鹏。”

“出发!”载人航天工程总指挥常万全下令。

“是!”

航天勇士受命出征，3 人一边向人们挥手致意，一边登车向发射场出发。

《歌唱祖国》的悠扬旋律，在大漠深处的航天城久久回荡……

谁将执行神七任务？这个谜底直到 9 月 24 日下午才揭开。面对几十位中外记者，翟志刚、刘伯明、景海鹏表示，有信心、有决心、有能力在太空走出中国人的第一步。

在描述这 3 位同样出生于 1966 年、属马的航天员时，人们不约而同地用了一个词：“三骏飞天”。

（二）神舟升空

2008 年 9 月 25 日 20 时 10 分许，酒泉卫星发射中心载人航天发射场。

测发指挥大厅里灯火通明，工作人员正在紧张有序地为神舟七号载人飞船发射做最后的准备工作。胡锦涛走过去同大家亲切握手，叮嘱他们一定要一丝不苟、精益求精，确保飞船发射成功。胡锦涛还考察了垂直总装测试厂房，详细询问神舟七号飞船在这里总装、测试的情况。

21 时许，胡锦涛等登上试验指挥楼平台，现场观看飞船发射。与此同时，吴邦国、贾庆林、李长春、习近平、李克强等在北京航天飞行控制中心观看飞船发射实况。

夜幕下，长征二号F运载火箭巍然挺立，直指苍穹；箭体上，鲜艳的五星红旗和“中国航天”4个大字十分醒目。

无边的夜色中，58.3米高的船箭组合体和105米高的发射架散发着水晶般的光泽。

“5、4、3、2……”零号指挥员郭忠来的倒计时口令，惊醒了大漠之夜。

21时10分，一股橘红色的火焰从长征二号F型火箭底部猛地喷射出来。托举着神舟七号载人飞船和3名航天员的火箭，在震天的轰鸣声中腾空而起，飞向茫茫太空。一束炫目的金色火光划破长空。火箭很快变成一个小小的亮点，消失在了墨蓝色的天幕之中……

火箭升空后，胡锦涛等步入指挥大厅，观看火箭和飞船实时运行情况。地面测控站和“远望”号测量船源源不断地将测控数据传输到指挥大厅，电子屏幕上显示出火箭和飞船运行的轨迹和参数，指挥人员目不转睛地监视着各项数据，不时发出一道道指令……

火箭起飞后120秒，逃逸塔分离；138秒，助推器分离；198秒，整流罩分离；578秒，船箭分离……

21时19分43秒，神舟七号飞船进入预定轨道。

指挥中心的大屏幕显示，3名航天员以半卧的姿势坐在座椅中，翟志刚在中间，刘伯明和景海鹏分别位于他的左右侧。高速飞行中，他们神情轻松，或专注地盯着仪表板，或翻看飞行手册，或一起向地面人员挥手。

21时33分，载人航天工程总指挥常万全宣布：“神舟七号飞船已经进入预定轨道，发射取得成功！”顿时，指挥大厅里人们兴奋地相互拥抱，现场一片欢腾。

在热烈的掌声中，胡锦涛发表了重要讲话。他说，神舟七号飞船发射成功，标志着这次载人航天飞行任务首战告捷。胡锦涛代表党中央、国务院、中央军委，向参加这次任务的全体科技工作者、干部职工、部队官兵表示热烈祝贺。

胡锦涛说，实施神舟七号载人航天飞行任务，是2008年我国最具代表性、最具影响力的国家级重大科研实践活动，是中国人民攀登世界科技高峰的又一伟大壮举。这次飞行中，我国航天员将首次实施空间出舱活动，任务技术难度更大，可靠性要求更高，状态变化较多，对任务的组织实施提出了更高的标准。在神舟七号飞船顺利升空、准确入轨之后，希望同志们毫不松懈，再接再厉，聚精会神地做好各项后续工作，夺取神舟七号任务的全面胜利。

随后，胡锦涛等走到工作台前的指挥人员中间，同大家一一握手，向他们表示亲切的慰问。

（三）乐在天外

飞船刚刚入轨，翟志刚迫不及待地放开手中的飞行手册。刘伯明轻轻一碰，手册在空中慢慢地翻转起来。景海鹏随即放开了绑在另一本手册上的笔……这是他们向往了10年之久的太空生活。

神七飞行的3天里，这成了一个固定的游戏。26日晚上，刘伯明在返回舱值班时，还把手册放在眼前阅读。手册停留了几秒钟后飘走，又被他拨回来，反反复复，乐此不疲。

26日16时30分，景海鹏拿着相机到飞船的左舷窗开始了一串连拍。大概是对照片不太满意，他在检查后，再次贴着窗猛按相机按钮。

3分钟后，景海鹏把原本已经打开的返回舱舱门往下一拉，双手举着相机冲上拍摄他的两位同事。接下来，他的拍摄角度，又转移到了飞船的右窗。

抬头看飞行参数，记者发现，此时的神舟七号正飞翔在中国的上空……

（四）“飞天”亮相

早在出舱活动的前一天，航天员们就开始了准备工作。26日深夜，“神七”在轨飞行第9圈起，航天员翟志刚、刘伯明进入轨道舱，开始对舱外航天服进行组装和检测。我国的“飞天”舱外航天服与俄罗斯“海鹰”舱外航天服的组装及测试是交替进行的。组装过程中，航天员头戴耳机和头灯，身着蓝色的舱内工作服，在“飘浮”中一人操作，另一人读操作手册进行确认。“钻”进服装后，航天员进行了服装尺寸调整、气密性检查和全性能测试。测试结果显示：一切正常。拉线、系绳、取物、拧螺丝……他们头戴耳机和头灯，在飘浮状态中忙碌着。随着工作程序的推进，动作越来越熟练、轻巧。

在长达10多个小时的准备工作之后（飞船发射时，舱外航天服是打包固定在轨道舱壁上的，“穿衣”首先要启封、组装并进行测试。这是一个非常复杂的工作，仅“启封”项目就分为 21 个操作单元，像“解开舱外服的包装物”单元又包含了 12 个大步骤，每个步骤还有数十个动作。因此，从启封、组装到测试，“穿衣”前的准备工作进行了十几个小时，而他们真正“穿上”服装只用了几分钟)，翟志刚穿着我国研制的“飞天”舱外航天服第一次在茫茫太空中的“神七”轨道舱内亮相。

北京航天飞行控制中心的画面显示，身着纯白色的中国产“飞天”舱外服的翟志刚和米白色的俄罗斯产“海鹰”舱外服的刘伯明一起，在活动空间不足 5 立方米的轨道舱内来回“飘荡”，进行了移动训练和设备模拟操作训练。他们在轨道舱里轻轻移动，一只手固定身体，另一只手进行操作。“飞天”服金黄色的滤光面窗，映出了控制台上密密麻麻的按钮和线路。虽然穿上舱外航天服的航天员显得有些“臃肿”，但他们的动作仍然称得上灵活。尽管航天员在地面上已接受了大量出舱活动的相关训练，但地面上的失重水槽等设备是不能完全模拟出太空失重、真空等综合状态的。因此，在正式执行出舱任务前，航天员需要进行在轨训练，体验失重状态下移动和操作的特点，同时还要找好开舱门的位置和手脚的着力点。

（五）太空漫步

27 日 16 时 34 分，地面下达出舱指令。翟志刚“浮”到轨道舱舱门附近，伸手转动舱门手柄。圆圆的舱门很像一只井盖，舱门手柄则像表盘上的指针。没有着力点，翟志刚一手握住身旁的扶手，一手去拉舱门，隐约传来他用力时的喘息声，多次“使劲儿”，舱门终于打开一条缝，神舟飞船第一次向宇宙敞开大门。一道明亮的蓝光照进舱里，把半个轨道舱也映成了天蓝色。

太空，在中国人面前豁然敞开。

16 时 41 分，先探进太空的，是翟志刚的左手。他握住一只安全系绳的挂钩，把它挂在了舱门附近的出舱扶手上。随后，翟志刚探出上身，挥手致意，手臂上黄底红字的“飞天”标志十分醒目。

这中间，还有一次小小的“插曲”：地面测控人员报告“仪表显示轨道舱火灾”，留在轨道舱的刘伯明迅速检查了船舱，回复：没有检测到火点。虽是一场虚惊，却让所有人倒吸了一口凉气。然而，舱外的翟志刚动作始终镇静稳健。

身着“飞天”服的翟志刚头先脚后飘出飞船。太空传来他的声音：“神舟七号报告，我已出舱，感觉良好。神舟七号向全国人民、全世界人民问好!”翟志刚用他洪亮的嗓音，说出了世界上第 354 个出舱的航天员进入太空后的第一句宣言。

人类航天史将记下这样一个瞬间：2008 年 9 月 27 日 16 时 41 分，航天员翟志刚身穿中国研制的“飞天”舱外航天服，从神舟七号载人飞船进入太空。这是中国空间技术发展的一个重大跨越。

敦煌壁画上凝固千年的飞天图案，在这个金色的秋天，演绎成中国航天员信步太空的动人景象。

这是中国人第一次在浩瀚太空印上自己的足迹。从这一刻起——中国，成为继美、俄之后世界上第三个实现太空行走的国家。这是中国人民攀登世界科技高峰的又一伟大壮举。

翟志刚抓住出舱扶手，缓缓地转了个身。他左手抓住出舱扶手，右手接过刘伯明送上来的一面小小的五星红旗，向着太空挥舞起来。在黑色天幕和蓝色地球组成的巨大背景下，五星红旗徐徐飘展。鲜红的旗帜、雪白的“飞天”、银色的飞船、深黑色的太空，构成一幅绝美的图画。

随后，翟志刚把国旗送回舱里，继续太空“行走”。他取下舱壁上的科学试验样品交回舱内。每一次移动之前，他把身上的橙色安全系绳，交替固定在舱外扶手上。就在返回之前，连接着翟志刚与飞船的电脐带缠绕到了两腿之间，他不得不腾出一只手处理这个意外的“麻烦”。全部过程中，翟志刚动作十分轻柔、镇定，没有和飞船发生任何撞击。

19 分 35 秒的舱外活动，漫长而又短暂，让人焦灼而又狂喜。

与出舱相比，回舱过程似乎要简单些。翟志刚两手攀住飞船扶手，两脚探进了船舱。反复试了几次后，他找到了合适的角度和着力点，把第一根安全系绳解开。此后的第二根安全系绳就顺利得多，几乎是一眨眼间，他就解了下来。随后，他试着把身体连同那个硕大的背包“塞”入船舱。微微调整了几次，他很快通过舱门，随即缓缓“沉”入了神舟七号轨道舱。

透过打开的舱门向外望去，可以看到一片白色、蓝色、绿色交错的晶莹纹理——这就是太空中美丽的地球。

17 时 00 分 35 秒，翟志刚成功返回轨道舱，舱门关闭。

这时，飞船渐渐飞出阳照面，太阳变成了地球边缘一盏金色的明灯。不久，太阳渐渐沉入地球背后，地球边缘被镶上了一道明亮的光边；随着飞船的运行，光边渐渐黯淡，最终与地球的身影一起，消失在黑暗的茫茫太空。这是一次让万里神州心潮澎湃的日落。

至此，神舟七号出舱活动任务圆满结束。

此时，飞船以每秒 7.8 公里的速度在距地球 343 公里的太空高速运动。这意味着，翟志刚飞过了 9165 公里，成为中国“飞得最高、走得最快”的人，中国成为第三个独立掌握出舱活动技术的国家。

中国人首次太空漫步，虽然只有短短的 19 分 35 秒，但在中国航天历史上留下了浓墨重彩的一笔——翟志刚首次真正把中国人的足迹留在了太空。在这个过程中，翟志刚在刘伯明的配合下，顺利完成了空间润滑材料和太阳能电池极板的实验项目。强大的地面测控系统全力保证“天地”联系畅通并提供必要的支持。通信设备、照明设备、操作界面、摄像机……每一个细节都无隙可击。

为了这一刻，航天员们训练了整整 10 年，中国航天人自发射第一颗卫星以来准备了 38 年，而中华民族则等待了数千年。

（六）天地通话

27 日下午，中共中央总书记、国家主席、中央军委主席胡锦涛在北京航天飞行控制中心观看航天员出舱活动实况，并在出舱活动结束后同航天员通话。

18时32分，胡锦涛走到指挥席前，拿起话筒同航天员亲切通话。

“翟志刚、刘伯明、景海鹏同志，你们辛苦了！我代表党中央、国务院、中央军委，代表全国各族人民，对你们出舱活动的圆满成功表示热烈祝贺！”胡锦涛说。

“谢谢胡主席！谢谢全国人民！”翟志刚回答。

“我最想知道的是你们现在的身体状况如何？也想了解你们的工作情况怎么样？”

“我们的身体状况非常好，空间科学实验正按计划进行，出舱活动顺利完成，请胡主席放心，请全国人民放心。”

胡锦涛关切地询问翟志刚：“你出舱后在太空行走的感觉怎么样？”

翟志刚表示：“太空漫步的感觉很好，‘飞天’舱外服穿着舒适。置身茫茫太空，更为我们伟大的祖国感到骄傲！”

胡锦涛对航天员们说：“你们空间出舱活动的圆满成功，标志着我国载人航天事业发展实现了新的重大突破。你们作为担负这次飞行任务的航天员，为我国航天事业做出了突出贡献，祖国和人民感谢你们！希望你们再接再厉，圆满完成后续任务。祖国和人民期盼着你们凯旋！”

“感谢胡主席，感谢祖国和人民的关心，我们一定圆满完成任务！”

（七）卫星伴飞

27 日傍晚，距地球 343 公里的太空，仿佛抬手轻轻一扬，飞船成功释放出伴飞小卫星。19 时 24 分，北京飞控中心的仿真画面上，小卫星慢慢离开飞船，在太空中留下了一条绿色的抛物线。

这是我国首次在航天器上开展微小卫星伴随飞行试验。这颗重约 40 公斤、具有光学成像等多种功能的小卫星，将对飞船进行摄像和照相，并在航天员返回后最终实现围绕轨道舱飞行。

28 日小卫星传回的图像上，神舟飞船如同一只振翅的雄鹰，在黑色的茫茫太空中透着莹蓝的淡光。另一张以地球作为背景的图片上，深蓝色的地球表面白云朵朵，飞船就像蓝天白云中一只洁白的鸽子。

（八）说悄悄话

27 日晚，在圆满完成出舱任务后，航天员进入了难得的轻松一刻。

21 时 40 分许，3 人戴着耳机坐在返回舱里，似乎在听什么有趣的东西，还不时说些什么，尔后像约好了一样大笑起来。景海鹏的眼睛眯成了一条线，刘伯明好几次仰头大笑，翟志刚则一边咧嘴一边抖动着两条绑在束缚带上的腿，一副惬意的模样。

还以为他们在听相声，后来才知道，其实是在跟亲人通话。

翟志刚的妻子张淑静随后透露说："我问他吃的什么，睡得怎么样，在太空中有没有梦见我?"

刘伯明的妻子张瑶说："女儿告诉父亲，同学们说她爸爸长得帅，把他逗笑了。"

北京飞控中心的画面上，刘伯明笑着向女儿举起了一张字条，上面写了这样一首诗——

"俯瞰家园，同一个地球村；仰望日月，同一个太空城；三马飞天，齐祝愿；天地连线，一家人。"

（九）神七回家

28日下午，深秋的内蒙古四子王旗大草原，一地金黄。

如同一朵盛开的蒲公英，又像一枚在海洋中畅游的水母——17时37分，一朵红色条纹的降落伞在灰蓝色的天空中渐渐清晰。搭载着3名巡天归来航天员的神舟七号飞船稳稳地降落在内蒙古阿木古朗草原。

几分钟后，降落伞冉冉飘落。

航天员报告：感觉良好。

经过医监、医保检查和重力再适应之后，翟志刚的右腿迈出返回舱，留下了他从太空归来后在地球上的第一个脚印。

随后，刘伯明、景海鹏也全部自主出舱。

翟志刚说，我为祖国感到骄傲!

刘伯明说，还记得我出发前说过一句话——相信中国的航天员是最棒的!

景海鹏说，感谢祖国，感谢全国各族人民的关爱!

翟志刚下口令——向祖国、向人们敬礼！

夕阳映着他们的身影，映着他们向祖国和亲人献上的军礼……

（十）庆功大会

11 月 7 日，人民大会堂万人大礼堂内华灯齐放，喜气洋洋。中共中央、国务院、中央军委在此隆重举行庆祝神舟七号载人航天飞行圆满成功大会。中共中央总书记、国家主席、中央军委主席胡锦涛发表重要讲话：“我国 3 名航天员首次成功实施空间出舱活动和空间科学实验，实现了我国空间技术发展的重大跨越。这一举世瞩目的伟大成就向世界宣告，中国已成为世界上第三个独立掌握空间出舱关键技术的国家。我国航天员太空行走迈出的一小步，代表着我们在科技创新征程上迈出的一大步。这是我国载人航天事业发展史上的又一重要里程碑，是我们建设创新型国家取得的又一标志性成果，是中国人民攀登世界科技高峰的又一伟大壮举，是中华民族为人类探索利用外层空间做出的又一卓越贡献。全体中华儿女都为伟大祖国取得的这一辉煌成就感到无比荣耀和自豪！广大航天工作者为祖国和人民建立的卓越功勋，党和人民将永远铭记！”①

中共中央政治局常委、国务院副总理李克强宣读了《中共中央、国务院、中央军委关于授予翟志刚同志“航天英雄”，刘伯明、景海鹏同志“英雄航天员”荣誉称号并颁发“航天功

① 胡锦涛：《在庆祝神舟七号载人航天飞行圆满成功大会上的讲话（2008 年 11 月 7 日）》，《人民日报》2008 年 11 月 8 日，第 2 版。

勋奖章”的决定》。雄壮的乐曲声中，胡锦涛为翟志刚、刘伯明、景海鹏颁发“航天功勋奖章”和证书。

20 世纪之初，人类提出星际航行的设想，1961 年苏联把第一位宇航员加加林送入太空，1969 年美国宇航员乘“阿波罗”号实现首次登陆月球。从 1999 年中国载人航天工程第一次飞行试验到神七发射，中国人民已经加入到人类进军宇宙的征途中。我们提出和平利用宇宙、开展太空合作的战略构想，始终致力于推动人类进入“太空文明”时代。中国人民开放合作、坦诚负责、构建和谐世界的坚定信念，得到世界各国的普遍认同，我们倍加自豪。

在实施第三次载人航天飞行的过程中，中国航天员首次进行了太空行走实验，把足迹印在神奇浩瀚的宇宙之中，标志着中国载人航天工程发展的重大进展。漫步太空，表明我国突破和掌握了出舱活动的关键技术；系列空间科学技术实验和释放伴飞小卫星，预示我国载人航天事业步入更高的发展水平……“神七”担负着我国载人航天工程“三步走”战略第二步的历史使命，为未来建立空间站奠定了技术基础。

坐地日行八万里，巡天遥看一千河。我国航天事业经过 50 多年的发展和几代人的不懈努力，取得了辉煌成就。走出地球摇篮，探索神秘宇宙，中国人民千百年的飞天梦想和追求人类和平、文明、进步的理想，正在一步步成为现实。

三度金秋，三度飞天，三度突破。中国载人航天事业不断创造新的辉煌。

从 5 年前杨利伟独自一人造访“天宫”，到 3 年前费俊龙、聂海胜携手巡天归来，再到2008年翟志刚出舱漫步，中国航天人把一系列超越梦想的飞跃，标记在了太空之上：成员从一人到多人，飞行时间从一天到多天，航天员活动范围从舱内到舱外……

翟志刚留在太空上的一小步，是中华民族历史性的一大步。

——这历史性的一步，所显示的是中华民族改革开放积蓄的雄厚实力。

（十一）神舟改变神州

无法想象，如果没有发展载人航天，今天的中国会有什么不同。但可以肯定的一点是，神舟确实深刻地改变了神州。

邓小平曾说："如果六十年代以来，中国没有原子弹、氢弹，没有发射卫星，中国就不能叫有重要影响的大国，就没有现在这样的国际地位。这些东西反映一个民族的能力，也是一个民族、一个国家兴旺发达的标志。"

对于神舟带来的改变，旅居海外的华人深有感触。神舟五号、六号飞行成功后，海外华人和留学生最先得到了空前的祝福，联合国大厦前有人打出了祝福的横幅，世界各国政要、媒体纷纷发表谈话和撰文，盛赞此举是中国人在人类历史上创造的伟大壮举。

很多华侨都发现，身边的外国人对他们的态度都有了明显的变化，有的向他们祝贺，有的向他们竖起大拇指……

中国航天员在太空展示五星红旗，穿着印有五星红旗标志航天服的航天员俯视地球、向全人类招手问好……通过现代媒体技术的实时报道，这一幕幕景象不仅增强了中华民族的自信心，而且影响了全世界的心态。

“神五”“神六”相继成功后，世界各国纷纷调整自己的航天战略。一向对美国有依赖心理的欧洲立即决定开展自己的载人航天计划；美国为了继续保持领先地位迫不及待地公布重返月球的设想；而日本、印度等国反应最为强烈，不仅立即加大投入，还改组航天机构。

原来在航天技术上封锁中国的各国，也纷纷伸出合作之手。印度、巴西等国呼吁发展中国家的航天合作，美国主动表示出与中国合作的意愿，欧洲则表示，中欧航天合作的前景会十分美好……

走上民族复兴之路的中国，在国际舞台上已经举足轻重。载人航天是继“两弹一星”之后我国的又一重大工程，是国家核心竞争力的重要体现。载人航天三步走战略第一步的圆满成功，增强了国家的综合国力、民族凝聚力和自信力，极大地提升了国家在国际舞台上的发言权和地位。[①]

① 白瑞雪、红彦新主编：《载人航天》，化学工业出版社2008年版，第152～154页。

第六章

沉着应对世界金融危机

2008年，世界金融和经济形势风云变幻。随着美国次级住房抵押贷款市场危机愈演愈烈，9月15日，以美国雷曼兄弟公司破产、美林证券贱卖、摩根士丹利并购为标志，百年一遇的金融风暴发生了，并迅速从局部发展到全球，从发达国家传导到新兴市场国家和发展中国家，从金融领域扩散到实体经济领域，逐步升级为一场历史罕见、冲击力极强、席卷全球的金融危机，世界经济陷入第二次世界大战以来最严重的衰退。

一、国务院研究部署应对措施

◎危机冲击考验中国应对

◎40000亿元投入全力刺激经济

◎十项举措保民生

◎落实中央政策七项工作

◎确定金融促经济发展九项措施

在这场金融风暴中，美欧的主要金融机构遭到严重冲击、损失惊人，全球主要金融市场持续动荡，信贷紧缩严重。危机不断从金融业向其他行业、从虚拟经济向实体经济扩散。这场危机势头之猛，破坏程度之烈，均创20世纪30年代大萧条以来之最。与此同时，金融危机还在全世界引发了其他一些经济和社会问题，包括世界粮食安全形势更加严峻、贫困问题进一步加剧以及贸易保护主义抬头等。

随着金融危机日益蔓延，国际社会有关携手共渡难关的呼声也日益高涨。不管是美欧日发达经济体，还是中国等发展中经济体，都在积极采取措施，希望稳定金融市场，刺激经济增长，避免经济因金融危机陷入严重衰退。

在金融危机袭来时，经过20世纪90年代亚洲金融危机的洗礼，积累了相对丰富的应对金融危机经验的中国政府沉着冷静，迅速出台了扩大内需、促进经济增长的十项措施，及时制定完善了一系列保增长、扩内需、调结构的政策，形成了系统完整的促进经济平稳较快增长的一揽子计划。

根据不断变化的经济形势，国务院于11月、12月初召开四次专题会议，研究提振经济的具体措施，部署落实中央政策精神。

（一）部署扩大内需促进增长十项措施

11月5日，国务院总理温家宝主持召开国务院常务会议，研究部署进一步扩大内需促进经济平稳较快增长的十项措施：

一是加快建设保障性安居工程。加大对廉租住房建设支持力度，加快棚户区改造，实施游牧民定居工程，扩大农村危房改造试点。

二是加快农村基础设施建设。加大农村沼气、饮水安全工程和农村公路建设力度，完善农村电网，加快南水北调等重大水利工程建设和病险水库除险加固，加强大型灌区节水改造。

加大扶贫开发力度。

三是加快铁路、公路和机场等重大基础设施建设。重点建设一批客运专线、煤运通道项目和西部干线铁路，完善高速公路网，安排中西部干线机场和支线机场建设，加快城市电网改造。

四是加快医疗卫生、文化教育事业发展。加强基层医疗卫生服务体系建设，加快中西部农村初中校舍改造，推进中西部地区特殊教育学校和乡镇综合文化站建设。

五是加强生态环境建设。加快城镇污水、垃圾处理设施建设和重点流域水污染防治，加强重点防护林和天然林资源保护工程建设，支持重点节能减排工程建设。

六是加快自主创新和结构调整。支持高技术产业化建设和产业技术进步，支持服务业发展。

七是加快地震灾区灾后重建各项工作。

八是提高城乡居民收入。提高2009年粮食最低收购价格，提高农资综合直补、良种补贴、农机具补贴等标准，增加农民收入。提高低收入群体等社保对象待遇水平，增加城市和农村低保补助，继续提高企业退休人员基本养老金水平和优抚对象生活补助标准。

九是在全国所有地区、所有行业全面实施增值税转型改革，鼓励企业技术改造，减轻企业负担1200亿元。

十是加大金融对经济增长的支持力度。取消对商业银行的信贷规模限制，合理扩大信贷规模，加大对重点工程、“三农”、中小企业和技术改造、兼并重组的信贷支持，有针对性地培育和巩固消费信贷增长点。初步匡算，实施上述工程建设，到2010年底约需投资40000亿元。为加快建设进度，会议决定，2008年四季度先增加安排中央投资1000亿元，2009年灾后重建基金提前安排200亿元，带动地方和社会投资，总规模达到4000亿元。

会议要求，扩大投资出手要快，出拳要重，措施要准，工作要实。要突出重点，认真选择，加强管理，提高质量和效益。要优先考虑已有规划的项目，加大支持力度，加快工程进度，同时抓紧启动一批新的建设项目，办成一些群众期盼、对国民经济长远发展关系重大的大事。坚持既有利于促进经济增长，又有利于推动结构调整；既有利于拉动当前经济增长，又有利于增强经济发展后劲；既有效扩大投资，又积极拉动消费。要把促进增长和深化改革更好地结合起来，在国家宏观调控下充分发挥市场对资源的配置作用，发挥中央和地方两个积极性。

（二）部署落实中央政策七项工作

11月10日上午，国务院在北京召开省区市人民政府和国务院部门主要负责同志会议，部署了落实中央政策措施的七项工作：

一是加大投资力度和优化投资结构。中央出台的十条措施，主要有四类：加快实施重大民生工程，加快在建重大基础设施项目建设，尽快启动一批有利于增强经济发展后劲的大型工程项目，加大力度支持产业结构调整和优化升级关键项目建设。落实这些措施，要加强对重大投资的管理，认真做好可行性研究论证，提高投资质量和效益。要加强对市场自主投资的鼓励和引导，支持引导民间资本投向政府鼓励项目和符合国家产业政策的领域，广泛参与各种民生工程、基础设施和生态环境建设，把政府投资引导作用与发挥民间投资积极性有机结合起来。

二是着力扩大消费需求特别是居民消费需求。要把扩大消费与完善收入分配政策结合起来，与扩大就业结合起来，与发展服务业结合起来。最重要的是，要千方百计增加居民收入，提高消费能力。加大力度调整国民收入分配格局，提高中低收入居民收入比重。努力消除制约消费的制度和政策障碍，改善居民消费预期，引导和促进居民扩大消费需求。

三是促进房地产市场平稳健康发展。房地产业是国民经济的重要支柱产业，对于拉动钢铁、建材及家电家居用品等产业发展举足轻重，对金融业稳定和发展至关重要，对于推动居民消费结构升级、改善民生具有重要作用。要认真分析和研究房地产市场的形势，正确引导和调控房地产走势。要增加廉租房、经济适用房等保障性住房的投资收购和开发建设；落实和完善促进合理住房消费的政策措施；促进中小户型、中低价位普通商品房开发建设稳定发展；加快发展二手房市场和住房租赁市场。继续整顿房地产市场秩序，规范市场交易。

四是努力保持出口稳定增长。综合运用出口退税、外贸发展基金、财政贴息等政策措施，支持拥有自主品牌、核心技术的产品和大型机械设备以及农轻纺等有竞争力的劳动密集型产品出口。加快实施出口市场多元化战略。积极扩大国内需要的先进技术、设备、关键零部件和能源原材料进口，增加重要战略物资储备。

五是着力提高企业素质和市场竞争力。保持经济平稳较快发展，最根本的是要激发企业的活力，促进企业发展。各类企业都要苦练内功，加快自主创新，优化产品结构，提升产品质量，增强开拓市场的能力，提高市场竞争力。各项宏观经济政策都要有利于企业发展，要从财税、金融、贸易、产业、收费等方面，采取多种政策措施，积极推动企业兼并重组，支持企业特别是中小企业发展。

六是认真做好金融财政工作。改进金融调控，综合运用多种政策工具，保持货币信贷合理增长。银行、证券、保险业都要加大对促进经济增长的支持力度，有效满足实体经济对金融服务的合理需求。促进股票市场稳定健康发展。各类金融企业要切实加强基础管理、内部控制和风险防范；要加强金融监管，完善监管制度和协调机制，有效防范金融风险，确保金融安全。大力开展财政增收节支工作。依法加强税收征管，调整优化财政支出结构，加大对经济社会发展薄弱环节支持，严格控制一般性支出。

七是积极推进关键环节和重点领域改革。全面实施增值税转型改革；抓住有利时机，进一步理顺成品油、天然气价格形成机制；加快推进医药卫生体制改革，组织好改革试点，抓紧出台各项具体配套政策；进一步转变政府职能，提高办事效率。

（三）决定扩大内需的四项实施措施

11 月 12 日，国务院总理温家宝主持召开国务院常务会议。为落实中央关于扩大内需，促进经济平稳较快增长的决策部署，会议研究决定了四项实施措施：

一是核准审批固定资产投资项目。会议核准自宁夏中卫经 11 个省（区、市）至广州、香港的西气东输二线项目东段工程，总投资 930 亿元。该项目的建设，对于提高清洁能源比重，缓解天然气供应紧张局面，促进沿线地区经济和社会发展，造福沿线地区人民群众具有重要意义。核准总投资 955 亿元的广东阳江核电工程和浙江秦山核电厂扩建工程。还审批了总投资 174 亿元的新疆生产建设兵团玛纳斯河肯斯瓦特、贵州省黔中、江西省峡江等水利枢纽工程和内蒙古巴彦淖尔、安徽省池州九华山等一批民用机场项目。

二是提高部分产品出口退税率，调整部分产品出口关税。为扶持劳动密集型中小企业，支持产业优化升级，决定自 2008 年 12 月 1 日起，进一步提高部分劳动密集型产品、机电产品和其他受影响较大产品的出口退税率。这次调整总共涉及 3770 项产品，约占全部出口产品的 27.9%。根据国内生产消费及国际市场变化，会议同时决定，取消部分钢材、化工品和粮食的出口关税，降低部分化肥出口关税并调整征税方式，对个别产品开征或提高出口关税。

三是确定中央财政地震灾后恢复重建基金的具体安排方案。第一，以中央财政地震灾后恢复重建基金 3000 亿元为主导，统筹安排受灾地区财政投入、社会捐赠、对口支援、银行贷款等各类恢复重建资金。

第二，基金重点支持恢复重建总体规划确定的 51 个县（市、区）；对规划范围以外的其他灾区，中央加大财政转移支付和扶贫开发等支持力度。

第三，对恢复重建总体规划确定的城乡住房、城镇建设、农村建设、公共服务、基础设施、产业重建、防灾减灾、生态环境、精神家园等，分别确定补助原则、标准和恢复重建基金安排规模。

四是提出进一步加强支持林业生态恢复重建的政策措施。会议指出，2008 年初在中国南方发生的特大雨雪冰冻灾害和“5·12”汶川特大地震灾害，使林业遭受严重损失。会议确定，到 2010 年，基本恢复林区生活条件和基本生产能力，受灾林农和林区职工得到妥善安置，灾区恢复重建取得显著进展。为此，必须进一步加强有关政策措施。

第一，中央财政安排专项资金支持灾后林业生态恢复重建。对林业基层单位职工因灾损毁的住房重建给予适当补助，对林木良种繁育给予适当支持。

第二，制定受灾木竹最低收购保护价，中央和地方财政对受灾木竹收购加工企业所需流动资金贷款给予贴息。

第三，对雨雪冰冻和地震灾害形成的难以偿还的造林债务，根据灾情给予优惠或适当豁免。

第四，将林业灾害救助纳入中央和地方政府相关救灾资金渠道统筹安排。

（四）确定金融促进经济发展的九项措施

12月3日，国务院总理温家宝主持召开国务院常务会议，研究部署了金融促进经济发展的九项政策措施：

一是落实适度宽松的货币政策，促进货币信贷稳定增长。综合运用存款准备金率、利率、汇率等多种手段，保持银行体系流动性充分供应，追加政策性银行2008年度贷款规模1000亿元。

二是加强和改进信贷服务，满足资金合理需求。鼓励地方政府通过资本注入、风险补偿等多种方式增加对信用担保公司的支持；设立多层次中小企业贷款担保基金和担保机构，提高对中小企业贷款比重；对符合条件的中小企业信用担保机构免征营业税；建立农村信贷担保机制，扩大农村有效担保物范围，积极探索发展农村多种形式担保的信贷产品；积极扩大住房、汽车和农村消费信贷市场。

三是加快建设多层次资本市场体系，发挥市场的资源配置功能。稳定股票市场运行，推动期货市场稳步发展，扩大债券发行规模，优先安排与基础设施、民生工程、生态环境建设和灾后重建等相关的债券发行。

四是发挥保险的保障和融资功能，促进经济社会稳定运行。积极发展“三农”、住房和汽车消费、健康、养老等保险业务，引导保险公司以债权等方式投资交通、通信、能源等基础设施和农村基础设施项目。

五是创新融资方式，通过并购贷款、房地产信托投资基金、股权投资基金和规范发展民间融资等多种形式，拓宽企业融资渠道。

六是改进外汇管理，大力推动贸易投资便利化。适当提高企业预收货款结汇比例，方便企业特别是中小企业贸易融资，提高外汇资金使用效率，支持外贸发展。

七是加快金融服务现代化，全面提高金融服务水平。进一步丰富支付工具体系，扩大国库直接支付涉农、救灾补贴等政府性补助基金范围，优化出口退税流程，继续推动中小企业和农村信用体系建设。

八是加大财税政策支持力度，发挥财政资金的杠杆作用，增强金融业化解不良资产和促进经济增长的能力。

九是深化金融改革，完善金融监管体系，强化风险监测和管理，切实维护金融安全稳定。

二、有关部门出台一系列应对举措

◎国家发展和改革委员会力推四大举措力保农业稳定发展

◎工业和信息化部十项措施应对工业增速下行压力

◎财政部从2009年起取消和停征100项行政事业性收费

◎人力资源和社会保障部加强失业预警稳定就业局势

◎商务部要求多方合力保障企业出口收汇安全

◎中国人民银行下调存贷款基准利率和存款准备金率

◎国资委要求央企应把全面风险管理摆在重要位置

2008年第四季度，根据国务院的统一部署，国家有关部门进一步完善了相关政策措施，在保障企业退休人员、城乡低保对象等低收入群众基本生活的同时，加大资助困难学生、优抚救济、住房保障等方面的工作力度。

（一）十项举措保民生

一是继续贯彻落实好家庭经济困难学生新资助政策体系。新的资助政策全部落实到位后，每年用于助学的财政投入、助学贷款和学校助学经费将达500亿元，全国1800多所高校约400万名学生和1.5万所中等职业学校约1600万名学生将获得资助。2008年，中央财政预算安排的助学经费达到223亿元。

二是落实地震灾区家庭经济困难学生特别资助政策。为确保灾区学生能够顺利就学，经国务院同意，财政部、教育部印发了《关于对汶川地震重灾区家庭经济困难学生实施特别资助政策的通知》，决定从2008年秋季到2009年春季，对地震重灾区的高中阶段和高等教育阶段家庭经济困难学生，实施为期一年的特别资助政策。对生源地为51个重灾区县的高中阶段和高等教育阶段家庭经济困难学生，免除学费，补助生活费，并扩大国家助学金范围。2008年下半年中央财政将安排资金6.9亿元、彩票公益金1.15亿元，共8.05亿元。

三是继续对高校在校本专科生中家庭经济困难学生发放临时伙食补助。补助标准为每人每月40元，补助期限为5个月，补助学生约377万名。2008学年秋季学期中央财政将安排临时伙食补助专项资金4.77亿元。

四是落实优抚政策，调整优抚对象等人员抚恤和生活补助标准。国家出台政策，从2008年10月1日起提高部分优抚对象和新中国成立前老党员抚恤和生活补助标准。2008年中央财政用于优抚对象等人员抚恤和生活补助资金将达到141.2亿元，比2007年增加31.2亿元，增长28.4%。

五是继续做好汶川地震受灾群众生活救助工作。为妥善解决汶川地震重灾区受灾群众灾后基本生活保障问题，国家将继续对四川、甘肃、陕西三省重灾区的“三孤”人员、重伤残者家庭人员、异地安置人员以及因灾住房倒塌或严重损坏且生活困难的受灾群众给予3个月的后续生活救助，中央财政安排补助资金25亿元。

六是安排受灾群众冬春临时生活困难救助资金。为帮助受灾困难群众解决冬春期间基本生活问题，中央财政安排了受灾群众冬春临时生活困难救助专项资金，用于解决受灾群众口粮、衣被、取暖等基本生活困难。

七是降低住房交易税费。经国务院同意，财政部、国家税务总局决定对个人住房交易环节的税收政策做出调整。自2008年11月1日起，对个人首次购买90平方米及以下普通住房的，契税税率暂统一下调到1%；对个人销售或购买住房暂免征收印花税；对个人销售住房暂免征收土地增值税。同时，为加强税收优惠政策管理，要求首次购房证明由住房所在地县（区）住房建设主管部门出具。

八是扩大商业性个人住房贷款利率下浮幅度，加强对个人首次购买普通住房的金融支持。金融机构对居民首次购买普通自住房和改善型普通自住房提供贷款，其贷款利率的下限可扩大为贷款基准利率的 0.7 倍，最低首付款比例调整为 20%。同时，下调个人住房公积金贷款利率，各档次利率分别下调 0.27 个百分点。汶川地震灾区居民灾后购置自住房的贷款利率下限、最低首付款比例和住房公积金贷款利率优惠政策保持不变。

九是加大保障性住房建设规模。加快廉租住房建设，加大实物配租力度，扩大廉租住房租赁补贴范围，推进棚户区（危旧房）改造，多渠道改善居民住房条件。2008 年中央财政已下达中西部地区廉租住房保障补助资金 81 亿元，用于中西部地区廉租住房保障租赁补贴支出和新建廉租住房建设支出；中央预算内投资安排 16.8 亿元，专项用于东北三省中央下放地方煤矿棚户区改造配套基础设施工程建设，以支持地方解决城市低收入家庭住房困难问题。

十是出台《城市低收入家庭资格认定办法》。为规范廉租住房、经济适用住房保障以及其他社会救助工作中的城市低收入家庭资格认定行为，民政部会同有关部门研究制定了《城市低收入家庭资格认定办法》。地方政府可以制定鼓励住房消费的收费减免政策。

（二）国家发展和改革委员会力推四大举措，力保农业稳定发展

12 月 1 日，国家发展和改革委员会副主任杜鹰在合肥举行的全国发展改革系统农村经济工作会议上指出，受宏观经济形

势变化的影响，2009 年中国保农业稳定发展和保农民稳定增收难度都在加大，为巩固和发展近年来之不易的农业农村好形势，国家发改委将实施增加涉农投资、搞好农产品市场调控等四大措施：

一是将把 2008 年确定的中央投资进一步向“三农”倾斜，并把 2009 年安排的涉农投资管好、用好，明确责任、加快进度、选准项目、改进方式、加强管理。

二是针对农产品价格下行压力加大，要切实搞好农产品市场调控，避免农产品价格大起大落。对东北粳稻、玉米、大豆、南方中晚籼稻、油菜籽以及棉花等农产品适时加大临时收储力度；在已出台小麦 2009 年最低收购价格基础上，适时出台 2009 年稻谷最低收购价；加大涉农补贴力度，扩大覆盖范围，完善补贴方式；加强农产品储备，完善进出口调控；加强猪肉价格监控，制定应急预案，适时增加冷藏储备；理顺化肥价格形成机制，建立农资价格上涨与对农民补贴挂钩机制，保护和调动农民生产积极性。

三是千方百计增加农民收入。在农业收入方面，稳定粮食产量，适当提高价格，优化农产品结构；在非农业收入方面，对回流农民工创业、就业出台支持政策，同时加大培训力度；利用国家新一轮投资中对中西部农村的倾斜政策，扩展就业渠道；加大农民工维权力度。

四是抓住机遇，打牢农业产业发展基础，提高农业综合发展能力。尽快实施新增千亿斤粮食生产能力建设规划，提高粮食生产能力，藏粮于地；加强农业产品质量安全体系建设，建立农产品标准体系、检测检验体系，在农产品生产规模化、标准化以及农产品质量监管体系上下功夫。

（三）工业和信息化部十项措施应对工业增速下行压力

为有效应对国际金融危机对中国工业经济造成的负面影响，确保在重点领域和关键环节，推进信息化和工业化融合发展，推动工业结构优化升级，加快转变工业经济发展方式，确保工业经济平稳较快增长，工业和信息化部11月19日出台十项措施：

一是切实抓好工业领域综合协调和运行要素保障工作。提出防止工业增速过快下滑、保持平稳较快增长的政策措施建议，积极推动支持和引导工业可持续发展的进出口、价格、财税、信贷等相关政策措施的出台，着力搞好工业领域煤电油气运和重要生产资料等运行要素的保障协调。

二是积极扩大内需，促进产品结构和布局调整。抓好钢铁基地、百万吨乙烯、百万吨钾肥、磷复肥基地等一批在建重大项目的实施，尽快启动一批有利于增强经济发展后劲的大型工程项目，抓紧组织制定一批有利于促进产品结构调整和优化升级的专项规划，促进工业产品结构和布局调整。

三是大力振兴装备制造业。坚持自主创新与技术引进相结合，加快推进重大技术装备国产化。着力建立健全振兴装备制造业的法规和标准，加快完善促进装备制造业健康发展的市场环境。综合运用出口退税、外贸发展基金、财政贴息等政策措施，支持拥有自主品牌、核心技术的重大装备产品出口。着力推进体制机制创新，鼓励发展具有国际竞争力的大企业集团，全面提升装备制造业发展水平和国际竞争力。

四是大力开展企业技术改造工作。根据国家总体规划和产业政策要求，制定发布工业、通信业领域企业技术改造投资指南，明确企业技术改造的重点和方向，引导银行资金和社会资金加大对企业技术改造的投入。抓紧做好企业技术中心的认定和建设项目的规划工作。通过企业技术中心建设，完善企业技术创新平台，促进企业提高产品的设计技术、制造和工艺技术、试验验证技术以及系统集成技术，提高企业的市场竞争力。

五是着力缓解中小企业融资困难。与财政、金融等部门协调，加大对中小企业贷款支持力度，完善对小企业信贷考核机制，积极建立小企业贷款贴息和风险补偿机制，扩大国有商业银行对中小企业的贷款规模。进一步完善中小企业信用担保机构风险补偿机制，在东北地区、北京市再担保试点基础上扩大再担保试点范围。

六是大力推进信息化和工业化融合。组织实施信息化和工业化融合专项以及工业行业信息化应用提升专项，推进产品、研发设计、企业管理、生产过程、生产装备、综合集成、流通等关键环节信息化。加强重点行业和领域的信息技术推广应用，推动信息技术在传统工业领域的渗透与融合，以汽车电子、机床电子、医疗电子等领域为重点，加快应用电子产业发展。大力实施“倍增计划”，做好信息技术应用试点和示范工作。

七是继续推动 TD－SCDMA[1] 研发和产业化工作。做好“TD－SCDMA 研究开发和产业化（二期）”和“IMT－Advanced[2] 技术方案研究和关键技术研发”两个国家科技支撑计划项目的组织实施工作，确保项目按计划进展。加快 TD－SCDMA 增强型技术的研发和产业化，以及 TD－SCDMA 后续演进技术的标准化和研究工作。

八是大力扶持支农产品发展。认真贯彻中央“以工促农、以城带乡”的方针，全力做好化肥、农药、农膜、农用柴油等支农物资的生产，保障农资供给。加强农业生产急需的农机产品和装备的研制，向农业提供多功能、智能化、经济型的农业装备设施，提供农业基础设施建设必需的关键设备和机具。

九是以服装行业为切入点，加快推进自主品牌建设。抓紧制定《关于加快推进中国服装自主品牌建设的指导意见》，以服装行业为切入点，协调有关部门，加大扶持力度，以点带面，加快推进消费品工业自主品牌建设，实现中国由消费品制造大国向消费品品牌大国的跨越式发展。

十是着力提高企业素质。引导企业正确认识当前形势，正视风险，加强内部管理，苦练内功，加快自主创新、优化产品结构，提升产品质量，增强开拓市场的能力，千方百计保持当前生产经营稳定。

---

① 指第三代移动通信技术，俗称 3G。

② 指高级国际移动通信技术，俗称 4G。

（四）财政部从2009年起取消和停征100项行政事业性收费

2008年11月，财政部、国家发展和改革委员会发出通知，决定自2009年1月1日起，在全国统一取消和停止征收100项行政事业性收费。这一减费举措将为企业和社会减轻负担约190亿元。

财政部数据显示，连同自2008年9月1日起停征的集贸市场管理费和个体工商户管理费约170亿元，2008年以来国家采取的减费措施可直接减轻企业和社会负担约360亿元。

此次取消和停止征收100项行政事业性收费，主要是落实当前中央关于扩大内需、促进经济平稳较快增长的决策部署，有效发挥积极财政政策作用，通过实施强有力的减费措施，进一步减轻企业和社会负担，发挥与减税政策相同的扩张效应，促进企业增加投资和居民消费，扩大国内需求。

取消和停征的100项行政事业性收费项目涉及教育、劳动就业、人才流动、执业资格、工程建设、外贸出口、药品生产、家禽养殖、农业生产等多个领域。此外，各地方人民政府及其财政部门也将全面清理本地区出台的行政事业性收费，进一步减轻企业和社会负担。

财政部表示，取消和停征100项行政事业性收费后，会造成财政减收。各级财政部门要妥善安排财政预算，做好相应的经费保障工作。

（五）人力资源和社会保障部加强失业预警稳定就业局势

11 月 17 日，人力资源和社会保障部发出通知，提出要加强失业调控和失业预警，对本地区可能出现的规模裁员和失业增加等情况，及时向政府报告，并采取措施实施失业预防、调节和控制，全力维持就业局势的稳定。

鼓励国有企业带头承担社会责任，尽量减少裁员。对关闭停产企业已解除劳动关系的人员，要及时足额发放失业保险金。同时，还要积极研究失业保险在减轻企业负担和支持困难企业渡过难关方面的政策措施。

要配合有关部门结合当地实际，明确本地优先重点发展的劳动密集型行业和企业，完善鼓励发展的资金支持、金融信贷、社会服务等扶持政策，保护和支持劳动密集型产业发展，扩大就业。要全面推动以创业带动就业。

重点做好城镇新增劳动力特别是高校毕业生的就业、下岗失业人员和困难群众的就业工作。加大积极就业政策的贯彻落实力度，扩大政策覆盖范围，提高补贴标准，完善操作办法，重点做好关闭停产企业下岗失业人员的再就业工作。

同时大力开发公益性就业岗位，组织开展公共就业服务和“一对一”就业援助，及时帮助就业困难群众和零就业家庭人员实现就业。不断加强和改进对高校毕业生的就业服务，特别是为困难家庭高校毕业生提供有针对性的就业服务，帮助其尽快就业。

实施特别职业培训计划。充分运用就业专项资金和失业保险基金，加强对企业职工岗位培训、城镇下岗失业人员的再就业培训和对农民工的技能培训以及对农村初高中毕业生的劳动预备制培训，根据需要延长培训期限，提高培训补贴标准，缓解就业压力，并以此提高技能水平，做好技能人才储备。

要结合基本建设项目的开工建设，努力推进校企合作、订单式培训等多种培训模式，增强职业培训的针对性和有效性，为承担各类建设任务的企业提供高素质的技术工人。

加强对企业劳动关系的指导和服务，建立健全劳动关系调处应急反应机制。要了解企业特别是劳动密集型企业用工动态，及时掌握关闭停产企业劳动关系处理和生产经营困难企业裁员情况。完善应急工作预案，预防和妥善处理群体性事件，做到早发现、早处理、早报告。建立快捷的劳动争议仲裁绿色通道，及时处置重大劳动争议和集体劳动争议。加大劳动争议调解力度，力争将小额、简单、涉及人数较多的劳动争议通过调解化解在基层。要妥善处理工资和工时问题。根据当前经济形势和企业实际，近期暂缓调整企业最低工资标准。区别不同情况，指导符合条件企业及技术先进型服务外包企业实施综合计算工时和不定时工时制。

要引导农民工有序流动，积极开展对农民工的就业服务。具体措施包括：要及时了解本地区在外务工的农民工就业状况和返乡情况，加强对劳动力市场信息的监测和统计，做出分析研判，采取有效措施加以引导。

输入地要利用多种途径，及时发布用工信息，将已在用工地稳定就业半年以上失去工作的农民工纳入失业登记，对符合条件的农民工要通过失业保险基金及时核发一次性生活补助，并提供免费的职业介绍和政府补贴的职业培训等就业服务。

输出地要依托乡镇劳动保障工作平台，结合当地实际和农民工需求，适应转岗转业和结构调整的需要，大力开展就业培训和创业培训，为返乡农民工就地就业和创业提供服务。

此外，要维护农民工的劳动权益。妥善处理倒闭企业、裁员企业与农民工的劳动关系，把解决拖欠工资作为维护农民工权益、维护社会稳定的重要任务抓好落实。

（六）商务部要求多方合力保障企业出口收汇安全

2008年以来，受美国次贷危机影响扩大、国际市场需求萎缩等影响，中国企业面临的出口收汇风险明显加大，部分地区出现进口商拖欠货款、出口企业坏账增加、出口报损案件增长较快的情况。中国商务部对各地商务主管部门、商协会以及企业提出要求和建议，力求多方合力保障企业出口收汇安全，并于11月出台了四大措施：

一是强化出口收汇风险防范意识。要求各地商务部门加强对本地区企业出口收汇风险情况的跟踪分析，对收汇风险中出现的重要情况要及时报告；做好信息披露、风险提示等宣传引导，重点揭示、披露本地区主要出口目标市场的重大政策调整、经济金融环境变化等预警信息，提醒企业关注收汇风险变化情况；针对中小企业国际贸易经验不足、风险意识相对较低、对风险承受能力也较差的情况，把中小企业作为工作重点。

二是多方协作，加大对防范收汇风险的支持力度。要求各地商务系统举办各种类型的培训班，帮助企业全面了解国别风险动向，掌握外贸风险防范、控制的工具和方法，提升企业信用管理水平；加大对出口信用保险等信用工具的宣传，鼓励企业积极参保，大力推广风险防范工具；探索引入国际先进的信用管理和评级机构、商账追索等服务业；会同金融保险机构研究创新避险工具。要求各行业商协会及时发布本行业出口风险预警信息；将行业内企业举报的国外不良进口商信息，及时通过行业刊物、网络等方式进行发布；加强行业协调，减少行业内的出口恶性竞争。

三是加强管理，提高防范出口收汇风险的能力。建议外贸企业加强出口合同管理，完善合同责权条款，严格履行合同，避免对方以不符合合同为由拒付货款。加强对国外客户资信的了解，对老客户要及时掌握其商业信用、债务偿还能力等动态信息；对新客户可借助信用管理公司对客户信用度进行调查，避免盲目签单出口。尽可能选择信用证、银行保函等以银行信用作保证的、安全稳妥的贸易结算方式，及时清算货款，一旦发现外方有故意拖欠行为，要采取适当措施避免损失。要积极运用出口信用保险等避险工具，保障出口收汇安全。

四是积极应对，保障企业出口收汇的合法权益。要求各地商务部门通过与境外中介组织积极协商等方式，帮助企业采取适当措施，解决经贸纠纷，减少损失。在出现重大的收汇风险事件时，可通过中国驻外经商机构与当地政府部门等有关机构进行磋商协调，做好事后补救。要组织遭受损失的出口企业寻求司法途径，争取合法权益。

（七）中国人民银行下调存贷款基准利率和存款准备金率

第一，下调存款类金融机构人民币存款准备金率。[①]

为了促进经济发展，9 月 15 日，中国人民银行宣布从 2008 年 9 月 25 日起，除工商银行、农业银行、中国银行、建设银行、交通银行、邮政储蓄银行暂不下调外，其他存款类金融机构人民币存款准备金率下调 1 个百分点，汶川特大地震重灾区地方法人金融机构存款准备金率下调 2 个百分点。

此后到 2008 年底，央行进一步扩大了贷款总量，先后于 10 月 15 日、12 月 5 日和 12 月 25 日，三次下调了金融机构人民币存款准备金率，特别是对中小型存款类金融机构以及汶川特大地震灾区、农村金融机构下调的比例更大，继续保持了此前优惠的存款准备金率。

第二，下调金融机构人民币存贷款基准利率。

9 月 16 日，中国人民银行宣布下调金融机构人民币贷款基准利率。金融机构 1 年期贷款基准利率下调 0.27 个百分点，由 7.47%降至 7.20%，其他各档次贷款基准利率相应进行了调整。

与此同时，还下调了个人住房公积金贷款利率。5 年期以下由 4.77%下调到 4.59%，下调 0.18 个百分点；5 年期以上

① 金融机构存款准备金是指金融机构为保证客户提取存款和资金清算需要而准备的放在中央银行的存款。中央银行要求的存款准备金占其存款总额的比例就是存款准备金率。打比方说，如果存款准备金率为 10%，就意味着金融机构每吸收 1000 万元存款，要向央行缴存 100 万元的存款准备金，则其用于发放贷款的资金为 900 万元。倘若将存款准备金率提高到 20%，那么，金融机构的可贷资金将减少到 800 万元。中央银行通过调整存款准备金率来影响金融机构的信贷扩张能力，从而间接调控货币供应量。

由5.22%下调到5.13%，下调0.09个百分点。存款基准利率保持不变。

其后，央行又在10月9日、10月30日、11月27日和12月23日4次下调了金融机构人民币存、贷款基准利率。

其中，金融机构1年期存款基准利率由4.14%下调至2.25%，1年期贷款基准利率由7.20%下调至5.31%；其他各档次存贷款利率相应调整。

个人住房公积金贷款利率也相应下调。5年期以下个人住房公积金贷款利率下调至3.33%；5年期以上（含）下调至3.87%。

同时，下调中国人民银行对金融机构存贷款利率。其中，法定准备金存款利率由1.89%下调至1.62%，下调0.27个百分点；超额准备金存款利率由0.99%下调至0.72%，下调0.27个百分点；1年期流动性再贷款利率由4.68%下调至3.33%。对农村信用社再贷款（不含紧急贷款）1年期利率由3.42%下调至2.88%，下调0.54个百分点。其他再贷款利率相应下调。再贴现利率由4.32%下调至1.80%。[①]

（七）国资委要求央企应把全面风险管理摆在重要位置

国务院国有资产监督管理委员会11月11日发布《关于2009年中央企业开展全面风险管理工作有关事项的通知》（以下简称《通知》），要求各央企应把全面风险管理工作摆在日常

① 参见《中华人民共和国年鉴·2009年》，中华人民共和国年鉴社2009年版，第108页。

经营管理的重要位置，并逐步探索适合本企业的全面风险管理工作机制。

《通知》强调，当前由美国次贷危机引发的国际金融危机不断蔓延，给世界各国经济发展带来严重影响，中国经济发展也面临诸多困难和挑战，因此，提高中央企业全面风险管理工作水平的任务更加紧迫。

《通知》提出，中央企业要以科学发展观为指导，充分认识当前和今后一段时期内市场环境变化对企业经营管理的持续影响，积极主动应对各种风险，把全面风险管理工作摆在企业日常经营管理的重要位置。中央企业要加强领导，主要负责人要亲自抓。要本着从实际出发、务求实效的原则，以解决企业经营管理中存在的突出问题为重点，加强对重大风险、重大决策、重大事件的管理和重要流程的内部控制，不断完善企业内部控制系统，逐步建立健全企业全面风险管理体系，切实提高企业的风险防范和应对能力。

面对国际经济环境急转直下，国内经济困难明显增加的重大挑战和考验，党中央和国务院审时度势，沉着应对，及时调整宏观经济政策，果断做出一系列重大部署安排，及时把宏观调控的首要任务调整为保持经济平稳较快发展、控制物价过快上涨，其后又果断实施积极的财政政策和适度宽松的货币政策，采取一系列进一步扩大内需、促进经济增长的政策措施，全力保持经济平稳较快发展。全党全国各族人民众志成城、共克时艰，在十分困难的条件下，中国经济呈现增长较快、价格回稳、结构优化、民生改善的良好局面。

三、积极参与国际应对金融危机行动

◎积极参与解决国际金融危机的国际峰会，发出自己的声音

◎“对话合作，互利共赢”

◎主办第七届亚欧首脑会议，共商应对之策

◎参加二十国集团领导人金融峰会

◎中国应对全球金融危机的大手笔决不仅是给世界经济的一剂强心针，事实上，如果没有中国的这一撼世之举，世界经济不可能如此之快地复苏

经济全球化时代的世界性金融危机，使得多数国家都成为利益攸关方。因此需要国际社会共同谋求解决危机的对策。中国积极参与解决国际金融危机的国际峰会，适时提出积极建议，发出自己的声音。

（一）主办第七届亚欧首脑会议，共商应对之策

2008年10月，金秋北京，天高气爽，花团锦簇。长安街两旁，亚欧会议成员的国旗和区域组织旗帜迎风飘扬。24～25日，第七届亚欧首脑会议在北京人民大会堂隆重举行。45个亚欧会议成员的国家元首、政府首脑、地区组织领导人和代表，围绕会议主题“对话合作，互利共赢”就国际金融形势等议题坦诚、务实、深入地交换意见，凝聚共识，以推动亚欧合作进程，为促进世界和谐与可持续发展做出积极贡献。

中国国家主席胡锦涛发表了题为《亚欧携手　合作共赢》的重要讲话。胡锦涛指出，面对金融危机这一全球性挑战，世界各国需加强政策协调、密切合作、共同应对。在此关键时刻，坚定信心比什么都重要。只有坚定信心、携手努力，我们才能共同渡过难关。中国赞赏和支持有关国家为应对这场金融危机采取的积极措施，希望这些措施尽快取得成效。中国在力所能及的范围内为应对这场金融危机做出了积极努力，采取了一系列重大举措。中国将继续本着负责任的态度，同国际社会一道努力维护国际金融稳定和经济稳定。胡锦涛强调，中国是一个拥有13亿人口的发展中国家，中国经济同世界经济的联系日益紧密，中国经济保持良好发展势头本身就是对全球金融市场稳定和世界经济发展的重要贡献。为此，我们首先要把国内的事情办好。将根据国内外经济形势变化，加强宏观调控的预见性、针对性、有效性，及时调整政策，着力扩大国内需求特别是消费需求，保持经济稳定、金融稳定、资本市场稳定，继续推动经济社会又好又快发展。①

中国政府为全面化解和战胜金融危机提出了建设性的意见：

第一，各国首先要把自己的事情办好。在危机面前，领导者要从人民的根本和长远利益出发，坚定、果断、负责、及时地做出决策，通过必要的财政、货币、监管等手段，尽快恢复市场信心，保持经济增长。同时还要妥善引导舆论，维护社会稳定。

① 参见胡锦涛：《亚欧携手　合作共赢——在第七届亚欧首脑会议开幕式上的讲话》，《人民日报》2008年10月25日，第3版。

第二，加强政府间的协调与配合。各国财政部门、央行和金融监管机构应密切跟踪、研究危机发展趋势和影响，扩大信息交流，并在宏观经济政策协调和国际金融监管方面采取有效措施，提高共同防范风险的能力。

第三，促进区域财金对话与合作。欧元区已就应对金融危机达成基本原则。亚洲地区也在探讨扩大“东盟 10＋3”[①] 框架下双边货币互换协议的规模，加快推进区域外汇储备库的建设进程。在此基础上，亚欧应发挥各自优势，充分利用现有机制，在更大范围上推进跨区域财金合作。

第四，推动改革国际货币金融体系。这场危机充分暴露了现行国际金融体系和治理结构的缺陷。国际社会纷纷要求加快改革步伐，建立公平、公正、有效的国际金融体系。

中国政府认为，一要增加发展中国家在国际金融组织中的发言权和代表性；二要扩大国际金融体系监管的覆盖面，特别要增强对主要储备货币国的监督；三要建立合理的全球金融救助机制。我们要认真吸取金融危机的教训，处理好三个关系：一是金融创新与金融监管的关系。要根据需要和可能，稳步推进金融创新，同时加强金融监管。二是虚拟经济与实体经济的关系。要始终重视实体经济的发展，使经济建立在坚实可靠的基础上。虚拟经济要与实体经济相协调，更好地为实体经济服

① “东盟 10+3”指东盟 10 国（文莱、印度尼西亚、马来西亚、菲律宾、新加坡、泰国、越南、老挝、缅甸、柬埔寨）加上中国、日本和韩国。

务。三是储蓄与消费的关系，要使消费与储蓄相协调。[①]

（二）参加二十国集团领导人金融峰会

2009 年 4 月 2 日，二十国集团[②]领导人第二次金融峰会在英国首都伦敦举行。会议期间，中国国家主席胡锦涛发表了题为《携手合作　同舟共济》的重要讲话，阐释了对国际金融危机形势的判断、国际社会应该如何有效应对国际金融危机、推动恢复世界经济增长等看法。胡锦涛指出：国际金融危机仍在蔓延和深化，对全球实体经济的冲击日益显现，世界经济金融形势依然复杂严峻。当前，最紧迫的任务是全力恢复世界经济增长，防止其陷入严重衰退；反对各种形式的保护主义，维护开放自由的贸易投资环境；加快推进相关改革，重建国际金融秩序。我们应该进一步落实国际社会达成的共识，树立更坚定的信心，采取更有效的措施，开展更广泛的合作，实施更合理的改革，努力取得实质性成果。

第一，进一步坚定信心。经过长期发展，世界经济形成了坚实的物质技术基础，我们具备应对国际金融危机的客观条件。各国宏观调控工具明显增多，调控的针对性和有效性大为增强，我们具备应对国际金融危机的政策手段。国际社会愿意

① 参见温家宝：《同舟共济，互利共赢——在第七届亚欧首脑会议上的讲话》，《人民日报》2008 年 10 月 26 日，第 2 版。

② 二十国集团又称 G20，是一个国际经济合作论坛，于 1999 年 9 月 25 日成立，成员包括：八国集团成员国（美国、日本、德国、法国、英国、意大利、加拿大、俄罗斯），以及中国、阿根廷、澳大利亚、巴西、印度、印度尼西亚、墨西哥、沙特阿拉伯、南非、韩国、土耳其和作为一个实体的欧盟。二十国集团的 GDP 总量约占世界的 90%，人口占全球的三分之二。

加强协调和合作，我们具备应对国际金融危机的共同意愿。只要我们坚定信心、共同努力，就一定能渡过难关，实现我们共同确定的目标。

第二，进一步加强合作。这场国际金融危机是在经济全球化深入发展、国与国相互依存日益紧密的大背景下发生的，任何国家都不可能独善其身，合作应对是正确抉择。我们应该认清形势、加强沟通、相互支持、携手合作、共克时艰。我们应该保持宏观经济政策导向总体上的一致性、时效性、前瞻性。作为具有广泛代表性的二十国集团，是国际社会共同应对国际经济金融危机的重要有效平台。我们应该大力开展各项实质性合作，加快结构调整，稳定市场，促进增长，增加就业，改善民生，千方百计减轻国际金融危机对实体经济的冲击和影响。

第三，进一步推进改革。加强金融监管既是防范和化解国际金融危机的关键环节，也是维护国际金融市场稳定和促进世界经济发展的重要措施。这场国际金融危机给我们的一个重要启示，就是加强金融监管势在必行。

一是加强金融监管合作，处理好普遍性和特殊性、自我约束和外部监管、当前和长远的关系，增强各国自身金融监管能力、完善国际金融监管体系、加强对跨境金融机构的有效监管、加强对评级机构的监管。

二是国际金融机构应该增强对发展中国家的救助。

三是金融稳定论坛应该发挥更大作用。

四是国际货币基金组织应该加强和改善对各方特别是主要储备货币发行经济体宏观经济政策的监督，尤其应该加强对货币发行政策的监督。

五是改进国际货币基金组织和世界银行治理结构，提高发展中国家代表性和发言权。

六是完善国际货币体系，健全储备货币发行调控机制，保持主要储备货币汇率相对稳定，促进国际货币体系多元化、合理化。

第四，进一步反对保护主义。任何国家和地区都不应借刺激经济之名、行保护主义之实。我们应该共同反对任何形式的贸易保护主义，反对以各种借口提高市场准入门槛和各种以邻为壑的投资保护主义行为，共同反对滥用贸易救济措施。多哈回合谈判事关全球贸易自由化进程。我们应该共同坚守2008年7月有关各方达成的共识，在现有框架基础上继续前进，推动谈判早日取得全面、均衡的成果。

第五，进一步支持发展中国家。国际社会应该高度关注和尽量减少国际金融危机对发展中国家特别是最不发达国家造成的损害；国际社会特别是发达国家应该承担应尽的责任和义务，继续履行援助、减债等承诺，切实保持和增加对发展中国家援助，切实帮助发展中国家维护金融稳定、促进经济增长，切实帮助发展中国家特别是非洲国家克服困难，不断改善这些国家发展的外部环境。胡锦涛指出，国际金融危机给中国带来了前所未有的困难和挑战。为应对国际金融危机冲击、保持经济平稳较快发展，中国及时调整宏观经济政策，果断实施积极的财政政策和适度宽松的货币政策，形成了进一步扩大内需、促进经济增长的一揽子计划。这些措施已取得初步成效、呈现出积极迹象。这表明中国的应对思路是符合实际的，政策是积极有效的。

胡锦涛强调，面对国际金融危机冲击，我们将继续坚持对外开放的基本国策，始终不渝奉行互利共赢的开放战略。中国作为国际社会负责任的成员，始终积极参与应对国际金融危机的国际合作，显示了中国坚持对外开放、推动恢复世界经济增长的坚定态度。中国将继续同国际社会加强宏观经济政策协调，推动国际金融体系改革，积极维护多边贸易体制稳定，为推动恢复世界经济增长做出应有贡献。①

全球金融危机爆发后，中共中央和国务院迅速对这场危机的性质、可能持续的时间及其危害性的程度进行了科学研判，并在此基础上于2008年11月果断地做出了以“积极的财政政策”为主，辅之以稳健的货币政策，通过中央政府的40000亿元投入全力刺激经济。在当时国家财力许可的条件下，快速出击、重拳出击，极大地抵消了全球金融危机对中国经济的负面效应，保持了中国经济连续快速增长的基本趋势。中国应对全球金融危机的大手笔决不仅是给世界经济的一剂强心针，事实上，如果没有中国的这一撼世之举，世界经济不可能如此之快地复苏。中国的集中式大规模投入，直接拉动了全球的需求，拉动了全球的投资。中国当时所取得的发展成绩是在发达国家经济衰退加深、发展中国家经济增速明显减缓的形势下取得的，是很不容易的。为了应对金融危机，中国提出了实行积极

① 胡锦涛：《携手合作　同舟共济——在二十国集团领导人第二次金融峰会上的讲话》，《人民日报》2009年4月3日，第1版。

的财政政策和宽松的货币政策，特别是始终把实施积极的就业政策放在第一位，对推动科学发展、促进社会和谐具有十分重要的意义；另外，中国推出的40000亿元刺激计划主要用于“铁、公、基”，一方面保证了经济增长，另一方面又解决了基础设施的一些瓶颈，为今后的发展提供了更好、更新的平台。正是及时果断地采取了一系列应对措施，中国经济才率先复苏。

2009年一季度，中国国内生产总值增长6.1%，1～5月中国城镇固定资产投资增长32.9%，消费品零售总额增长15%，工业生产增长6.3%。中国将继续参与应对国际金融危机的国际合作，继续为国际社会共同推动世界经济复苏做出自己的贡献。2008年以来国际金融危机影响下，中国经济依然保持了8%以上的增长。通过改革开放以来的持续、快速增长，截至2010年第二季度，中国经济总量已跃升世界第二。①

中国积极应对2008年世界金融危机的经历，给今天的经济发展留下了宝贵的启示：中国当时宏观调控的总思路是符合社会主义市场经济基本原理的，是社会主义市场经济应对金融危机的一次伟大实践，也为丰富经济学理论和实践管理提供了重要经验。现在来看，在当时的应对中一些大项目、大型企业获益较多，对中小企业的关注不够，一些深层次问题没有得到解决；另外，保增长中更多的是依靠投资拉动，消费的拉动力不足，今后应该更多注意发挥消费的作用；还应当更注重调结构，使一些高能耗、高物耗、落后产能得到控制和淘汰。

---

① 《新华资料：中国经济》，新华网，http://news.xinhuanet.com/ziliao/2009－01/24/content_706099.htm。

继美国金融危机之后，以欧债危机为导源的新一轮全球危机正在发酵之中。2008 年中国应对危机的某些做法仍有一定的启发意义。首先，我们必须对这次欧债危机的性质、可能持续的时间尤其是可能对中国经济的危害性做出准确的评判；其次，要以保持中国经济持续快速增长为目标，及时采取适度、有序和结构性的松紧搭配政策；再次，最大限度地降低市场准入门槛，全力启动民间投资等。

第七章

中国特色的军事变革

奥运腾飞——2008年的中国

中国发展离不开世界，世界繁荣稳定也离不开中国。在新的历史起点上，中国坚定不移地走和平发展道路，坚定不移地推进改革开放和社会主义现代化建设，坚定不移地奉行独立自主的和平外交政策和防御性的国防政策，致力于与各国一道推动建设持久和平、共同繁荣的和谐世界。中国坚持把科学发展观作为国防和军队建设的重要指导方针，主动适应世界军事发展新趋势，以维护国家主权、安全、发展利益为根本出发点，以改革创新为根本动力，在更高的起点上推进国防和军队现代化。

一、确定新世纪新阶段我军历史使命

◎“三个提供、一个发挥”，第一次鲜明地把巩固党的执政地位、维护国家发展重要战略机遇期、维护国家利益和维护世界和平促进共同发展，与军队的职能使命紧密联系在了一起

◎用党的创新理论凝聚意志和力量

◎不管战争形态如何演变，人都是决定战争胜负的关键因素

当代中国与世界的关系发生了历史性变化。中国经济已经成为世界经济的重要组成部分，中国已经成为国际体系的重要

成员，中国的前途命运日益紧密地同世界的前途命运联系在一起。

在21世纪，我国经济实力、科技实力和民族凝聚力不断增强，国防和军队建设如何乘势而上？国际形势复杂多变，影响和平与发展的不稳定、不确定因素日益增多，我军如何提高应对危机、维护和平，遏制战争、打赢战争的能力，从而为国家发展提供强有力的安全保障？党中央、中央军委明确提出坚持把科学发展观作为加强国防和军队建设的重要指导方针，贯彻落实到国防和军队建设的各个领域和全过程，实现国防和军队建设又好又快发展。

2004年4月24日，中共中央政治局进行第15次集体学习，内容是坚持国防建设与经济建设协调发展的方针。胡锦涛在主持学习时强调，必须始终把国家主权和安全放在第一位，坚决维护国家的根本利益，坚决维护国家主权和领土完整。

（一）人民军队的职能有了新拓展，肩负的任务更加艰巨

2004年末，在军队一次重要会议上，胡锦涛着眼实现党的三大历史任务，着眼维护国家和民族的根本利益，对新世纪新阶段我军历史使命做出科学论述：要为党巩固执政地位提供重要的力量保证，为维护国家发展的重要战略机遇期提供坚强的安全保障，为维护国家利益提供有力的战略支撑，为维护世界和平与促进共同发展发挥重要作用。

“三个提供、一个发挥”，第一次鲜明地把巩固党的执政地位、维护国家发展重要战略机遇期、维护国家利益和维护世界

和平促进共同发展，与军队的职能使命紧密联系在了一起。

这是对新形势下我军地位作用、职能任务、发展目标的高度概括和科学总结，是人民军队历史使命的又一次与时俱进。

放眼世界，经济全球化进程加速发展，传统与非传统安全威胁相互交织；我国改革发展进入关键时期，“台独”分裂势力严重危害祖国和平统一大业……我军建设和发展所处的历史条件正在发生深刻变化，我军如何做到现代化水平与打赢信息化条件下局部战争的要求相适应、军事能力与履行新世纪新阶段历史使命的要求相适应的问题日渐突出。

着眼有效履行新世纪新阶段我军历史使命，党中央、中央军委强调要以邓小平理论和“三个代表”重要思想为指导，深入贯彻落实科学发展观，科学谋划兴军之策、强军之道。

——坚持不懈地用马克思主义科学理论特别是党的理论创新成果武装全军，毫不动摇地坚持党对军队绝对领导的根本原则和制度，进一步加强和改进思想政治工作。

——以提高信息化条件下的威慑和实战能力为根本出发点，按照革命化、现代化、正规化建设相统一的原则，全面落实“五句话”总要求[①]，推动军事、政治、后勤、装备等各领域的工作协调发展、共同进步。

——统筹中国特色军事变革与军事斗争准备，统筹机械化建设与信息化建设，统筹诸军兵种作战力量建设，统筹当前建设与长远发展，统筹主要战略方向与其他战略方向建设。

---

① “五句话”总要求指政治合格、军事过硬、作风优良、纪律严明、保障有力。

——进一步实施科技强军战略，依靠科技进步加快转变战斗力生成模式，推进军队建设由数量规模型向质量效能型、由人力密集型向科技密集型转变。

——注重解决体制机制上制约军队发展的深层次矛盾和问题，深化体制编制和政策制度调整改革，推动军事理论创新、军事技术创新、军事组织体制创新和军事管理创新。

——积极探索军民结合、寓军于民的新途径新方法，全面推进经济、科技、教育、人才等各领域的军民融合，在更广范围、更高层次、更深程度上把国防和军队现代化建设与经济社会发展结合起来。

——把以人为本作为重要的建军治军理念，始终坚持人民军队的根本性质，坚决维护人民群众的根本利益，尊重官兵的主体地位，发挥官兵在军队建设中的主体作用……

这一系列富有鲜明时代特征的治军方略，具体体现了在国防和军队现代化建设中贯彻落实科学发展观的要求，它与毛泽东军事思想、邓小平新时期军队建设思想、江泽民国防和军队建设思想一脉相承而又与时俱进，回答了如何在国际国内形势深刻变化的大背景下，推进国防和军队建设的一系列重要问题，为我军建设的科学发展指明了方向。

2005 年 4 月 1 日，中央军委举行保持共产党员先进性教育民主生活会。胡锦涛语重心长地对出席会议的军委领导说：军委成员要坚持用马克思主义科学理论武装头脑，坚定共产主义理想和中国特色社会主义信念，做“三个代表”重要思想的坚定实践者，做军队建设和改革的开拓者，做全军广大官兵的贴心人。要不断更新思想观念，提高战略素养，把握科学规律，改进工作指导，努力创造无愧于时代、无愧于祖国、无愧于人民、无愧于军队的新业绩。

运筹帷幄，科学决策。按照党中央、中央军委的统一部署，国防和军队建设展开了一幅新的壮美画卷。

（二）用党的创新理论凝聚意志和力量

新世纪新阶段，人民解放军坚持把科学发展观作为国防和军队建设的重要指导方针，贯彻统筹经济建设和国防建设、实现富国和强军统一的战略思想，全面履行新的历史使命，增强应对多种安全威胁、完成多样化军事任务的能力。军队加快机械化和信息化复合发展，积极开展信息化条件下军事训练，推进军事理论、军事技术、军事组织和军事管理创新，不断提高打赢信息化条件下局部战争的核心军事能力和实施非战争军事行动的能力。

面对新的形势、新的任务，面对我军人员构成的新变化，如何坚持人民军队的性质、本色和作风，使我军始终凝聚在党的旗帜下？这是党中央、中央军委深刻思考的一个重大问题。

2007年初，北国春城，天寒地冻。正在吉林考察工作的胡锦涛，专程来到以学理论闻名全军、全国的沈阳军区某部“红九连”。在与官兵的交谈中，他仔细询问连队理论学习情况，叮嘱连队干部继承和发扬学理论的光荣传统，用理论学习成果建连育人……

像“红九连”用理论学习成果建连育人一样，坚持用党的理论武装官兵、铸牢军魂，是人民解放军历经风浪不迷航、坚定信念跟党走的根本保证。

在基层连队、在部队机关、在军队的许多重要会议上，胡锦涛反复要求：要坚持不懈地用党的创新理论武装头脑，不断强化军魂意识，确保党对军队的绝对领导。

军委、总部先后推出一系列重大举措，进一步加强理论武装，确保广大官兵尤其是各级领导干部在思想上始终清醒、政治上始终坚定、作风上始终务实。

——下发《关于全军部队深入学习宣传贯彻科学发展观的意见》和《关于军队保持共产党员先进性长效机制的意见》。

——召开学习贯彻江泽民国防和军队建设思想研讨会，委托国防大学举办我军历史使命理论研讨班、全军树立和落实科学发展观高级干部理论研讨班。

——编写树立和落实科学发展观理论学习系列读本，印发全军。

——转发北京军区某防空旅按照科学发展观要求全面加强部队建设的基本经验，要求全军部队坚持瞄着信息化，主动有作为，科学搞建设，实干求发展。

——颁布重新修订后的《中国人民解放军政治工作条例》，颁发《中国人民解放军思想政治教育大纲（试行）》。

——按照增强主动性、针对性、实效性的要求，创新和改进思想政治教育的内容、形式和手段。

——深入开展我军历史使命教育、理想信念教育、战斗精神教育和社会主义荣辱观教育……

从战争年代到和平时期，人民解放军形成了许多特有的优良传统。2006 年金秋时节，在纪念红军长征胜利 70 周年大会上，胡锦涛把这些优良传统概括为听党指挥、服务人民、英勇善战。

正是因为始终坚持听党指挥的政治方向，始终保持服务人民的根本宗旨，始终发扬英勇善战的作风、智慧和精神，人民军队从小到大、由弱到强，无往而不胜。

（三）把以人为本作为重要建军治军理念

不管战争形态如何演变，人都是决定战争胜负的关键因素。

中央军委和四总部不断加大人才战略工程实施力度，培养造就大批适应军队信息化建设、胜任信息化条件下作战任务的新型军事人才：

——建立和完善以任职教育为主体、军事高等学历教育和任职教育相对分离的新型院校体系。

——选送军队干部入中央和省级党校学习，开办中青年干部培训班、大军区职和军职领导干部高科技知识培训班、军兵种知识交叉培训班。

——逐步实现军地通用人才主要依托国民教育培养。

——建立完善人才奖励机制，颁布军队技术专业人才奖励规定，设立全军优秀指挥军官、参谋人才、士官人才奖……

2007 年 2 月 1 日，正在利比里亚出访的胡锦涛专程来到蒙罗维亚星基地，看望正在这里参加维和行动的中国维和官兵。

“对这里的生活习惯吗?”“白天营房是不是很热?”“有什么文化活动?能看到国内的电视吗?”……胡锦涛的关怀，让远离祖国、远离亲人的维和官兵倍感温暖。

在炊事班，胡锦涛详细询问部队的伙食，登上炊事车察看有关设施。这次出国前，胡锦涛得知这里蔬菜供应困难，特地用专机给官兵们带来了西兰花、白菜、黄瓜、蒜薹等新鲜蔬菜……

从官兵衣食住行到基层文化娱乐，从满足官兵的学习成才愿望到加强新形势下军队内部的政治、经济、军事“三大民主”，党中央、中央军委高度重视、牵挂在心。

2006年7月，胡锦涛在一份反映世界上海拔最高的驻兵点——神仙湾哨所官兵戍边情况的内部材料上批示：既要大力弘扬高原戍边官兵爱国奉献、艰苦奋斗的革命精神，也要研究采取必要措施，维护官兵的身体健康。

带着胡锦涛等军委领导同志的嘱托，四总部迅速组成3个联合工作组，深入神仙湾等全军80多个边远艰苦地区的连队和哨所，梳理边防官兵在执勤、生活、医疗卫生条件等方面需要解决的各类问题。

为把党中央、中央军委的关怀落到实处，四总部特事特办，协调落实资金修建边防巡逻道路、桥梁、执勤哨所等基础设施，提高高原边防部队训练经费标准；投入专项资金为高原边防部队购买文体器材，为500个连队开通了加密电视频道；筹资6.3亿元解决边防基层单位住房、取暖、吃水等方面的问题，将驻高海拔部队官兵特殊药品供应标准增加4倍；提高高原边防部队基层单位装备维修管理费标准，为高原边防部队配发具有制氧等功能的新型巡逻车辆 411 辆。

今天，即使是在神仙湾这样的边关哨卡，戍边官兵也看上了电视，用上了电话，还有了太阳能。随着越来越多的直升机投入边防巡逻，万里边关一日还的梦想正在变成现实。

实现部队建设又好又快发展，关键在人。胡锦涛反复强调：

“军队讲以人为本，最重要的是必须坚持人民军队的根本性质，坚决维护人民群众的根本利益。”

“要尊重官兵的主体地位，关心官兵的切身利益，重视解决官兵工作生活中的实际困难和问题，不断改善官兵的物质文化生活条件。”

“要认真研究解决新形势下官兵关系出现的新情况新问题，进一步巩固和发展我军团结、友爱、和谐、纯洁的内部关系。”

……

中央军委和四总部在反复研究论证的基础上，初步建立和完善了一系列政策制度，推动部队建设与促进官兵全面发展的有机统一。

——颁发《中国共产党军队支部工作条例》和《中国人民解放军共青团工作条例》，组织基层党支部书记轮训，为基层党支部书记专门下拨学习资料费。

——开展全军青年十大爱军精武标兵、学习成才标兵等评选活动，激励官兵岗位成才。

——施行《中国人民解放军现役军官休假探亲规定》和

《中国人民解放军现役士官探亲休假规定》，用法规保障官兵休假权利。

——提出推进“三大民主”建设措施。

在党中央、中央军委的关心推动下，“以人为本”正体现在部队建设的一处处细节中——心理医生走进了连队；越来越多的连队吃上了营养自助餐；部队局域网上开设“首长信箱”“连队论坛”，在这里，战士们可以建言献策，也可以就入党、提干、考学、选取士官等敏感问题公开评议；远程医疗会诊系统把全军各级医院连在了一起，偏远地区的患病官兵，也能通过这个系统得到专家诊断；配发全军官兵的07式新军服更是折射出诸多人性化的新理念，连普通士兵的服装也是量身定做、胖瘦得体……

以人为本，能够激发激情；以人为本，能够创造力量。

随着“以人为本”落实到军队建设的方方面面，越来越多的普通官兵成为军营耀眼的“创新之星”——沈阳军区某防空旅参谋长刘鑫，以33项科研成果闯出防空兵弹炮混编一体化作战新路；精通18项军事技能的广州军区某部士官宗道辉，探索出7项战法训法，项项在全军推广；原来只有初中文化的海军“哈尔滨”舰燃气轮机班长朱桂全，先后获得13项技术革新成果，成为驾驭新装备的行家里手……2008年6月，中国自主研发的新一代超音速教练机“猎鹰03”在南昌首飞成功。该机是一种融合多项最新航空技术的新一代超音速教练机，标志着中国在教练机的研制方面已经达到国际同类产品先进水平。

营造人才培养的良好环境。建立健全人才奖励激励机制，重奖优秀指挥军官和参谋人才、杰出专业技术人才及科技创新群体。2007年以来，共投入7亿元专项补助经费，用于军队人才培训。2007年7月，中央军委发布《军队吸引保留高层次专业技术人才的规定》，采取有效措施重点吸引保留科技领军人才、学科拔尖人才和技术专家人才。2008年3月，《中国人民解放军指挥军官考核评价纲要》《中国人民解放军指挥军官考核评价实施办法》和《中国人民解放军指挥军官考核评价标准（试行）》印发施行，标志着体现科学发展要求的指挥军官考评体系初步形成。

一系列新举措的实行，拓宽了官兵视野，提高了官兵素质。目前，全军作战部队军师团领导95%以上具有大专以上文化程度，空军一线飞行员全部具有大学学历，海军一线舰长100%毕业于专业院校，第二炮兵部队的技术军官几乎都具有学士以上学位……

中央军委还先后批准颁发、实施《中国人民解放军装备科技信息工作条例》《中国人民解放军后勤科学技术条例》《军队公勤人员聘用管理规定》等一系列规章制度，为加速军队建设向信息化转型提供体制机制保证。

2007年3月12日，胡锦涛在出席十届全国人大五次会议解放军代表团全体会议时强调指出："全军要密切关注国际国内形势变化，进一步增强忧患意识和使命意识，自觉履行新世纪新阶段我军历史使命，为全面建设小康社会和构建社会主义和谐社会提供坚强有力的安全保证。"

2008年4月，中央军委批准、四总部联合发布《中国人民解放军军人委员会工作条例》，为新形势下军队基层的政治民主、经济民主、军事民主建设提供了制度保证。军人委员会是军队基层单位实行三大民主、保障军人行使民主权利和开展群众性活动的组织，有对本单位战备训练、教育管理、后勤保障、武器装备管理等工作的建议权，对士官选取和晋级、优秀士兵考学和保送入学、技术兵选拔培养、表彰奖励等涉及官兵切身利益事项提出人选的推荐权，对官兵履行职责、遵纪守法的监督权，对单位集体利益、官兵正当权益的维护权。军人委员会在党支部（基层党委）领导和本单位首长指导下开展工作，一般由5～7人组成，委员经军人大会以无记名投票方式差额选举产生。

同月，中央军委印发《关于加强和改进军队干部培训工作的意见》，明确提出健全完善以逐级培训为主体、岗位培训为补充、培训与使用相一致的全程全员培训体系，形成院校教育与部队训练衔接、军事教育与依托国民教育并举、国内培养与国外培训结合的格局。人民解放军继续推进人才战略工程，完善人才培训体系，突出联合作战指挥人才和高层次专业技术人才培养，努力造就大批高素质新型军事人才。

二、建设信息化部队，打赢信息化战争

◎积极应对世界新军事变革挑战，在军队建设各个领域广泛应用信息技术、开发利用信息资源

◎坚持把联合作战体系建设作为军队现代化建设和军事斗争准备的重点内容，提高基于信息系统的体系作战能力

◎为打赢信息化战争，加速推进战斗力生成模式转变

新世纪新阶段中国国防基本任务是：维护国家安全统一，保障国家发展利益；实现国防和军队建设全面协调可持续发展；加强以信息化为主要标志的军队质量建设；贯彻积极防御的军事战略方针；坚持自卫防御的核战略；营造有利于国家和平发展的安全环境。

根据国家安全需求和经济社会发展水平，中国实施国防和军队现代化建设“三步走”的发展战略，有计划有步骤地推进国防和军队现代化建设。

这一任务要求以信息化为国防和军队现代化的发展方向，立足国情军情，积极推进中国特色军事变革，科学制定国防和军队建设战略规划、军兵种发展战略，2010 年前打下坚实基础，2020 年前基本实现机械化并使信息化建设取得重大进展，21 世纪中叶基本实现国防和军队现代化的目标。

实现这一目标，必须走跨越式发展的道路。坚持以机械化为基础，以信息化为主导，加快机械化和信息化复合发展。坚持科技强军，发展高新技术武器装备，实施人才战略工程，开展信息化条件下军事训练，全面建设现代后勤，切实转变战斗力生成模式。坚持突出重点，分清主次，有所为有所不为，在最关键的领域努力实现跨越式发展。坚持勤俭建军，注重科学管理，使有限的国防资源发挥出最大效益。

人民解放军紧紧围绕建设信息化军队、打赢信息化战争的战略目标，整体设计，分步实施，努力解决制约体系作战能力形成和提高的突出问题，部队信息化条件下作战能力明显提升。

（一）推进信息化建设

人民解放军积极应对世界新军事变革挑战，在军队建设各个领域广泛应用信息技术、开发利用信息资源，努力走信息主导、复合发展、自主创新、推动转型的中国特色军队信息化建设道路。

人民解放军的信息化建设，开始于20世纪70年代的指挥自动化建设，现已从分领域建设为主转为跨领域综合集成为主，总体上正处于信息化全面发展的起始阶段。当前，人民解放军以一体化为发展方向，坚持重点突破与全面建设结合、技术创新与体制改革结合、新研新建与改造挖潜结合，强化综合集成，加大信息资源开发利用力度，逐步形成和提高基于信息系统的体系作战能力。

以指挥信息系统为重点的军事信息系统建设取得成效。2006年军事综合信息网开通运行，信息基础设施更加完善，基础信息保障能力和信息安全保障水平得到提高。一体化联合作战指挥控制系统建设取得进展，战场信息支援保障能力显著增强。信息化训练手段有了较大发展，测绘导航、气象水文和空间环境保障体系进一步优化，一批后勤、装备保障信息系统研制成功并装备部队，全军院校“数字校园”建设全面展开。

主战武器系统信息化水平逐步提高。着眼提升主战武器系统的快速感知、目标定位、敌我识别和精确打击能力，对部分在役坦克、火炮、舰船和飞机进行了信息化改造，一批信息化水平较高的新型作战平台研发成功，精确制导弹药的比例和规模不断扩大。

信息化支撑环境得到改善。初步建立信息化领导、管理和咨询工作体系，信息化建设的集中统一领导得到加强。信息化理论探索和重大现实问题研究不断深化，制定了军队信息化建设中长期规划和指导性意见，修订完善了技术规范，适应信息化发展需要的院校教育和人才队伍建设得到加强。

信息基础设施建设实现跨越式发展。国防通信光纤总里程大幅度增长，建成以光纤通信为主，以卫星、短波通信为辅的新一代信息传输网络。

侦察情报、指挥控制和战场环境信息系统建设取得长足进步，后勤和装备保障业务信息系统得到推广应用。指挥控制系统与作战力量和保障系统初步实现互联互通，命令传输、情报分发和指挥引导更加快捷高效。

信息化建设的战略筹划和领导管理得到加强，法规标准和政策制度进一步完善。我军采取业务集训、远程教学等多种形式，普及信息化知识，开展技能培训。联合作战指挥人才、信息化建设管理人才、信息技术专业人才、新装备操作和维护人才队伍建设取得明显成效，适应信息化建设需要的高素质新型军事人才群体逐步扩大。

（二）构建联合作战体系

人民解放军坚持把联合作战体系建设作为军队现代化建设和军事斗争准备的重点内容，提高基于信息系统的体系作战能力。

深化作战理论研究。发布施行新一代联合战役、联合作战指挥条令及相关保障条令，编写一系列联合战役学科理论专著和训练教材，基本形成联合作战理论体系和联合战役训练方法体系。

加强作战力量建设。适应军队信息化建设需要，改革完善领导指挥体制，调整优化作战力量编成结构，充实新型作战力量和保障力量，突出陆上编队、海上编队和空中编队建设，积极推进军兵种建设转型，逐步提高模块化编组和合成化使用水平，努力构建精干、联合、多能、高效的作战力量体系。

完善作战指挥体系。按照权威、精干、灵便、高效的要求，加快构建体系健全、编成合埋，平战一体、三军联合，机制完善、顺畅高效的联合作战指挥体系。

提高综合保障能力。按照体系保障、精确保障和集约保障的要求，加强综合作战与保障基地建设，优化战场布局，完善指挥控制、侦察情报、通信、测绘导航、气象水文阵地工程和后方仓库、军事交通、装备修理设施，初步形成适应武器装备发展、满足部队遂行攻防作战任务需要的战场支援保障能力。健全联合保障机制，提高综合保障信息化水平，基本建成战略战役战术保障相衔接的综合支援保障体系。

（三）加速推进战斗力生成模式转变

从阿富汗战争到伊拉克战争，世纪之初的两场局部战争，初露信息化战争形态端倪。

登高望远。党中央、中央军委敏锐意识到，以信息技术为主要标志的高新技术，正在深刻改变着战斗力要素的内涵。在中央军委一次重要会议上，胡锦涛指出：要把战斗力生成模式切实转到依靠科技进步特别是以信息技术为主要标志的高新技术进步上来。

2006 年 3 月 11 日，面对来自全军部队的全国人大代表，胡锦涛强调：要适应建设创新型国家的要求，围绕建设信息化军队、打赢信息化战争的目标，进一步实施科技强军战略，依靠科技进步和创新，加快战斗力生成模式转变。

强军务必兴训，兴训才能强军。胡锦涛等领导同志多次在不同场合阐述抓好军事训练对于实施科技强军战略、促进军队全面建设所起的重要作用：

“加强军事训练，不仅是军事斗争准备的重要实践，也是重要的治军方式和管理方式。”

“军事训练作为和平时期生成和发展部队战斗力的基本途径，对于确保我军打赢信息化条件下局部战争，增强应对多种安全威胁、完成多样化军事任务的能力，具有至关重要的作用。”

“军事训练是推进部队全面建设、实现科学发展的重要着力点。”

2006年6月24日，全军军事训练会议在北京召开。胡锦涛发表重要讲话，号召全军更加自觉主动地推进机械化条件下军事训练向信息化条件下军事训练的转变……

就在这次会议结束后不久，一场陆军摩托化步兵师山地进攻战斗演习，在济南军区某合同战术训练基地展开。信息主导、体系对抗、火力主战、联合制胜、全域战场……全新的演习，把信息化条件下作战的新要求贯穿始终，呈现出鲜明的信息化特征。

全军普遍进行了信息化条件下拉练，举办了信息化讲座和高新技术知识培训班。而随着一批适应不同需要、拥有先进导调设施的现代化训练基地的建成，以作战指挥训练为重点的模拟器材及应用软件的广泛使用，陆海空三军军事训练已基本实现基地化、模拟化、网络化。

与此同时，武器装备建设顶层设计得到高度重视，以信息化为主导、机械化信息化复合发展的道路稳步走开。随着一批新型信息化作战平台、精确制导弹药、电子对抗装备陆续装备部队，全军武器装备综合保障水平逐年提高，向着全系统、全寿命管理方向加速推进。

（四）推进军事训练转变

人民解放军坚持把军事训练作为推进部队全面建设、提高部队战斗力的基本途径，改革训练内容、方法、管理和保障，科学构建信息化条件下军事训练体系。

拓宽军事训练领域。加强信息化条件下战略战役指挥训练和部队训练，举行跨区域检验性对抗演练，进行整建制夜间训练，开展后勤、装备保障综合演练。重视加强反恐、维稳、处突、维和、抢险救灾等非战争军事行动训练。

深化训练改革。构建信息化条件下军事训练内容体系，编修新一代《军事训练与考核大纲》，推广训练改革的创新成果。加强军兵种联合训练，强化作战要素训练，突出指挥协同训练和战法研究，改进区域协作训练。完善基地训练，发展模拟训练，推开网络训练，开展对抗训练。改革军事训练考评机制，从难从严训练，实施军事训练全过程全要素精细管理。

开展复杂电磁环境下训练。普及电磁频谱、战场电磁环境等基础知识，学习掌握信息战特别是电子战等基本理论。突出信息化武器装备和指挥信息系统操作使用训练，进行合同战术训练基地信息化改造，重视开展复杂电磁环境下演练。

2008年8月26日至9月25日，总参谋部组织以信息化条件下联合作战为背景的“砺兵—2008”实兵对抗演练。北京军区、济南军区、空军部队官兵5200余人参加了此次演习。演习分为战备等级转换、跨区投送、战斗部署与战斗实施四个阶段。这是人民解放军首次组织的迎外跨区联合演习，是首次在复杂电磁环境下组织的实兵对抗演习，是空降兵首次采用人机同装同降方式参加的陆空联合演练，重在检验部队建设成效，为谋划军队建设转型提供科学决策依据。有36个国家的军事代表团和观察员观摩了先期战斗行动和立体攻防行动等内容演练。这是自2003年以来人民解放军第六次邀请多国军队人员观摩演习，也是邀请国家最多、层次最高、规模最大的一次。

此外，在2008年中国还与一些国家举行了双边或多边军事演习，主要有：7月在泰国清迈举行了“突击—2008”中泰陆军特种作战分队反恐联合训练。12月，中国和印度在印度贝尔高姆地区举行“携手—2008”中印陆军反恐联合训练。

一系列的军事演习、双边演习不但提高了部队执行任务的能力，扩大了我军的影响，而且提高了国家间军队组织协调能力，增进双方的相互了解与合作。

三、护航亚丁湾、索马里

◎中国海军护航远征亚丁湾、索马里海域体现大国责任

◎从陆地走向大洋，从浅蓝走向深蓝，海军远洋护航行动的一小步，迈出了我军履行新世纪新阶段历史使命的一大步

◎从陆地安全到海洋权益，为维护国家战略利益提供坚强保障

◎从“保家卫国”到国际维和，展现维护世界和平与促进共同发展的坚定信心

步入21世纪，“应对非传统安全领域威胁”这个词语，与人民解放军紧密联系在一起。

（一）中国海军被赋予新的使命

2003年10月22日，中国海军军舰与来访的巴基斯坦军舰在上海附近的东海海域举行了联合搜救演习。这是中国海军首

次与外国海军进行非传统安全领域的联合演习，标志着中国海军使命由传统安全领域拓展到非传统安全领域。此后，中国海军分别与到访的印度、法国、英国、澳大利亚等国的海军成功举行了联合搜救演习。

2004 年 6 月 20 日，中国海军与到访青岛的英国海军在北海海域成功举行了非传统安全领域演习。在此次演习中，中国首次邀请了来自 15 个国家的 16 名驻华海军武官到现场观摩。

2005 年 11 月 18 日，“深圳”号导弹驱逐舰、“微山湖”号综合补给舰访问巴基斯坦、印度和泰国，分别与三国海军成功举行以联合搜救为主要内容的非传统安全领域的演习。中国海军从此拉开了在境外与外国海军进行演习的序幕，与外国海军合作的范围和地域不断拓宽。随后，远涉重洋的中国舰艇编队，先后与美国、加拿大、菲律宾、新加坡、韩国、澳大利亚、新西兰等十多个国家进行单边或多边海上联合搜救演习，进一步锻炼和检验了人民海军的全球导航定位能力、全球指挥通信能力、全球连续航行能力、全球气象分析掌握能力和全球航行综合保障能力。

2005 年，“和平使命—2005”中俄联合军演正式在俄罗斯的符拉迪沃斯托克和我国山东半岛及附近海域拉开帷幕，为期 8 天的演习跨越两国陆、海、空域，共分“海上封锁作战、两栖登陆作战，强制隔离作战”三个阶段，向外界展示了强大的综合作战能力，显示人民海军与外国海军合作的层次、规模和难度不断提高。

（二）赴亚丁湾、索马里海域实施护航

600年前郑和下西洋是中原农耕文明硕果在海上的展示，并不是为了保障国家赖以生存的海上贸易，更不代表幅员辽阔的大陆农耕经济的国家主体。正因为包含了如此丰富的历史和现实内涵，中国海军此次远征所表达的最重要的信息就是中国的文明和社会已转型，它的行为已属于海洋国家的行为，海洋国家要求自己的海军维护涉及国计民生的海外利益和“海上生命线”，而不再仅仅局限于“防止帝国主义从海上进犯大陆本土”，从而使600年来中国海军第一次被赋予了新的使命。

中国海军护航舰艇编队的主要任务是：保护中国航经亚丁湾、索马里海域船舶、人员安全，保护世界粮食计划署等国际组织运送人道主义物资船舶的安全。这反映出中国政府保护公民生命与财产安全的能力，体现了中国政府维护海上通道安全、捍卫国家利益的意志，也体现了中国履行义务、维护地区稳定与和平的负责任大国形象。

从中国海监船巡视“钓鱼岛”，到中国海军远洋护航行动，中国海上力量在维护国家海洋权益与海外利益中发挥的作用越来越突出。对于中国海军而言，面对日益拓展的国家海上利益，“远征索马里”仅仅是迈出了“海外维权”的第一步，在国际法框架下，维护国家海上战略通道安全、实施护侨撤侨行动、参与海上军备控制、承担大国责任，将成为未来中国海军和平时期非战争运用的重点领域。

近年来，亚丁湾、索马里海域频繁发生海盗袭击、劫持过往船舶事件。2008 年就发生多起中国籍或中资外籍船舶被海盗劫持事件，中国船舶和人员的安全面临严重威胁。海盗问题已成为一大国际公害，对国际航运、海上贸易和海上安全构成严重威胁。

为了维护亚丁湾、索马里海域的安全稳定，联合国安理会先后通过第 1816、第 1838、第 1846、第 1851 号共 4 项决议，授权各国根据《联合国宪章》第七章采取行动，在索马里领海打击海盗。索马里过渡联邦政府也呼吁各国进入其领海打击海盗。

2008 年 12 月 2 日，在美国纽约联合国总部，联合国安理会当日一致通过决议，决定延长各国打击索马里海盗的授权，同时呼吁联合国为打击海盗发挥协调作用。中国常驻联合国代表在安理会表决打击索马里海盗的决议时举手投赞成票。

12 月 16 日，中国外交部副部长何亚非在安理会索马里海盗问题部长级会议上表示，中国正积极考虑近期派军舰赴索马里海域参加护航活动。何亚非在安理会通过有关决议后发言说，中国欢迎国际社会就打击索马里海盗开展有效合作，支持有关国家根据国际法和安理会决议派军舰打击索马里海盗的努力。中国正积极考虑近期派军舰赴亚丁湾、索马里海域参加护航活动。

12 月 17 日，索马里过渡议会议长谢赫阿丹·马多贝表示，欢迎中国政府向索马里附近海域派遣军舰参加护航活动，“作为索马里人民的朋友和海盗事件的受害者”，中国应当在打击索马里海盗的问题上发挥重要作用。

12 月 18 日，中国外交部发言人在例行记者会上表示，中方正在积极考虑近期派军舰赴亚丁湾和索马里海域参加有关护航活动，目前正在进行积极筹备和相应部署。20 日，外交部发言人宣布，中国政府决定派海军舰艇近期前往亚丁湾、索马里海域执行护航任务。

根据联合国安理会有关决议并参照有关国家做法，中国政府决定派海军舰艇赴亚丁湾、索马里海域实施护航，主要任务是保护航经该海域中国船舶、人员安全，保护世界粮食计划署等国际组织运送人道主义物资船舶的安全。中国舰艇将严格按照联合国安理会有关决议和相关国际法执行护航任务，也愿与有关国家的护航舰艇开展合作，必要时参与人道主义救援行动。

根据我国签署和批准的 1982 年《联合国海洋法公约》（以下简称《公约》）及 1988 年《制止危及海上航行安全非法行为公约》规定，所有国家应尽最大可能进行合作，以制止在公海上或在任何国家管辖范围以外的任何其他地方的海盗行为。因此，我国有权利也有义务依照《公约》规定打击索马里海盗。

就国内法而言，《中华人民共和国刑法》第 9 条规定："对于中华人民共和国缔结或者参加的国际条约所规定的罪行，中华人民共和国在所承担条约义务的范围内行使刑事管辖权的，适用本法。"我国是《公约》的缔约国，自然有对海盗犯罪的管辖权。

同一天，中国国防部新闻发言人宣布，中国人民解放军海军舰艇将于 12 月 26 日从三亚启航赴亚丁湾、索马里海域。此次中国护航舰艇编队由中国人民解放军海军南海舰队“武汉”号、“海口”号导弹驱逐舰和“微山湖”号综合补给舰组成。

12 月 22 日，中国常驻联合国代表张业遂分别向联合国秘书长潘基文和安理会本月轮值主席、克罗地亚常驻联合国代表尤里察通报了中国政府决定派海军舰艇赴亚丁湾、索马里海域实施护航的决定。24 日，潘基文和尤里察对中国的决定表示欢迎，并积极评价中国此举是对安理会工作的有力支持。

12 月 25 日，已经完成出航准备工作的海军护航舰艇编队全体官兵在三亚某军港举行出征动员大会。中央军委委员、海军司令员吴胜利出席。护航舰艇编队指挥员、南海舰队参谋长杜景臣代表编队全体官兵表示，一定自觉从国家政治外交大局的高度认清执行护航任务的重大意义，牢固树立政治意识、战略意识和大局意识，坚决维护国家利益和民族尊严，坚决维护我军和平之师、文明之师的良好形象，以饱满的政治热情和一流的工作标准，圆满完成护航任务，为国旗争光、为军旗添彩。护航舰艇编队官兵代表、武汉舰舰长龙卷在发言中表示，要发扬不怕吃苦、不怕疲劳、不怕牺牲、连续作战的精神，立足最复杂、最困难的情况，团结一心，同舟共济，圆满完成这次远洋护航任务，以优异的成绩向祖国和人民交上一份合格答卷！

12 月 26 日下午，载有 800 余名官兵的由“武汉”号、“海口”号导弹驱逐舰和“微山湖”号综合补给舰、两架舰载直升机和部分特战队员组成的舰艇编队，缓缓离开位于海南三亚的码头，劈波斩浪，奔赴亚丁湾、索马里海域执行护航任务。

这是中国首次使用军事力量赴海外维护国家战略利益，是中国军队首次组织海上作战力量赴海外履行国际人道主义义务，也是中国海军首次在远海保护重要运输线安全。

中央军委委员、海军司令员吴胜利在欢送仪式上致辞时说，这次护航任务是中共中央、国务院、中央军委和胡锦涛主席根据联合国安理会有关决议做出的重大决策，充分体现了中国积极履行国际义务的负责任大国形象，充分体现了中国政府以人为本、执政为民的理念。同时，也充分体现了中国军队维护国际与地区和平安全的积极态度，充分体现了人民海军应对多种安全威胁、完成多样化军事任务的决心和能力，对于维护亚丁湾、索马里海域的和平与安宁必将发挥积极重要作用。

13 时 45 分，编队指挥员杜景臣海军少将向吴胜利请示启航。随着吴胜利一声令下，3 艘舰艇在“武汉”号指挥舰的带领下缓缓离开码头，驶向大海。身着新式军装的编队官兵肃立在甲板上，向祖国和人民挥手告别。

舰艇编队经南中国海，过马六甲海峡，跨越印度洋，在 10 天后抵达任务海区，总航程 4400 多海里。4400 海里的航线，中国军舰曾不止一次地驶过。然而，这一次却具有历史性意义——这条航迹，宣示了我国首次使用军事力量赴海外维护国家战略利益，首次组织海上作战力量赴海外履行国际人道主义义务，首次在远海保护重要运输线安全。从陆地走向大洋，从浅蓝走向深蓝，海军远洋护航行动的一小步，迈出了我军履行新世纪新阶段历史使命的一大步。

从陆地安全到海洋权益，为维护国家战略利益提供坚强保障。

从“保家卫国”到国际维和，展现我军维护世界和平与促进共同发展的坚定信心。

海军护航官兵使命在肩，一次次直面生死，一次次经受考验，用勇气与毅力肩负着中国对维护和平的责任，坚守着中国海军对这片深蓝航道的和平承诺。截至 2011 年 12 月，海军共派出 10 批 25 艘舰船、8400 余名官兵执行护航任务，对 403 批 4383 艘中外船舶实施了护航，确保了被护船舶和人员百分之百安全。①

中国海军护航编队在联合护航、信息共享、协调联络等方面与多国海军建立了良好的沟通机制。与俄罗斯开展联合护航行动，与韩国、巴基斯坦、美国海军舰艇开展反海盗等联合演习演练，与欧盟协调为世界粮食计划署船舶进行护航。与欧盟、北约、多国海上力量、韩国、日本、新加坡等护航舰艇举行指挥官登舰互访活动，与荷兰开展互派军官驻舰考察活动。积极参与索马里海盗问题联络小组会议以及“信息共享与防止冲突”护航国际会议等国际机制。

中国对加强护航国际合作持积极、开放的态度。中国海军护航编队与有关国家和组织建立互通共享情报信息的常态化机制，坚持遵循《联合国宪章》《联合国海洋法公约》以及其他公认的国际关系准则，坚持谋求共同安全和共同发展，坚持尊重沿海国的主权和权益，坚持合作应对海上传统安全威胁和非传统安全威胁，努力寻求基于和平的多种途径和手段，维护国

① 《三年护航谱写人民海军新篇章》，《解放军报》2011 年 12 月 27 日，第 4 版。

际海上通道安全，为维护世界和平做出了积极贡献。

海军舰艇编队的护航行动实现了海军走向远海履行使命任务的大跨越，对于提升海军在远海大洋遂行任务的核心军事能力、对于扩大人民海军的国际影响、对于展示我国负责任大国形象，展现我国致力于推动和谐海洋建设的决心和能力具有十分重要意义，是海军建设史上具有里程碑意义的重大实践。

中国把捍卫国家主权、安全、领土完整，保障国家发展利益和保护人民利益放在高于一切的位置，努力建设与国家安全和发展利益相适应的巩固国防和强大军队，在全面建设小康社会进程中实现富国和强军的统一。

新世纪新阶段，中国武装力量有效履行新的历史使命，不断提高以打赢信息化条件下局部战争为核心的完成多样化军事任务的能力，坚决捍卫国家主权、安全、领土完整，有力保障国家经济社会发展和人民安居乐业，出色完成一系列急难险重任务和重大战备演训活动，赢得了人民的高度信赖和赞誉。

第八章

携手应对全球气候变化

气候变化是国际社会普遍关注的全球性问题。近年来，全球酷暑、干旱、洪涝等极端气候事件频发，气候变化影响日益显现。各国携手应对气候变化，共同推进绿色、低碳发展已成为当今世界的主流。

一、应对气候变化的政策与行动

◎调整经济结构，促进产业结构优化升级

◎积极发展循环经济，促进温室气体减排

◎发展低碳能源、优化能源结构

◎推动植树种草，增强碳汇能力

◎加强体制机制建设应对气候变化

最新科学研究成果表明：全球地表平均温度近百年来（1906～2005年）升高了0.74℃，预计到21世纪末将上升1.1℃～6.4℃。20世纪中叶以来全球平均温度的升高，主要是由化石燃料燃烧和土地利用变化等人类活动排放的温室气体（主要包括二氧化碳、甲烷和氧化亚氮等）导致大气中温室气体浓度增加所引起的。

过去一百年中，中国的气候变化趋势与全球趋势基本一致，平均温度升高了1.1℃，略高于全球平均升温幅度。2008

年，中国仍然是较暖的年份，全年平均气温 9.6℃，较常年偏高 0.7℃，为 1951 年以来第 7 个最暖年，也是连续第 12 个年偏高。全年平均年降水量为 654.8 毫米，比常年偏多 1.9%，为近 10 年来降水最多的年份。中国沿海海平面为近 10 年最高，比常年高 60 毫米。

2008 年，中国的极端气候事件频发，特别是出现了历史罕见的低温雨雪冰冻灾害，遭受了严重的损失。中国政府深刻认识到气候变化问题的复杂性和影响的广泛性，充分意识到应对气候变化任务的艰巨性和迫切性，决心在追求可持续发展的进程中应对气候变化。

2008 年，中国克服了特大自然灾害和国际金融危机冲击的不利影响，国民经济保持较快发展，国内生产总值达到 300670 亿元，比 2007 年增长 9.0%，三次产业增加值比重分别为 11.3%、48.6%和 40.1%。取得上述成绩的同时，我们也应该看到中国人口众多，经济发展水平较低，发展任务仍相当艰巨。2008 年末我国总人口为 13.28 亿人，比 2007 年增加 673 万人，城镇化率为 45.7%，中国人均国内生产总值 3268 美元，仍然属于中低收入国家，按当年农村贫困标准 1196 元测算，年末农村贫困人口为 4007 万人。据初步测算，2008 年全国能源消费总量 28.5 亿吨标准煤，比 2007 年增长 4.0%，人均能源消费量 2.15 吨标准煤；煤炭在一次能源消费中占到 68.7%，单位能源的二氧化碳排放强度高于世界平均水平，控制二氧化碳排放面临极大困难。

2008 年中国的基本情况

项 目	指 标
人口（万人，年末人数）	132802
城镇化率（%）	45.7
国内生产总值（亿元人民币）	300670
三次产业比重（农业：工业：服务业）	11.3∶48.6∶40.1
人均国内生产总值（美元，按当年价及年平均汇率计算）	3268
当年农村贫困人口（万人，按 2008 年农村贫困标准 1196 元测算）	4007
全国能源消费总量（亿吨标准煤）	28.5
人均能源消费量（吨标准煤）	2.15

资料来源：根据《中国统计年鉴·2009 年》相关数据绘制。

中国政府一贯高度重视气候变化问题，把积极应对气候变化作为关系经济社会发展全局的重大议题，纳入经济社会发展中长期规划。2006 年，中国提出了 2010 年单位国内生产总值能耗比 2005 年下降 20%左右的约束性指标，2007 年在发展中国家中第一个制定并实施了应对气候变化国家方案。为完成上述目标任务，中国在“十一五”期间（2006～2010 年）采取了一系列减缓和适应气候变化的重大政策措施，取得了显著成效。

（一）调整经济结构，促进产业结构优化升级

中国政府注重经济结构的调整和经济发展方式的转变，制定和实施了一系列产业政策和专项规划，将降低资源和能源消

耗作为产业政策的重要组成部分，推动产业结构的优化升级，努力形成“低投入、低消耗、低排放、高效率”的经济发展方式。

2008年，国务院办公厅印发《关于加快发展服务业若干政策措施的实施意见》，支持服务业加快发展的政策体系不断完善，全年第三产业增加值比上年增长9.5%，2003年以来增幅首次超过第二产业。

中国政府出台十大产业调整和振兴规划，各规划都把淘汰落后产能，提高技术水平，节能减排作为重点。汽车产业调整和振兴规划强调把新能源汽车作为突破口，并注重改造、提高传统产品节能、环保和安全水平；钢铁、石化产业调整和振兴规划强调提高淘汰落后产能的标准，建设完善的落后产能退出机制，并为单位产品能耗、资源的回收率等制定了详细的标准；船舶工业调整和振兴规划把降低单位工业增加值能耗，显著提高钢材利用率，加快报废更新老旧船舶作为重点。

中国政府相继制定发布了高耗能行业市场准入标准，提高高耗能行业的节能环保准入门槛，并采取调整出口退税、关税等措施，抑制“两高一资”（高耗能、高排放、资源型）产品出口，高耗能行业增速呈逐步回落趋势。

为了应对国际金融危机对中国经济的冲击，2008年中国出台的40000亿元经济刺激计划中，有2100亿元将投资于节能、减少污染和改善生态方面，另有3700亿元用于技术改造和调整能源密集的工业结构。

（二）积极发展循环经济，促进温室气体减排

中国政府高度重视发展循环经济，积极推进资源利用减量化、再利用、资源化，从源头和生产过程减少温室气体排放。自2008年8月《中华人民共和国循环经济促进法》实施以来，中国已有26个省市开展了循环经济试点工作。钢铁、有色金属、电力等行业，以及废弃物回收、再生资源加工利用等重点领域也开展了循环经济的试点工作。当年，中国回收利用废钢7200万吨，再生有色金属产量520万吨，回收塑料1600万多吨，物资回收量居世界第一位。

组织开展循环经济试点。2005年以来，启动实施两批共178家循环经济示范试点，在重点行业、重点领域、产业园区及各省市探索建立循环经济发展的有效模式。安排中央预算内投资7.6亿元，支持了一批循环经济试点项目。编制发布了重点行业循环经济支撑技术。有关政府部门总结循环经济试点经验，加强对试点工作指导。从企业内部，企业间、产业间或工业园区，以及社会层面看，循环经济模式初步形成。

实施汽车零部件再制造工作。2008年，国家发改委印发《关于开展汽车零部件再制造试点工作的通知》，启动了汽车零部件再制造试点工作。选择整车生产企业和零部件再制造企业14家，安排中央预算内投资5710万元，支持汽车发动机、变速箱再制造试点项目。研究提出了三类11项汽车零部件再制造技术标准，列入“十一五”标准规划。

推进资源综合利用。国务院公布实施《废弃电器电子产品

回收处理管理条例》，发改委确定青岛市和浙江省为国家电子废弃物回收处理试点省市，支持青岛、北京、天津和杭州建设电子废弃物回收处理示范试点项目。

为推动秸秆综合利用，国务院办公厅印发了《关于加快推进农作物秸秆综合利用的意见》。支持一批综合利用重点项目，“十一五”前三年，共安排中央预算内投资 13.1 亿元，支持了 179 个资源综合利用重点项目，利用工业废渣 3546 万吨，回收利用废旧金属等再生资源 172 万吨，利用林木“三剩物”233 万吨，节约木材资源 373 万立方米。

（三）大力节约能源，提高能源利用效率

根据国务院办公厅《关于印发 2008 年节能减排工作安排的通知》，各部门、各地区强化了节能降耗问责制，加强了节能统计体系、监测体系、考核体系建设，在重点行业和重点领域淘汰了一批落后生产能力，有效推进了节能减排工作。

单位 GDP 能耗持续下降，降幅首次超过五年平均节能目标。2008 年，中国主要高耗能行业单位能耗持续下降，万元国内生产总值能耗比 2007 年降低 4.59%。从 2006 年到 2008 年，中国单位 GDP 能耗累计下降了 10.1%，节能约 2.9 亿吨标准煤，相当于减少二氧化碳排放 6.7 亿吨。

全面实施修订后的《中华人民共和国节约能源法》，进一步完善相关法规和标准。2008 年，修订后的《中华人民共和国节约能源法》正式施行，扩大了法律调整的范围，健全了节能管理制度和标准体系，完善了促进节能的经济政策，明确了节能管理和监督主体，强化了法律责任。国务院公布了《民用建筑节能条例》《公共机构节能条例》，国家标准化管理委员会批准了22项高耗能产品能耗限额强制性国家标准和11种终端用能产品强制性能效标准，发布了能效标识第三批、第四批产品目录及实施规则，实施能效标识的产品增加到15种。

中国实行能源效率标识的产品

批次	产品名称	实施时间
第一批	家用电冰箱	2005年3月1日
	房间空气调节器	
第二批	电动洗衣机	2007年3月1日
	单元式空气调节机	
第三批	自镇流荧光灯	2008年6月1日
	高压钠灯	
	中小型三相异步电动机	
	冷水机组	
	家用燃气快速热水器和燃气采暖热水炉	

加强节能目标责任评价考核，进一步落实节能责任制。根据《国务院批转节能减排统计监测及考核实施方案和办法的通知》，国家发改委同国务院有关部门对全国31个省（自治区、直辖市）2008年节能目标完成情况和节能措施落实情况进行了评价考核，并向社会公告考核结果，进一步强化政府的主导责任。

国家统计局、发改委和国家能源局联合发布了2007年、2008年各省（自治区、直辖市）单位GDP能耗等指标公报。发改委还组织开展了千家企业2007年度、2008年度节能目标责任评价考核，并公告考核结果，接受社会监督。从考核结果看，千家企业已提前两年完成了“十一五”节能任务。发改委还会同有关部门组织开展了节能减排专项督察行动，对未完成年度目标的地区进行督察。

继续淘汰落后产能，进一步促进能源利用效率的提高。2008年，继续加大淘汰落后产能力度，为帮助经济欠发达地区淘汰落后产能，中央财政共安排62亿元资金用于支持企业职工安置、转产等。全年关停325家电厂的小火电机组1669万千瓦，淘汰落后水泥产能5300万吨、炼钢产能600万吨、炼铁产能1400万吨、电石产能104万吨、铁合金产能117万吨、焦化产能3054万吨。2008年以来，仅火电“上大压小”就相当于减少二氧化碳排放0.5亿吨。

加大重点工程实施力度，推动重点领域节能降耗。2008年，中央财政安排节能减排专项资金270亿元，重点支持节能技术改造、淘汰落后产能、建筑节能、节能产品推广及节能能力建设等，其中安排节能技术改造项目1200多个，项目建设后预计能形成2500万吨标准煤的节能能力。在第四季度以来安排的三批中央新增投资中，节能减排和生态环境建设方面资金达到224亿元。

2008年度，中国进一步明确了对民用建筑节能的经济激励政策，明确要求中央有关部门和地方政府安排民用建筑节能资金，用于既有建筑节能改造、可再生能源建筑规模化应用、国家机关办公建筑和大型公共建筑节能监管等项目，并引导金融机构对其提供支持。

“十一五”十大重点节能工程有：（1）燃煤工业锅炉（窑炉）改造工程；（2）区域热电联产工程；（3）余热余压利用工程；（4）节约和替代石油工程；（5）电机系统节能工程；（6）能量系统优化（系统节能）工程；（7）建筑节能工程；（8）绿色照明工程；（9）政府机构节能工程；（10）节能监测和技术服务体系建设工程。[①]

广泛动员，推进全民节能行动。2008年8月，国务院办公厅印发了《关于深入开展全民节能行动的通知》，要求广泛动员全民节能，把节能变成全体公民的自觉行动。全民节能行动主要包括：每周少开一天车，提倡环保节能驾驶；公共建筑夏季室内空调温度设置不得低于26℃，冬季室内空调温度设置不得高于20℃；各级行政机关办公场所三层楼以下原则上停开电梯；鼓励和引导消费者购买使用能效标识2级以上或有节能产品认证标识的空调、冰箱等家用电器，鼓励购买节能灯、节能环保型小排量汽车；使用节能环保购物袋；减少使用一次性用品；夏季公务活动着便装等。

（四）发展低碳能源，优化能源结构

中国政府重视可再生能源、新能源、天然气等无碳和低碳能源的发展，积极推动能源结构优化。2008年以来，中国公布了《风力发电设备产业化专项资金管理暂行办法》《金太阳示范工程财政补助资金管理暂行办法》《太阳能光电建筑应用

① 参见国家发展改革委员会：《“十一五”十大重点节能工程实施意见》，2006年7月。

财政补助资金管理暂行办法》《秸秆能源化利用补助资金管理办法》《可再生能源建筑应用城市示范实施方案》《加快推进农村地区可再生能源建筑应用的实施方案》及《关于完善风力发电上网电价政策的通知》等财税激励政策，大大推动了我国可再生能源的迅速发展。

中国可再生能源发展状况（2008 年）

项　目	单　位	2008 年	2007 年	增长率
水电	亿千瓦	1.72	1.45	19.6%
风电	万千瓦	1217	604	101.5%
太阳能光伏发电	万千瓦	15	10	50%
太阳能热水器	亿平方米	1.25	1.1	13.6%
生物质发电	万千瓦	315	300	5%
生物燃料乙醇	万吨	160	120	33.3%

资料来源：根据《中国统计年鉴·2009 年》相关数据绘制。

截至 2008 年底，中国新增水电装机容量 2700 万千瓦，水电装机容量达到 1.72 亿千瓦，年发电量 5633 亿千瓦时，占到发电总量的 16.3%，水电装机和发电量已多年位居世界第一位。风电规模连续三年成倍增长，仅 2008 年就新增装机容量 614 万千瓦，位列全球第二。截至 2008 年底，风电装机总量达到 1217 万千瓦，跃居世界第四位。太阳能光伏产业快速发展，到 2008 年底，我国累计光伏发电容量 15 万千瓦，其中 55%为独立光伏发电系统；太阳能热水器集热面积累计达到 1.25 亿平方米，占世界太阳能热水器总使用量的 60%以上，多年稳居世界第一位。生物质能开发也有较大的进展，沼气用户达到

3050多万户，沼气年利用量达到120亿立方米；建成大型畜禽养殖场沼气工程和工业有机废水沼气工程2500处，年产沼气约20亿立方米。全国生物质发电装机容量约为315万千瓦，生物燃料乙醇年生产能力超过160万吨。

近年来，特别是《中华人民共和国可再生能源法》实施以来，中国的风电产业和风电市场得到迅猛发展。

在风电政策方面：中国政府实施了风电项目特许权招标，公布了风电标杆上网电价，为稳定风电市场发挥了积极的作用；同时，对风电发展给予进出口关税、增值税等税收优惠和财政补贴支持。

在市场规模方面：中国风力发电迅速增加，到2008年底，风电装机总量已连续三年实现成倍增长。目前，正在建设甘肃酒泉、蒙东、蒙西、河北、吉林、新疆哈密6个陆上千万千瓦级风电基地和江苏沿海千万千瓦级海上风电基地。

在风电制造业方面：近年来除金风科技、浙江运达外，上海电气、东方汽轮机、华锐科技等国内大型制造业和投资商纷纷进入此行业，风电设备制造商从2004年的6家发展到目前的约70家，已能自主设计和制造世界领先水平的3000千瓦风电机组，正在研发5000千瓦风电机组，风电技术与国外的差距不断缩小。

2008年，中国核电已建成运行11个反应堆，总装机容量910万千瓦，占电力总装机的1.3%；新核准14台百万千瓦级核电机组，核准在建核电机组24台，总装机容量2540万千瓦，是目前世界上核电在建规模最大的国家。

2008年，中国实施煤矿瓦斯排放标准，要求加强对煤矿瓦斯的利用，发展以煤矿瓦斯为燃料的小型分散电源。本年度井下抽采瓦斯气53亿立方米，比2005年增长130%，回收利用16亿立方米；已建成地面煤层气产能20亿立方米，产量5亿立方米，民用煤矿瓦斯和煤层气用户超过90万户，煤层气发电装机容量达到92万千瓦。2008年中国天然气（包括煤矿瓦斯和煤层气）消费量比2007年增长10.1%。

到2008年底，中国可再生能源（包括大水电）和核电年利用量约为2.5亿吨标准煤，占一次能源消费比重8.9%。天然气消费总量达789亿立方米，折合1.1亿吨标准煤，占一次能源消费总量的3.8%。

2008年，中国政府还推出了一系列的财税优惠政策，以促进可再生能源发电项目的发展。如在《风力发电设备产业化专项资金管理暂行办法》中规定对满足支持条件企业的首50台风电机组，按600元/千瓦的标准予以补助；在《秸秆能源化利用补助资金管理暂行办法》中规定，对符合支持条件的企业，根据企业每年实际销售秸秆能源产品的种类、数量折算消耗的秸秆种类和数量，中央财政按一定标准给予综合性补助。

（五）减少农业温室气体排放

继续推广低排放的高产水稻品种和水稻间歇灌溉技术，减少水稻田甲烷排放，推广秸秆青贮氨化技术，减少反刍动物甲烷排放。自2005年在全国范围内开展测土配方施肥行动以来，到2008年中国有9亿亩农田采用了测土配方施肥，减少氮肥用量10%以上，减少农田氧化亚氮排放2.8万吨，相当于减排890万吨二氧化碳当量。

（六）推动植树种草，增强碳汇能力

2008年全年共计完成植树造林任务7157万亩，比2007年增长22.1%，完成义务植树23.1亿株。同时国家积极推进森林可持续经营，提高现有林的碳汇能力，全国启动了128个森林可持续经营示范点和中幼林抚育、珍稀树种培育、森林健康试点。加快推进禁牧休牧轮牧、基本草原保护和草畜平衡等草原保护制度建设，截至2008年底，全国实施休牧轮牧和划区轮牧草原面积9877万公顷，占全国草原面积的25.6%。全国实施保护性耕作超过4000万亩，提高土壤有机质含量0.03%，可增加农田碳汇120万吨。

中国积极实施适应气候变化的政策和行动，增强在农业、森林与其他自然生态系统、水资源等领域，以及海岸带及沿海等脆弱地区适应气候变化的能力，取得明显成效。

（七）关于农业

2008年以来，中国制定《中华人民共和国抗旱条例》和《水生生物增殖放流管理规定》，修订《草原防火条例》，实施《保护性耕作工程建设规划（2009～2015年）》，不断完善农业领域适应气候变化的政策法规体系。

2008年，中国保护性耕作实施面积4000万亩，节省灌溉用水17亿～25亿立方米，提高了土壤肥力和抗旱节水能力。

到2008年底全国已建成50个优势农产品的产业体系，提升了农业科技创新和适应气候变化的能力。

2008年，中国大幅度增加了农业基础设施建设的投入，安排大型灌区节水改造投资59亿元，对354个大型灌区实施了续建配套与节水改造，可新增粮食生产能力50亿公斤，新增年节水能力58亿立方米。全国农业灌溉水利用系数提高到0.475。推广高效节水灌溉技术和旱作节水技术，加大节水灌溉机具设备的补贴力度，增强农业防灾抗灾减灾和综合生产能力。

加大良种补贴力度，优化品种结构，实施了优势农产品区域布局规划。积极发展畜牧水产规模化标准化健康养殖，落实动物良种补贴政策，促进了动物防疫体系建设。

扩大退牧还草工程实施范围，加强人工饲草地和灌溉草场建设。2008年，建设草原围栏522.8万公顷，开展石漠化治理2.7万公顷，对严重退化草原实施补播156.9万公顷，治理退化草原23.6万公顷。

（八）关于森林等自然生态系统

2008年以来，中国修订了《森林防火条例》，编制了《应对气候变化林业行动计划》和《国家湿地公园管理办法》，使保护森林资源，维护生态安全，促进森林资源利用管理更加科学化、法制化。推进集体林权制度改革，调动林权权利人发展林业、培育森林资源的积极性，到2008年底全国已确权到户的林地面积12.7亿亩，占集体林地的50%。

继续完善天然林保护、京津风沙源治理、退耕还林、三北防护林和沿海防护林等重点工程，推进全民义务植树、部门绿化、城市森林、农田林网和草原防护林建设。积极实施近100个湿地保护和恢复工程，部分重要湿地的生态状况得到明显改善。落实地方政府防沙治沙责任制，在沙区全面推进禁止滥开垦、禁止滥放牧、禁止滥樵采的“三禁”制度。继续加强生物多样性保护工作，截至年底，林业自然保护区达到2006处，面积18.4亿亩，占国土面积的12.8%。

（九）关于水资源

2008年，中国政府共安排重点水源工程投资117亿元，南水北调东线、中线一期工程等重点水资源配置工程顺利推进。截至2008年底，全国水利工程年供水能力达到7000多亿立方米，中等干旱年份可以基本保障城乡用水需求。

本年度，中国政府投资115亿元，解决了4824万农村人口的饮水安全问题。同时还实施了《取水许可管理办法》等，大力加强水资源的管理，推进节水型社会建设，全面促进节水减排。按2005年可比价格计算，中国万元GDP用水量从2005年的304立方米降至2008年的225立方米，万元工业增加值用水量从169立方米降低到127立方米。

2008年，国家共安排防洪工程投资262亿元，长江、黄河、淮河等大江大河治理顺利推进。截至年底，已建成各类水库8.6万多座，总库容量达到6924亿立方米；建成江河堤防28.69万公里，海堤13万多公里。目前，中国大江大河主要河段基本具备了防御新中国成立以来发生的最大洪水的能力，重点海堤设防标准提高到 50 年一遇。

2008 年，政府拨款 21.5 亿元用于水土保持生态建设，继续实施长江和黄河上中游、珠江上游石漠化地区、东北黑土地、丹江口库区等重点区域水土流失防治。至 2008 年底全国累计治理水土流失面积 101.6 万平方公里，年均减少土壤侵蚀量达 15 亿吨以上，增加蓄水能力 250 多亿立方米；实施封育保护面积 70 万平方公里，其中 39 万平方公里的生态环境得到修复。

2008 年，中国加强海洋灾害应急管理工作，积极开展海平面上升、海岸侵蚀、海水入侵和土壤盐渍化监测、调查、评估工作，及时发布风暴潮、海浪、海水灾害预警，有效降低了各类海洋灾害所造成的人员伤亡和财产损失。

（十）关于人民健康

2008 年以来，中央政府继续推进《国家环境与健康行动计划（2007～2015 年）》的实施，通过改善环境与健康管理，提高全民适应气候变化能力。卫生部门以适应气候变化保护公众健康为重点，推进国家级和省级环境卫生管理与应对气候变化制度建设；组建了自然灾害卫生应急工作领导小组，加强部门协作，完善自然灾害卫生应急预案体系，全面提升极端气候事件引发的公共卫生问题的应对能力。组织开展了一系列气候变化与健康影响相关研究，进一步加强了对不明原因肺炎、人感染高致病性禽流感等与气候因素相关传染病的监测和防控。

（十一）关于其他领域

2008年以来，中国加强了对气候可行性论证的管理，规范气候可行性论证活动，以便合理开发利用气候资源，避免或者减轻规划和建设项目实施后可能受到的气象灾害、气候变化的影响，或者可能对局地气候产生的影响。

2008年，中央有计划地加快了气象部门科技创新体系的建设，以加强气候变化研究，大力提升气象灾害风险评估和应急响应等科技支撑能力。初步建立起功能完备的公共气象服务业务平台，进一步完善气候系统观测网，提高气象预警服务信息发布时效，增强全社会应对极端天气气候灾害的预警预报能力和应急保障能力。

二、积极参与国际合作

◎携手应对气候变化，共同推进绿色、低碳发展

◎努力促进《联合国气候变化框架公约》和《京都议定书》的全面、有效和持续实施，积极而建设性地参加了公约和议定书框架下的谈判

◎以多种方式积极推动公约框架下的技术转让

任何国家面对气候变化都不可能独善其身，也无法单独承担应对气候变化的重任。应对这一挑战，需要国际社会同舟共济、齐心协力。中国本着互利共赢的原则继续积极参加和推动

应对气候变化的国际合作。

近年来，中国国家主席和国务院总理分别在联合国气候变化峰会、八国集团同发展中国家领导人对话会议、亚太经合组织会议、东亚峰会、博鳌亚洲论坛等多边场合以及双边交往中，全面阐述了中国关于气候变化问题的立场和主张，并宣布了中国进一步应对气候变化的政策和措施，努力促进国际社会在应对气候变化方面达成共识，积极推动应对气候变化的全球行动。

我国长期以来努力促进《联合国气候变化框架公约》和《京都议定书》的全面、有效和持续实施，积极而建设性地参加了公约和议定书框架下的谈判。中国专家积极参加政府间气候变化专门委员会的工作，为相关报告的编写做出了贡献。

中国认真履行本国在《联合国气候变化框架公约》和《京都议定书》中的义务，于2004年提交了《中华人民共和国气候变化初始国家信息通报》，并于2007年6月发布了《应对气候变化国家方案》和《中国应对气候变化科技专项行动》。中国政府公布《落实巴厘路线图——中国政府关于哥本哈根气候变化会议的立场》，提出了我国关于哥本哈根气候变化会议的原则、目标，就进一步加强《联合国气候变化框架公约》的全面、有效和持续实施，关于发达国家在《京都议定书》第二承诺期进一步量化减排指标等方面阐明了立场，努力推动哥本哈根会议取得成功。

同时，我国还积极参加国际海事组织和国际民航组织关于温室气体减排技术方面的讨论。中国专家积极参加政府间气候变化专门委员会第五次评估报告的前期准备工作。在全球环境基金（GEF）的资金支持下，中国启动了《中华人民共和国气候变化第二次国家信息通报》的编制工作。

在多边合作方面，中国是碳收集领导人论坛、甲烷市场化伙伴计划、亚太清洁发展和气候伙伴计划的正式成员，是八国集团和五个主要发展中国家气候变化对话以及主要经济体能源安全和气候变化会议的参与者。在亚太经合组织会议上，中国提出了“亚太森林恢复与可持续管理网络”倡议，并举办了“气候变化与科技创新国际论坛”。中国努力推动气候变化领域中国际社会的交流与互信，促进形成公平、有效的全球应对气候变化机制。

中国国家主席胡锦涛2008年7月9日在日本北海道洞爷湖出席经济大国能源安全和气候变化领导人会议时，全面阐述了中国应对气候变化问题的原则立场和采取的各项措施。

胡锦涛指出，中国是遭受气候变化不利影响较为严重的国家之一。观察中国的排放问题，要注意以下三个因素：一是中国属于发展中国家，正处于工业化、现代化的过程中，城乡、区域、经济社会发展仍不平衡，人民生活水平还不高，中国目前的中心任务是发展经济、改善民生；二是中国人均排放较低，人均累积排放更低，而且排放总量里很大一部分是保证人民基本生活的生存排放；三是由于国际分工变化和制造业转移，中国承受着越来越大的国际转移排放压力。

胡锦涛强调，中国政府一向本着对中国人民和各国人民负责的态度，高度重视气候变化问题。我们已经把建设生态文明确定为一项战略任务，强调要坚持节约资源和保护环境的基本国策，努力形成节约能源资源和保护生态环境的产业结构、增长方式、消费模式。我们结合经济社会发展规划和可持续发展战略，制定了《中国应对气候变化国家方案》，成立了国家应对气候变化领导小组，颁布了一系列法律法规，并采取一系列措施应对气候变化。

胡锦涛表示，我们把积极开展节能减排作为应对气候变化的切入点，采取了节约能源、优化能源结构、提高能源效率、开展植树造林等一系列措施，取得了显著成效。我们明确要求，到2010年单位国内生产总值能源消耗比2005年降低20%左右，主要污染物排放总量减少10%，森林覆盖率由2005年的18.2%提高到20%。我们实现这些目标的决心是坚定不移的。

胡锦涛指出，为适应气候变化，中国不断增强在农业、自然生态系统、水资源等领域适应气候变化的能力，高度重视防灾减灾，努力减少灾害性天气和极端气候事件造成的损失。胡锦涛表示，中国将根据《联合国气候变化框架公约》及其《京都议定书》的要求，坚持共同但有区别的责任原则，积极推动落实“巴厘路线图”谈判，为气候变化国际合作做出更大贡献。中国愿同国际社会一道，为推动世界实现和谐发展、清洁发展、可持续发展而不懈努力。①

在双边方面，中国与欧盟、印度、巴西、南非、日本、美

① 吴绮敏、于青：《胡锦涛出席八国集团同发展中国家领导人对话会议并发表重要讲话》，《人民日报》2008年7月10日，第1版。

国、加拿大、英国、澳大利亚等国家和地区建立了气候变化对话与合作机制，并将气候变化作为双方合作的重要内容。中国一直在力所能及的范围内，帮助非洲和小岛屿发展中国家提高应对气候变化的能力。《中国对非洲政策文件》明确提出，积极推动中非在气候变化等领域的合作。中国政府分别举办了两期针对非洲和亚洲发展中国家政府官员的清洁发展机制项目研修班，提高了这些国家开展清洁发展机制项目的能力。

2008年，中国积极与外国政府、国际组织、国外研究机构开展应对气候变化领域的合作研究，内容涉及气候变化的科学问题、减缓和适应、应对政策与措施等方面，包括中国气候变化的趋势、气候变化对中国的影响、中国农林部门的适应措施与行动、中国水资源管理、中国海岸带和海洋生态系统综合管理、中国的温室气体减排成本和潜力、中国应对气候变化的法律法规和政策研究，以及若干低碳能源技术的研发和示范等。

现时，我国还积极参与相关国际科技合作计划，如地球科学系统联盟（ESSP）框架下的世界气候研究计划（WCRP）、国际地圈—生物圈计划（IGBP）、国际全球变化人文因素计划（IHDP）、全球对地观测政府间协调组织（GEO）、全球气候系统观测计划（GCOS）、全球海洋观测系统（GOOS）、国际地转海洋学实时观测阵计划（ARGO）、国际极地年计划等，并加强与相关国际组织和机构的信息沟通和资源共享。

为了积极推动和参与《联合国气候变化框架公约》框架下的技术转让，中国政府努力创建有利于国际技术转让的国内环境，提交了技术需求清单。同时提出，《联合国气候变化框架公约》框架下的技术转让不应单纯依靠市场，关键在于发达国家政府应努力减少和消除技术转让障碍，采取引导和激励政策与措施，在推动技术转让过程中发挥作用。对于尚在研发之中的应对气候变化的关键技术，应依靠国际社会广大成员国的合力，抓紧取得突破性进展，并为世界各国所共享。

我国在积极参与国际交流合作的同时，还十分重视清洁发展机制在促进本国可持续发展中的积极作用，愿意通过参与清洁发展机制项目合作为国际温室气体减排做出贡献。通过国际合作，中国进行了清洁发展机制方面的系统研究，为国际规则和国内政策措施的制定提供了科学基础，为各利益相关方提供了有益信息；进行了大量的能力建设活动，提高政府部门、企业界、学术机构、咨询服务机构、金融机构等推动清洁发展机制项目开发的能力；完善了相关的国内制度，制定和颁布《清洁发展机制项目运行管理办法》。

到 2008 年 7 月 20 日，中国在联合国已经成功注册的清洁发展机制合作项目达到 244 个，这些项目预期的年减排量为 1.13 亿吨二氧化碳当量。清洁发展机制项目有效促进了我国可再生能源的发展，推动了能源效率的提高，极大加强了相关政府部门、企业、组织和个人的气候变化意识。

2003 年开始，中国参加了碳捕集与封存领导人论坛活动。

2005 年，中国科技部同欧洲委员会签署了关于利用碳捕集与封存技术（CCS）实现煤炭利用近零排放合作（NZEC）的谅解备忘录。该合作分三个阶段开展：第一阶段开展能力建设和示范项目的预可行性研究；第二阶段将开展示范工程的可行性研究；第三阶段将在中国建设和运行CCS示范工程。

2006年，欧盟的12家机构和中国的8家单位共同合作，参加欧盟第六框架计划的研究项目“中欧碳捕获与封存合作项目（COACH）”的研究。该项目主要研究内容包括：碳捕获技术在燃煤电厂中的应用、中国二氧化碳地质封存潜力、相关法律法规与融资机制等。2008年，中欧双方启动了“碳捕获和存储监管活动支持”项目（STRACO2），为欧洲目前正在制定和实施的、用于零排放的碳捕获和存储技术的综合监管框架提供支持，同时为中欧双方在碳捕获和存储方面的合作奠定基础。

2007年，华能集团与澳大利亚联邦科学工艺研究组织达成协议，合作开展燃烧后捕集的研究，在北京高碑店热电厂建设捕集量3000吨/年的试验示范装置。该示范装置已经成功捕集并提纯出纯度为99.99%的二氧化碳。

2008年9月，山西省科技厅与美国怀俄明州地质调查局共同签署了二氧化碳地质封存合作备忘录。

2009年，中国参加了由澳大利亚政府发起成立的全球碳捕集与封存研究院。[①]

中国以多种方式积极推动公约框架下的技术转让。中国政府与联合国于2008年11月在北京共同举办了“应对气候变化技术开发与转让高级别研讨会”，发表了《应对气候变化技术

① 国家发展和改革委员会：《中国应对气候变化的政策与行动——2009年度报告》，2009年11月。

开发与转让北京宣言》。中国也在公约缔约方会议以及长期合作行动特设工作组下就促进技术转让提出了切实可行的机制建议。

“应对气候变化技术开发与转让高级别研讨会”由中国政府与联合国于2008年11月7～8日在北京共同举办，来自70多个国家的政府官员和相关国际组织、企业、学术团体及非政府组织的代表共700多人与会。中国国务院总理温家宝出席会议开幕式并致辞，联合国秘书长潘基文向大会发来贺词。

参加研讨会的各国部长与政府代表重申坚持《联合国气候变化框架公约》与“巴厘行动计划”，认为必须按照“共同但有区别的责任”原则和各自能力，在可持续发展的框架下和消除贫困的努力中应对气候变化。

会议通过了《应对气候变化技术开发与转让北京宣言》，强调技术在应对气候变化中的关键作用，认为需要加快相关技术的研究、开发与应用，强调技术转让的重要性，特别是对最不发达国家的相关能力建设。会议认为应致力于消除政策、知识、体制、资金和法律方面的障碍，并创设激励，以促进减缓与适应气候变化技术的有效转让与推广。同时，为应对气候变化的严峻挑战，需要更有效利用现有机制，需要有涵盖技术开发与转让各阶段的全新的、创造性的国际合作机制。①

① 《温家宝在应对气候变化技术开发与转让高级别研讨会上的讲话中强调 加强国际技术合作 积极应对气候变化》，《人民日报》2008年11月8日，第4版。

三、加强体制机制建设应对气候变化

◎走生产发展、生活富裕、生态良好的可持续发展道路

◎加强体制机制建设应对气候变化

◎提升公众的气候变化意识，普及和传播气候变化的科学知识，培养公众减缓和适应气候变化的能力

建立有效的体制机制是应对气候变化的重要保障。2008年6月，中共中央政治局就全球气候变化和加强应对气候变化能力建设进行了集体学习。胡锦涛总书记强调：各级党委和政府要高度重视，加强领导，完善规划，搞好协调，落实措施。

2009年8月，国务院总理温家宝主持召开了国务院常务会议，听取并审议了国家发改委关于应对气候变化工作情况的报告，并研究部署应对气候变化有关工作。同月，全国人民代表大会常务委员会专门听取和审议了国务院关于应对气候变化工作情况的报告，通过了《全国人民代表大会常务委员会关于积极应对气候变化的决议》。中国已经形成了由国家应对气候变化领导小组统一领导、国家发展和改革委员会归口管理、各有关部门分工负责、各地方各行业广泛参与的国家应对气候变化工作机制。

为进一步做好应对气候变化工作，我国政府新设立了若干职能机构以加强适应和减缓气候变化的体制机制建设。国家发改委在2008年机构改革中设立了应对气候变化司，其主要职

责是：综合分析气候变化对经济社会发展的影响，组织拟定应对气候变化重大战略、规划和重大政策；牵头承担国家履行《联合国气候变化框架公约》相关工作，会同有关方面牵头组织参加气候变化国际谈判工作；协调开展应对气候变化国际合作和能力建设；组织实施清洁发展机制工作；承担国家应对气候变化领导小组有关具体工作。

为适应加强能源统计和应对气候变化的工作需要，2008年9月，国家统计局加强了能源统计工作，新设立了能源统计司，负责组织实施能源统计调查、收集、整理和提供有关调查数据，组织实施对全国及各地区主要耗能行业节能和重点耗能企业能源使用、节约以及资源循环利用状况的统计监测。在全国开展了能源统计指标体系、调查体系和监测体系的建设，进一步完善了单位GDP能耗核算制度，建立、健全和完善了一系列能源统计、评估和考核体系。全国各地方也完善了能源统计机构设置和人员配备，加强了能源统计工作。此外，工业和信息化部设立了节能与综合利用司，负责工业和通信领域的节能减排与应对气候变化工作。

为支持国内应对气候变化的工作，中央政府批准建立了中国清洁发展机制基金，用于促进国家应对气候变化的能力建设、提高公众意识、支持减缓和适应气候变化的具体行动。基金目前已经为国家应对气候变化的能力建设和政策研究安排了赠款支持，并开展了基金资金有偿使用的业务准备。

为了提升公众的气候变化意识，普及和传播气候变化的科学知识，培养公众减缓和适应气候变化的能力，中国政府加强了气候变化问题的宣传教育，组织编写并出版了一系列气候变化及气象灾害防御的科普宣传画册和宣传短片，利用平面、网络和影视媒体进行气候变化科普宣传；已完成第二次《气候变化国家评估报告》和《中国气候变化与环境演变：2012》等国家评估报告的编写工作；开通了“水利应对气候变化”等一系列宣传网站，对公众进行应对气候变化知识的宣传和教育。

在通过媒体加强科普宣传的同时，有关部门和组织还注意利用多种途径提高公众的环境意识，组织了气候变化进社区、进公交、进学校、进农村等宣传活动，开展了“社区千家家庭碳排放调查及公众教育项目”“植树造林、参与碳补偿、消除碳足迹”“气候变化与健康”专项宣传、“气候变化与人类健康科普展览”等一系列大型宣传活动，引导居民应对气候变化、实践低碳生活。

2008年5月启动的“适应气候变化农业综合开发项目”，支持了6个省（自治区）农业部门适应气候变化能力建设，并提高了地方政府和公众对气候变化的认识，促进了中国与国际社会在相关领域的合作，增强了公众应对气候变化的能力，提高了民众的节能意识。

当前，中国从基本国情和发展阶段的特征出发，坚定不移地走可持续发展道路，与世界各国一起，积极应对气候变化，实现人与自然相和谐已成为各方共同追求的目标。中国正处于工业化中期阶段、全面建设小康社会的关键时期。积极应对气候变化，不仅事关人类生存和各国发展，而且事关中国经济社会发展全局和人民群众切身利益。全国人民代表大会常务委员会通过决议，把积极应对气候变化作为实施可持续发展战略的长期任务，纳入国民经济和社会发展规划，这将为中国全面推进应对气候变化各项工作提供根本保障。

结　语

2008 年是个不平凡的年份，在这一年，中国送给世界一个又一个惊叹，在这一年，中华民族自强不息精神一次又一次绽放光芒。

刚刚进入 2008 年，中国南方局部地区就遭遇了一场罕见的雨雪冰冻灾害。在党中央、国务院的坚强领导和有力指挥下，我们发扬自强不息的民族精神战胜了困难。这场灾难刚刚退去，“5·12”四川汶川特大地震又让整个国家和民族遭遇了历史上空前的挑战，灾区美丽家园瞬间被毁，数万同胞被夺去生命，重重困难摆在我们面前。正是自强不息的民族精神，再一次让我们挺起不屈的脊梁，谱写了一部感天动地、气壮山河的抗震救灾英雄史诗。

人们至今难忘，北京“鸟巢”上空熊熊燃烧的北京奥运会和残奥会火炬，点亮了世界感受中华五千年灿烂文明的灯塔，吸引着 200 多个国家和地区的选手，为了“同一个世界　同一个梦想”走到一起。各国运动员追求“更快、更高、更强”的奥林匹克精神在北京得到了新的升华，与中华民族自强不息的精神交相辉映，为世界奥林匹克运动和中华民族留下了宝贵的精神财富。

“神七”是中国人的第七个航天脚印。“神七”升空，是继北京奥运会后的又一里程碑式的事件。2008年9月27日16时43分，当中国航天员翟志刚从神舟七号飞船轨道舱迈向太空的一刹那，中国航天史上的一个里程碑就此诞生。从“神一”到“神七”，包括嫦娥奔月计划，中国人的太空步伐是迅疾的，整个世界也为之动容。让世人感慨中国人不仅“站起来”和“富起来”，也逐步“强起来”。从1992年正式立项到成为世界上第三个独立掌握太空出舱活动技术的国家，中国载人航天工程在短短16年间走完了世界其他航天强国几十年走过的道路。神舟七号飞行，太空迈出一小步，中国前进一大步。

对国际金融危机的冲击，党中央和国务院对经济全球化做出正确的判断：中国发展的重要战略机遇期仍然存在，不会因为这场金融危机而发生逆转。我们必须坚持社会主义市场经济的改革方向，坚持对外开放的基本国策，不为任何风险所惧，不被任何干扰所惑，坚定不移地推进改革开放和社会主义现代化建设。经过改革开放30年的持续快速发展，中国完全有条件也有能力变压力为动力、化挑战为机遇，把国际金融危机的不利影响降到最低程度，继续推动经济社会又好又快发展，继续推进全面建设小康社会进程。

在历史罕见的挑战和风险面前，我们能够取得这些成绩，确实来之不易。从抗震救灾、北京奥运成功到“神七”飞天，无论是面对自然灾害的严峻考验，还是人类社会发展带来的新课题、新挑战，世界总能从中国人身上得到一个相同的回答，那就是自强不息的民族精神，是建立在民族精神基础上不断超越自我的发展与创新。这充分显示了改革开放30年中国形成的强大经济实力和综合国力，充分证明了中国特色社会主义道路的正确性，充分表明了社会主义制度能够集中力量办大事的优越性，充分体现了中华民族不畏艰险、自强不息的英雄气概和强大凝聚力。